Tanja Matzku

Berlin vegan

Basis-Kochbuch für alle

Impressum

Bibliografische Informationen der Deutschen Nationalbibliothek
Die Deutsche Nationalbibliothek verzeichnet diese Publikation in der Deutschen Nationalbibliografie; detaillierte bibliografische Daten sind im Internet über http://dnb.d-nb.de abrufbar.

ISBN: 978-3-95894-026-0

Fotografien: Tanja Matzku
Fotografien Cover: VICUSCHKA; Africa Studio, Carlos Rondon, Mariusz Szczygiel, Natali Zakharova / Shutterstock (www.shutterstock.com)
Innenlayout und Gesamtkonzept: Tanja Matzku
Lektorat: Moritz Langer

© Copyright: Omnino-Verlag, Berlin / 2016

Alle Rechte, auch die des Nachdrucks von Auszügen, der fotomechanischen und digitalen Wiedergabe und der Übersetzung, vorbehalten.
E-Book-Herstellung: Open Publishing GmbH

FÜR PAPI

Dieses Buch widme ich meinem Vater, Dieter Matzku, der trotz alpenländischer Prägung immer dazu bereit war, seiner Tochter vegetarische Gerichte zu zaubern, und am Ende an seinen eigenen Kreationen mehr als einmal Geschmack gefunden hat.

Danke für Deine Offenheit und Deinen Ideenreichtum.

INHALT

VORWORT — S. 5 - 6

WARUM PFLANZLICH? — S. 8 - 24

NAHRUNG UND NÄHRWERT — S. 25 - 45

EIN WORT ZU... — S. 46 - 51

ANLEITUNG UND TIPPS — S. 52 - 54

GRUNDREZEPTE — S. 55 - 58

REZEPTE — S. 60 - 205
- Dressings & Dips & Saucen — S. 60 - 71
- Salate — S. 72 - 81
- Vorspeisen und kleine Gerichte — S. 82 - 91
- Suppen — S. 92 - 107
- Hauptgerichte aus aller Welt — S. 108 - 167
- Süßspeisen und Desserts — S. 168 - 195
- Die Brotzeit — S. 196 - 203
- Ideen für den Brunch/das Buffet — S. 204 - 205

INDEX — S. 206 - 208

DANK — S. 209

LITERATUR — S. 210 - 211

VORWORT

Danke Berlin, du machst es einem leicht.

Aller Anfang war schwer. In den 90er-Jahren in Bayern Vegetarier zu sein, war recht außergewöhnlich. Die Normalität im konservativen Wohlstandsdeutschland hieß: Morgens, mittags und abends tierische Speisen – und bitte niemals fragen, woher sie kommen, sondern einfach nur kaufen. Ich hatte das Glück in jungen Jahren von einer wirklich großartigen Englischlehrerin aus meinem Dornröschenschlaf geweckt worden zu sein. Eine Dokumentation über die Fleischproduktion für McDonald's im Regenwald, die sie uns knallhart im Unterricht präsentierte, hatte mir die Augen geöffnet. Diese Bilder habe ich bis zum heutigen Tag nicht vergessen.
Das Leben als Vegetarier in München war damals nicht gerade ein Kinderspiel. Abgesehen von ständigen, unfreiwilligen Diskussionen mit einem oft feindlich reagierenden Umfeld, ließ schlichtweg das Nahrungsmittelangebot sehr zu wünschen übrig. Aus einem mir nicht nachvollziehbaren Grund bedeutete vegetarisch damals: Unmengen Brokkoli und Mais. Bestellte man sich eine vegetarische Pizza, kam nicht etwa die Pizza ohne den Prosciutto, sondern eine Pizza mit einer etwa 3 cm dicken Schicht Mais und Brokkoli. Grauenhaft. Essen unterwegs war im Grunde gar nicht möglich.

Dann die erste Reise nach Berlin. Was für eine Offenbarung! Eine große Stadt mit, sogar damals schon, vielfältigem Angebot. Subkulturen, Alt-68er, Punks, Alternative, Ökos, Techno. Und bezahlbares Essen, aus aller Herren Länder. Ganz vorne, das geliebte und bis dahin unbekannte Falafel. Unterwegs mal was auf die Hand, ohne Tier. Ein Traum. In München dann wieder der ständig schwelende Appetit. Gammeldöner hier, Gammeldöner da. Also aufgeben?

Nein, die die keine Stimme haben, brauchen eine. Und Tiere stehen ganz unten in der Hierarchie. Sie bekommen die meiste menschliche Gewalt zu spüren, vor allem in Form von Massentierhaltung, die Grundlage der Ernährung der meisten ist. Dann doch lieber die Stadt wechseln. Mein knurrender Magen und meine feste Überzeugung zogen mich schließlich nach Berlin.
Oh Berlin, du warst meine Rettung! Eine richtige Großstadt eben, offen für Neues. Den logischen Schluss vom Vegetarier, der ja weiterhin Massentierhaltung unterstützt, nur in Form anderer Produkte, zum Veganer zu werden, hatte ich noch nicht gezogen. Vegan war noch nicht in, vegan war noch nicht angekommen. Auch in Berlin verbreitete sich die Idee erst langsam aber stetig. Ich konnte es Jahr für Jahr beobachten, fühlen und schmecken.

Schließlich kam er, der sehnsüchtig erwartete Tag: Nach Jahren der Abstinenz wieder ein Stück Kuchen, einen Brownie. Double chocolate fudge. In einem Café gekauft, vollkommen ohne Massentierhaltung, vegan, und „tierisch" lecker. Schlemmen ohne Leid. Yes!! Berlin rockt.

Hier machen einfach nicht alle das Gleiche und genau das war die Chance zum veganen Weg. Manche halten hier auch mal inne, denken nach, spüren nach und machen es dann anders. Manchmal entsteht daraus eine richtig gute Sache. Für die Welt UND meinen Magen! Heute ist das in Berlin Normalität. Veganer aus ganz Europa kommen hierher und essen sich einmal durch. Herrlich.

Gekocht und ausprobiert habe ich auch selbst im Laufe der Jahre viel. Vor allem die deftigen Gerichte aus meiner Kindheit wollte ich nicht missen und habe sie daher einfach vegan nachgekocht. Mein Buch ist eine Sammlung persönlicher Favoriten, einfach nachzukochen – das war mir wichtig. Man muss sich nicht auf absolut neue und unbekannte Gerichte einstellen. Wem es nach Omas leckerer Sauerbratensoße ist, der findet sie in diesem Basiskochbuch. Wer zu seinem Kaffee mit Hafermilch eine Zimtschnecke genießen will, der findet sie hier auch. Es geht auch „ohne", das ist der Tenor. Genuss ohne Tierisches ist kein Ding der Unmöglichkeit. Wenn wir es alle gemeinsam schaffen, unseren Konsum tierischer Produkte einzuschränken und die wenigen verbleibenden tierischen Produkte bei guten Bauern zu kaufen, die sich um das Wohl ihrer Tiere sorgen und diese respektvoll behandeln, dann ist die Sache doch geritzt! Es schmeckt, macht satt und ist einfach eine logische Weiterentwicklung. Wieso also nicht. Mal ehrlich, weniger ist einfach fast immer mehr, oder nicht?

Den Kampf für die Würdigung jeglichen Lebens, für den Schutz unseres Klimas, für den Erhalt der Natur, für eine gerechte Verteilung der Nahrungsmittel, auch für jene, die nicht in westlichem Überfluss leben und ihre Kinder satt und glücklich sehen wollen, diesen Kampf dürfen wir nicht aufgeben. Jeder einzelne sollte sich beteiligen. Gegen jede Bequemlichkeit.

Denn die Frage ist doch letztendlich: Was für Werte wollen wir unseren Kindern vorleben und was für eine Welt wollen wir ihnen hinterlassen? Wem die Zusammenhänge zwischen einer veganen Lebensweise und Umweltschutz, Klimaschutz, gerechter Nahrungsverteilung, und dem Schutz künftiger Generationen noch nicht klar sind, den möchte dieses Buch aufklären – und einen Weg zeigen, wie man einen kleinen Beitrag durch das tägliche Essen leisten kann.

Uff jeht's, meene Lieben!

Tanja Matzku

WARUM PFLANZLICH?

I. MENSCHENRECHTE UND ÖKONOMISCHE ASPEKTE:
Für eine gerechte Ressourcenverteilung weltweit

Die Welternährungsorganisation der vereinten Nationen FAO (Food and Agriculture Organization) geht davon aus, dass die Erträge der momentanen weltweiten landwirtschaftlichen Produktion ausreichend für die zweifache Erdbevölkerungszahl sind. Jeder Mensch auf diesem Planeten hätte gegenwärtig, zumindest in der Theorie, mehr als genug Nahrung zur Verfügung. Trotzdem leiden geschätzte 800 Millionen Menschen an Hunger. Im Jahre 1999 verhungerten weltweit 30 Millionen Menschen. Alle 5 Sekunden stirbt ein Kind an Unterernährung. Gleichzeitig hat die Zahl der übergewichtigen Menschen die Zahl der hungernden überholt. Ebenfalls mit Folgen für die Gesundheit, denn in den industrialisierten Wohlstandsländern nehmen ernährungsbedingte Krankheiten drastisch zu. So haben die einen zu wenig und die anderen viel zu viel. Bei der weltweiten Verteilung von Ressourcen werden Menschenrechte nicht in Betracht gezogen, vielmehr globaler Profit. Hunger ist von Menschen gemacht.

Ich möchte in diesem Zusammenhang auf **die Rolle der fleisch- und milchproduzierenden Industrie** eingehen, deren Beitrag zum Problem beachtlich ist.

Hunger

Das meiste Land dieser Erde nimmt das Rind in Anspruch. Mit einer weltweiten Population von etwa 1,5 Milliarden Tieren zählt es unbestreitbar zu den erfolgreichsten Lebewesen dieses Planeten. Der Ökologe Josef H. Reichholf geht davon aus, dass die meisten dieser Rinder sogar besser mit Nahrung und Medikamenten versorgt sind, als sehr viele Menschen es sind. Unsere Nutztiere sind uns einen großen Aufwand wert. Im Buch „Das Imperium der Rinder" von Jeremy Rifkin wird der Nahrungsbedarf der weltweiten Haustierpopulation in den 80er Jahren bereits auf das Dreifache des menschlichen Nahrungsbedarfs geschätzt. Von gut 45 Millionen Tonnen Getreide, die in Deutschland im Jahre 1996 produziert wurden, wurden 10 Millionen exportiert, 13,4 Mio verbraucht und 21,6 Mio Tonnen an Tiere verfüttert. Also mehr als die Hälfte des im Inland verbrauchten Getreides.
Tierzucht ist aufwändig. Es ist davon auszugehen, dass der Boden, der heute durchschnittlich für ein einziges Rind verbraucht wird, zur Nahrungserzeugung für nicht weniger als 100 Menschen genutzt werden könnte. Denn für die Produktion eines Kilogramms Fleisch werden 7-16 kg Getreide oder Hülsenfrüchte benötigt. Das Rind verbraucht etwa 90 % der aufgenommenen Pflanzenenergie und wandelt sie in Gülle um. Der Anteil nutzbaren Fleisches beim Rind soll sich dabei nur auf magere 35 % belaufen. Der Umweg der Nahrung über das Tier erzeugt also hohe Verluste. Gleiches gilt immer mehr auch für Hausschweine, die heute kaum mehr mit Haushaltsabfällen, sondern mit Viehfutter aus Soja oder Mais

gefüttert werden. Dieses Viehfutter für unsere Haustiere wird dort angebaut, wo nicht selten Menschen hungern. Gut ein Drittel der deutschen Rinder und wahrscheinlich noch mehr Schweine und Hühner fressen ausschließlich Getreide und Soja aus Südamerika.

Während Sojabohnen in Brasilien im Überfluss für den Export geerntet werden, sind dort mehr als vierzig Millionen Menschen von Hunger betroffen. Bedenkt man, dass Soja so viel Eiweiß wie Fleisch enthält und daher die Bevölkerung mit reichlich Protein versorgen könnte, erscheint dieser Abtransport in die Wohlstandsländer und die dortige, verschwenderische „Veredelung" zu Fleisch und Milchprodukten noch unglaublicher. Die besagten Bohnen sind weitgehend genmanipuliert, mit noch nicht erforschten Folgen für Vegetation und Endverbraucher und ihre Erträge füllen die Taschen einiger weniger Saatgut-Großkonzerne, während große Teile der Bevölkerung gegen ihren Hunger ankämpfen.

Auch die aktuelle Diskussion zum Thema Biosprit soll hier Beachtung finden. Eine Alternative zu Normalbenzin findet als weiterer Grund für den Hunger der Welt schnell und direkt den Weg in die Medien. Dass für Biosprit gegenwärtig nur 3 % der Welternte, zur Fütterung der Haustiere der Wohlhabenden dieser Erde jedoch weit über ein Drittel der Welternte verbraucht werden, sind Fakten, die dem Verbraucher aus vermutlich weniger humanitären Gründen vorenthalten werden.

Durst

Nicht nur Hunger, auch Durst wird durch die weltweite Fleisch- und Milchproduktion mit bedingt. Bedauerlicherweise steigt auch in Entwicklungsländern der Fleischkonsum immer mehr an. Ein wachsender Anteil der wohlhabenderen Bevölkerungsschichten orientiert sich an westlichen Essgewohnheiten, die Folgen haben auch hier v.a. die Mittellosen zu tragen. Viehhaltung verbraucht große Mengen an Wasser. Für 1 Kilo Fleisch benötigt man ungleich mehr, etwa fünf mal so viel Wasser wie für die Produktion eines Kilos Getreide. In niederschlagsarmen Ländern hat dies zu starkem Rückgang des Grundwassers und damit vor allem für die armen Bevölkerungsschichten zu erschwertem Zugang zu Trinkwasser geführt. Insgesamt leidet etwa ein Drittel der Weltbevölkerung unter **Wassermangel**, die wachsende Verbreitung der Luxusnahrung Tier wird dieses Problem in Zukunft weiter verschlimmern.

JEAN ZIEGLER, Soziologe, Politiker, Sonderberichterstatter für das Recht auf Nahrung in der Menschenrechtskommission der Vereinten Nationen (2000-2008):
„... Die weltweite Getreideernte ist rund 2 Milliarden Tonnen pro Jahr. Über 500000 werden dem Vieh der reichen Nationen verfüttert - während in den 122 Ländern der Dritten Welt (wo 4,8 der 6 Milliarden Menschen unseres Planeten wohnen) pro Tag nach UNO-Statistik 43000 Kinder am Hunger sterben. Diesen fürchterlichen Massenmord will ich nicht mehr mitmachen: kein Fleisch zu essen ist ein minimaler Anfang."

Geliebter Luxus Tier

Für wen rechnet sich diese Verschwendung? Für den preisbewussten Endverbraucher in den westlichen Wohlstandsländern? Würde man die Höhe der hiesigen, über Steuern eingenommenen Fördermittel für die konventionelle, industrialisierte Viehwirtschaft in Form von Massentierhaltung mit dem endgültigen Ladenpreis verrechnen, so erhielte man sicher eine magere Bilanz.

Billigfleisch ist eine Täuschung, rechnet man bezahlte Agrarsubventionen, den Energieverbrauch für Tierhaltung, gestiegene Trinkwasserkosten, Kosten für den Umweltschutz oder die Folgen des Klimawandels (siehe Seite 34) mit ein, ganz zu schweigen von den Belastungen für das Gesundheitssystem, die durch den übermäßigen Verbrauch tierischer Produkte durch die Bevölkerung entstehen. Auch jene Konsumenten, die tierische Lebensmittel in geringem Maß und beim Biobauern kaufen, werden über Steuern ungefragt für die haltlose Massenproduktion mit zur Kasse gebeten. Der Profit dieser Machenschaften auf der anderen Seite fließt, davon ist auszugehen, in private Taschen und kommt keineswegs der Allgemeinheit zugute.

Warum machen wir das weiterhin mit? Weil es einerseits extrem schwer ist, die Zusammenhänge zu durchschauen. Massenzucht- und Schlachtanlagen werden bewusst vor den Augen der Verbraucher versteckt gehalten. Außerdem nimmt Fleisch in vielen Kulturen noch immer eine Sonderstellung ein. Die psychologische Beziehung des Menschen zu Fleisch ist ein interessantes Phänomen. Fleisch und andere tierische Produkte sind seit jeher ein Maßstab für Wohlstand und Macht. Und auch heute noch kann man bei vielen Menschen die tief verwurzelte Überzeugung feststellen, dass auf einem Teller ohne Fleisch nichts „Anständiges" zu essen sei. Auch von der vermeintlichen Kraft, die speziell Fleisch verleihen soll, sind viele Menschen noch immer überzeugt. Die genauen Ursachen und Zusammenhänge der verklärten Beziehung des Menschen zum tierischen Nahrungsmittel zu ermitteln, ist mir an dieser Stelle nicht möglich und führte zudem viel zu weit. Sie muss aber als eine der Ursachen für die weit reichende Akzeptanz industrialisierter Massenproduktion von Tieren und deren Folgen gesehen werden.

MAHATMA GANDHI, indischer Pazifist und Menschenrechtler (1869-1948):
„Die Erde hat genug für die Bedürfnisse eines jeden Menschen, aber nicht für seine Gier."

QUELLEN:

Brot für die Welt, Hilfsaktion der evangelischen Landes- und Freikirchen in Deutschland

Reichholf, J.H. (2006): *Der Tanz um das goldene Kalb. Der Ökokolonialismus Europas.* Klaus Wagenbach, Berlin

Rifkin, J. (1994): *Das Imperium der Rinder.* Campus, Frankfurt

Schweizerische Vereinigung für Vegetarismus (SVV), Bahnhofstr. 52, 9315 Neukirch-Egnach

Vegetarierbund Deutschland (VEBU), Blumenstraße 3, 30159 Hannover

Wagenhöfer, E. & M. Annas (2006): *We feed the world.* Orange-press, Freiburg

Welternährungsorganisation (FAO), Viale delle Terme di Caracalla 00100 Rom, Italien

Worldwatch Institute, 1776 Massachusetts Ave., N.W. Washington, D.C. 20036-1904, USA

II. ÖKOLOGISCHE FOLGEN VON MASSENTIERHALTUNG

Die Erhaltung natürlichen Lebensraumes ist nicht nur wegen der Artenvielfalt selbst und ihrer Bedeutung für die Evolution ein Anliegen. Auch kommende Menschengenerationen sollen die Möglichkeit haben, sich von der Schönheit, Vielfalt und Ruhe der Natur inspirieren zu lassen und sie ohne gesundheitliche Risiken genießen zu können.
Die die Natur schonenden, nachhaltigen Formen der Landwirtschaft sind außerdem Voraussetzung für eine gesicherte Zukunft, da sie nicht heute zerstören und ausbeuten, was von den Kindern unserer Kinder morgen noch gebraucht werden wird.

Neben Industrie, Verkehr und Siedlungsbau geht die Zerstörung der Umwelt und damit der Artenvielfalt in Deutschland vor allem auf das Konto der **landwirtschaftlichen Nutzung**. Besonders die Viehwirtschaft ist es, die die Natur in größtem Maße belastet. In Deutschland ist das Lebendgewicht von Rindern, Schweinen, Schafen und Pferden zusammen fünfmal so hoch wie das der Menschen. Diese immens große Zahl von Nutztieren bleibt nicht ohne Folgen.

Wasser
Die landwirtschaftliche Viehhaltung soll ein mindestens drei mal so hohes Abwasseraufkommen wie die Gesamtbevölkerung Deutschlands haben. Im Gegensatz zu menschlichem Abwasser jedoch müssen diese Massen an Gülle nicht kompliziert geklärt werden, sondern werden unverändert auf den Fluren verkippt. Ein Großteil gelangt ins Grundwasser und in Bäche und Flüsse. In Deutschland ist die Grundwasserbelastung durch Massentierhaltung in weiten Bereichen so hoch, das Trinkwasser eingekauft werden muss. Nicht nur Flüsse, Seen und das Grundwasser, auch Nord und Ostsee sind von der Überdüngung mit Gülle betroffen. Das Ökosystem der belasteten Gewässer verändert sich, Arten sterben. Gleichzeitig wird in der Viehhaltung enorm viel Wasser verbraucht. Trotz ausreichendem Niederschlag ist Trinkwasser kostbar geworden.
Deutschland soll hier nur als Beispiel für die Probleme industrialisierter Länder dienen. So spricht man in den USA von einer Fäkalbelastung durch Nutztierhaltung, die 100 mal größer sein soll als die durch den Menschen verursachte. In den 90er Jahren war die von der Landwirtschaft verursachte Wasserverschmutzung in den USA sogar umfangreicher als die aller Städte und Industrien zusammen.

Vegetation und Artenvielfalt
Zusätzlich zur direkten Belastung durch die Gülle wird verflüchtigter Ammoniak aus der Gülle und den Viehställen durch Regen in der Luft gebunden und gelangt über den Niederschlag auch in Gebiete, in denen nicht gedüngt werden soll, wie z.B. in Naturschutzgebiete.
Überdüngung überleben nur jene Pflanzenarten, die das Überangebot an Nährstoffen

tolerieren können. Die in Bayern üblichen grünen Löwenzahnwiesen sind ein Beispiel. Löwenzahn wächst schnell und verdrängt andere Pflanzen, die nährstoffarme Böden gewöhnt sind. Die Vielfalt stirbt aus und verändert die Umweltbedingungen. Mit ihr sterben Tiere wie z.B. bodenbrütende Vögel oder Feldhasen, wie der Ökologe Josef H. Reichholf in seinem Buch „Der Tanz um das goldene Kalb - Der Ökokolonialismus Europas" ausführlich erklärt.

Auch der sogenannte „Saure Regen" ist zum Großteil auf die Luftschadstoffe aus der industriellen Landwirtschaft zurückzuführen. Neben Industrie und Verkehr schädigt er auch Jahre nach dem öffentlichkeitswirksamen Thema **„Waldsterben"** noch immer in großem Maße unsere Wälder und Böden.

Die Fluren, besonders **die offenen Agrarlandschaften, sind offenbar die artenärmsten in Deutschland**. Überdüngung, Flurbereinigungen (Zerstörung von Biotopen), Bodenerosion und der Einsatz von Schädlingsbekämpfungsmitteln leisten ihren Beitrag dazu. Flora und Fauna scheinen immer mehr in stadtnahe und städtische Gebiete auszuweichen. So kommt es, dass es in der Großstadt Berlin mehr Nachtigallen oder Haubenlerchen gibt als beispielsweise in ganz Bayern. Seeadler brüten im Stadtgebiet. In Berlin leben 140 verschiedene, auch seltene Vogelarten, das sind zwei Drittel aller in Deutschland vorkommenden Arten. Berlin ist somit ein Vogelschutzgebiet. Laut Reichholf ist in ganz Deutschland zu beobachten, dass in den städtischen Bereichen mehr Vogelarten, Pflanzenarten und Schmetterlinge leben als in ländlichen Gebieten. Die landwirtschaftliche Nutzfläche macht in Deutschland allerdings mehr als die Hälfte der Landesfläche aus, Siedlungsflächen nehmen einen ungleich geringeren Raum ein. Die artenreicheren Stadtgebiete werden es auf Dauer nicht schaffen, die Defizite auf dem Land auszugleichen.

Die Zerstörung natürlichen Lebensraums für u.a. den Anbau von Viehfutter und die immense Überdüngung sind als wesentliche Ursachen für die stark gesunkene Artenvielfalt zu sehen. Bedauerlicherweise konzentriert sich der Umweltschutz in Deutschland (als Beispiel für viele Industrienationen) noch immer nur auf Siedlungsbau, Industrie und Verkehr, und die enormen Schäden durch die Landwirtschaft werden, aus welchen Gründen auch immer, übersehen. Viele Bemühungen laufen somit ins Leere und investiertes Geld ist verschwendet.

Luft

Die Öffentlichkeit bleibt über die Auswirkungen der Massentierhaltung weithin uninformiert, obwohl auch der Mensch nicht nur indirekt, sondern ganz direkt von den Auswirkungen der landwirtschaftlichen Massentierhaltung betroffen ist. Sekundäre Aerosole, die aus dem freigesetzten Ammoniak in der Atmosphäre entstehen, schädigen als sogenannter Feinstaub (PM10) in alarmierender Weise das Atmungssystem des Menschen.

Globale Folgen

Die Natur und mit ihr die Menschen und Tiere des ganzen Planeten sind betroffen. Der ungehemmte Verbrauch von Fleisch hat dazu geführt, dass der Bedarf an Weidefläche und und Viehfutter weltweit rasant und stetig steigt. Auch durch die BSE-Krise, die vermutlich durch falsche Fütterung (erzwungener Kannibalismus bei vegetarisch lebenden Kühen) entstanden ist, sind die Futtermittelimporte in Deutschland und anderen Industrienationen extrem in die Höhe geschnellt. Davon **besonders betroffen sind die Regenwälder Zentralamerikas.** In den vergangenen 40 Jahren sind 40 % der Wälder der Rodung für Weideland oder Futtermittelanbaufläche (Soja und Mais) zum Opfer gefallen. Tropische Böden sind sehr nährstoffarm. Regenwälder leben von ihrem eigenen Recycling-Kreislauf und Nährstoffen aus dem Niederschlag, nicht jedoch von der Bodenqualität. Als Anbaufläche oder Weideland eignen sie sich nur für kurze Zeit, dann ist der Boden ausgelaugt. Die Rinder brauchen daher weit mehr Fläche als auf nährstoffreichen Böden. Auf ein Stück Vieh kommen etwa 1000 Tonnen Tropenwald! In Lateinamerika leben etwa 3 Rinder pro Mensch und der Landbedarf ist somit enorm. Die Beanspruchung des Bodens durch den Futtermittelanbau ist gleichfalls zu groß und hat Erosion und Versteppung und somit weiteren Landbedarf zur Folge.

Die Abholzung der Tropenwälder verursacht **die größte Ausrottung von Arten weltweit**. Vorsichtig geschätzt stirbt pro Stunde eine Art aus. Wie viele es wirklich sind lässt sich nur erahnen, da die tatsächliche Artenzahl in den Regenwäldern der Erde nicht bekannt ist.

CO2 und Klimawandel

Die weltweite Rinderhaltung trägt zudem in 4-facher Weise zum Klimawandel bei. Methangas, welches stark am sogenannten Treibhauseffekt beteiligt ist, wird von den Rindern bei der Verdauung ausgeatmet. Unbekannt ist, dass in großen Massen die Rinderweiden bevölkernde Großtermiten eine vergleichbare Menge Methangas freisetzen. Jährlich wird zudem eine Fläche der Größe Australiens abgebrannt, um den Graswuchs zu fördern. Die dabei entstehende Wärme sowie das freigesetzte Kohlendioxid leisten ebenfalls ihren Beitrag. Mittlerweile fehlt der Erde auch die kühlende Wirkung (durch Verdunstung) großer, zusammenhängender Flächen Regenwalds. Gleiches gilt im übrigen für die etwa eine Milliarde Wolle und Fleisch liefernden Schafe dieser Erde. Um junges, nährstoffreiches Gras zu erhalten, müssen die stark beanspruchten Weiden regelmäßig abgebrannt werden. Sie tragen somit in dem Autoverkehr vergleichbarem Maße zu Änderungen in der Erdatmosphäre bei.

Landbedarf zur Produktion von einem Kilo (inkl. Futtermittel):	
Rind mit Kraftfutter	323 m²
Rind von der Weide	269 m²
Fisch	207 m²
Schwein	55 m²
Masthühner	53 m²
Eier	44 m²
Reis	17 m²
Teigwaren	17 m²
Brot	16 m²
Gemüse/Kartoffeln	6 m²

Quelle: WWF Schweiz

Nicht zuletzt der enorme Energieverbrauch der Stallhaltung ist extrem unökonomisch und umweltschädlich. Jeremy Rifkin errechnet in seinem Buch „Das Imperium der Rinder" (1994) für die U.S.A. der 80er Jahre einen Energiebedarf von 8 Liter Treibstoff (Haltung, Transportkosten, Kühlung etc.) für 1 Kilogramm Rindfleisch.

In Deutschland ist die Stallhaltung noch intensiver und die Abhängigkeit von Futterimporten extrem hoch. Der jährliche Beitrag Deutschlands zum Klimawandel über die Rindfleischerzeugung entspricht somit bei grober Schätzung etwa dem Jahresbetrieb von 10-15 Millionen

PKWs, für die Schweinefleischerzeugung kämen nochmal etwa 28,5 Millionen PKWs hinzu. Macht über 40 Millionen betriebene PKWs pro Jahr. Zusätzlich beteiligen sich die deutschen Rinder am weltweit überhöhten Methanausstoß.

Mit anderen Worten: Wer täglich mehrfach Produkte aus dem Supermarkt zu sich nimmt (welche fast alle tierische Inhaltsstoffe aus Massentierhaltung enthalten), trägt in so massivem Maße zum Klimawandel bei, dass er auch mit dem Auto zum Briefkasten fahren könnte. Es wird außerdem klar, warum die Politik dieses Thema noch immer umschifft. Es betrifft jeden von uns, wir alle sind beteiligt und niemand sympathisiert mit Menschen, die einen auf die eigene Mitwirkung aufmerksam machen.

Fisch als Alternative?

Leider hat auch der Verbrauch an Fisch in so ungesundem Ausmaß zugenommen, dass die Weltmeere überfischt und viele Fischarten bedroht sind. Eine Folge der Überfischung ist der Übergang zu Fischfarmen, in denen Fische gezielt gezüchtet werden. Wegen der extremen Enge, in der die Fische dieser Farmen gehalten werden, brauchen sie große Mengen Antibiotika und andere Medikamente, um nicht an zahlreichen Krankheiten zu verenden. Sowohl Chemikalien als auch Krankheiten erreichen auch die Wildtiere, die außerhalb der Zuchtbecken leben. Um 1 Kilo Speisefisch zu erhalten, werden dem Meer etwa 2 Kilo Futterfisch entnommen, also Fisch, der für die menschliche Speisekarte nicht geeignet ist. Die Futterverluste sind hoch. Zusätzlich wird ein Drittel aller Fische zu Fischmehl verarbeitet, mit dem v.a. die Schlachttiere auf dem Land gemästet werden.

Auch der weltweite Verbrauch an Garnelen ist hoch. Für die Shrimp-Farmen werden großflächig Mangrovenwälder zerstört. Die Mangrovenwälder bieten vielen Fischen Raum zur Brutpflege. Durch die Shrimp-Farmen sind vielerorts die Fänge um bis zu 90 % gesunken. Während die Shrimps in andere Länder exportiert werden, nimmt die ansässige, traditionell fischende Bevölkerung großen Schaden. Auch durch die Wasserverschmutzung durch Exkremente, Futterreste und Chemikalien. Mangrovenwälder sind außerdem eine natürliche Bremse großer Flutwellen (Tsunamis). Auch Korallenriffe haben eine Flutwellen bremsende Wirkung. Viele Korallenriffe werden durch Sprengstoff-Fischerei zerstört, mit ihnen eine unglaublich vielfältige Unterwasserwe

QUELLEN:

Bundesamt für Umwelt der Schweiz (BAFU), 3003 Bern

Deutsche Gesellschaft für Ernährung (DGE) e. V., Godesberger Allee 18, 53175 Bonn

Greenpeace e.V.: *Anbau von Gen-Soja in Argentinien*. Große Elbstraße 39, 22767 Hamburg

KATALYSE, Institut für angewandte Umweltforschung e.V., Volksgartenstr. 34, 50677 Köln

Reichholf, J.H. (2006): *Der Tanz um das goldene Kalb. Der Ökokolonialismus Europas*. Klaus Wagenbach, Berlin

Rifkin, J. (1994): *Das Imperium der Rinder*. Campus, Frankfurt

Schweizerische Vereinigung für Vegetarismus (SVV): *Ökologische Folgen des Fleischkonsums*. Bahnhofstr. 52, 9315 Neukirch-Egnach

Worldwatch Institute, 1776 Massachusetts Ave., N.W. Washington, D.C. 20036-1904, USA

III. TIERSCHUTZ IM EINUNDZWANZIGSTEN JAHRHUNDERT
Für respektvolles Verhalten gegenüber Leben

Ethik, Definition (Duden):
1.a) (Philos.) Lehre vom sittlichen Wollen und Handeln des Menschen in verschiedenen Lebenssituationen; ... 2. ... Normen u. Maximen der Lebensführung, die sich aus der Verantwortung gegenüber anderen herleiten.

In Deutschland lebt eine unvorstellbar große Zahl von Kühen, Schweinen, Hühnern und anderen Tieren in beengten und nicht artgerechten Stallungen. Nach einem würdelosen Leben und einem traumatisierenden Transport sterben diese so genannten „Nutztiere" einen grausamen Tod in Massenschlachtanlagen. Die Tötung erfolgt mit großer Regelmäßigkeit unsauber und alles andere als schmerzfrei. Unzählige Tiere werden bei lebendigem Leibe und vollem Bewusstsein weiterverarbeitet. Die Vorgänge, die im für Menschen verwendeten Sprachgebrauch zu Recht als „Folter" bezeichnet würden, sind mittlerweile allgemein bekannt. Der industrialisierte Terror gegen das Tier hat Ausmaße angenommen, die sich ein Kleinbauer vor 200 Jahren sicher schwerlich hätte vorstellen können. Aufrechterhalten durch die nicht abreißende, flächendeckende Unterstützung durch die Konsumenten. Normalität in Deutschland und anderen Industrienationen.

Unsere Haustiere besitzen wie wir Menschen Nervenbahnen, empfinden körperliche Schmerzen und erleben Emotionen wie Todesangst. Über die Gründe, warum die meisten Menschen diese Tatsachen ignorieren, lässt sich spekulieren. Ist es das fehlendes Vermögen der Tiere, sich mit menschlicher Sprache mitteilen zu können oder ihre Zugehörigkeit zur „falschen" Spezies?
Menschen, die sich gegen diese Gewalt einsetzen, haben oft das Problem, die richtigen Worte zu finden. Menschliche Gewalt, gegenüber „minderwertigem Leben" aller Art, ist ein sehr emotionales Thema und lässt Gefühle wie Mitleid und Fassungslosigkeit aufkommen. Vor allem auch Unverständnis gegenüber jenen Menschen, die diese Gewalt scheinbar gleichgültig akzeptieren, unterstützen und mit verursachen. Die aus dieser Fassungslosigkeit entstehende Wortwahl ist verständlicherweise oft sehr bildhaft und emotional geschwängert. Leider bewirkt sie jedoch beim Gegenüber damit meist genau das Gegenteil. Abwehr, eine Steigerung der Gleichgültigkeit und offene Diskriminierung der Engagierten.

ALBERT SCHWEITZER deutsch-franz. Theologe, Philosoph, Musiker, Arzt und Friedensnobelpreisträger (1875-1965):
„Ethik ist ins Grenzenlose erweiterte Verantwortung gegenüber allem, was lebt."

Trotz der verfestigten Fronten, die sich so zwischen Tierschützern und Otto Normalverbrauchern im Laufe der Zeit aufgebaut haben, ist es, meine ich, nicht zu viel verlangt, dass sich jeder zum Nachdenken oder gar Umdenken bereite und fähige Mensch früher oder später ein paar Fragen zum uralten und grenzenlosen Themenkomplex „menschliche Gewalt" stellt. Denn die Position, als Mensch vermeintlich an der Spitze der Schöpfung zu stehen, bringt eine große Menge Verantwortung mit sich.

Wie viel Gewalt erlaubt diese Position? Gegenüber wem? Wer entscheidet? Ist überflüssige Gewalt rechtfertigbar? Sind persönliches Verlangen oder Profitstreben Rechtfertigungen für Gewalt? Bedeutet die Entwicklung von Menschlichkeit im positiven Sinne auf lange Sicht nicht die Fähigkeit zum Verzicht auf sinnlose und eigennützige Gewalt und den Respekt vor dem Leben aller? Ist Grausamkeit zivilisiert? Unterscheidet uns nicht eigentlich die Fähigkeit Mitleid zu empfinden, unser Einfühlungsvermögen vom Tier? Was sind wir, wenn wir diese emphatischen Fähigkeiten unterdrücken und verkümmern lassen? Was bedeutet Gnade? Legitimiert sich Gewalt dadurch, dass sie in einer Kultur lange verwurzelt ist und vom Gros der Gesellschaft akzeptiert und gefördert wird? Dürfen wir Gewalt aus Bequemlichkeit und Gewohnheit tolerieren und forcieren? Sollten wir nicht mit dem Respekt, den wir für uns fordern, auch anderen Lebewesen gegenübertreten?

Unangenehme, aber notwendige Fragen, vor denen wir uns, wie ich finde, nicht drücken sollten, wenn wir eine Weiterentwicklung der Menschheit, und damit unserer selbst, für erstrebenswert erachten. Wenn Gerechtigkeit für uns bedeutet, dass wir anderen keine Grausamkeiten antun, denen wir selbst nicht ausgesetzt sein möchten, dann lässt sich ein gelegentliches Hinterfragen des eigenen Handelns nicht vermeiden. Leben und leben lassen.

MAHATMA GANDHI, indischer Pazifist und Menschenrechtler (1869-1948):
„Ich glaube, dass geistiger Fortschritt an einem gewissen Punkt von uns verlangt, dass wir aufhören, unsere Mitlebewesen zur Befriedigung unserer körperlichen Verlangen zu töten."

IV. GESUNDHEITLICHE ASPEKTE

Die heutige westliche Ernährungsweise ist neben viel Zucker und Salz und wenig Gemüse und Obst vor allem durch ein Übermaß an tierischen Fetten und Proteinen geprägt. Während man im asiatischen Raum Kulturen findet, die sich der Wirkung von Nahrungsmitteln auf Körper und Psyche schon seit Jahrtausenden bewusst sind, scheint in industrialisierten Ländern eine andere Herangehensweise zu gelten: billig sollte es sein, schnell zu verzehren und überwiegend tierisch. Eine Reihe von Krankheiten werden durch falsche Ernährung in verschiedenem Ausmaß mitbedingt. Die Kosten, die durch chronischen Erkrankungen wie Diabetes Typ II, Fettstoffwechselstörungen, Osteoporose und andere in Deutschland im Jahre 2003 beispielsweise entstanden, beliefen sich auf ca. 70 Milliarden Euro. Etwa ein Drittel der Gesamtausgaben des Gesundheitssystems.

Trotzdem fürchten viele Menschen noch immer, dass pflanzliche Ernährung als Alternative eine Mangelernährung ist, die krank machen könnte. Wir haben es einerseits verlernt, auf unser Körpergefühl und unseren gesunden Menschenverstand zu vertrauen, und sind andererseits fixiert auf vermeintlich wissenschaftliche Beweise, denen wir mehr Vertrauen schenken als unseren körpereigenen Signalen. Problematisch ist dabei nur, dass wissenschaftliche Untersuchungen oft von finanzschweren Privatunternehmen gesponsert werden, deren Interesse ganz bestimmten Forschungsergebnissen gilt. Eine von einer Milch-Mix-Getränke-Firma finanzierte Untersuchung kommt mit hoher Wahrscheinlichkeit nicht zu dem Schluss, dass ein zu geringer Verzehr von Milchprodukten kein Grund für Calciummangel sein kann. Letztendlich muss also jeder für sich entscheiden, welche Informationen er aus der Fülle an angebotenen für glaubhaft hält. Es hilft zu Hinterfragen, für wen die Ergebnisse von Nutzen sein könnten, und seinem körperlichen Befinden wieder mehr Beachtung zu schenken.

Die Milch macht's?

Da Kuhmilch von Natur aus für ein rasantes Wachstum von Kälbern bestimmt ist, stellt sich die Frage, wie sie auf Menschen, vor allem auch Menschenkinder eigentlich wirkt. Sich nur auf die Werbeschlagsätze der Milchindustrie zu verlassen, scheint da nicht ratsam. Welche Spezies außer dem Menschen ernährt sich und ihren Nachwuchs mit der Muttermilch einer anderen Art und was können mögliche Folgen sein?

Vor allem Kleinkinder reagieren oft empfindlich auf das körperfremde Kuhmilchprotein. Eine Allergie, die Durchfall, Koliken, Brechreiz, Asthma, chronische Schlafstörungen oder Ekzeme bis hin zur chronischen Neurodermitis zur Folge haben kann, ist eine ernstzunehmende immunologische Abwehrreaktion des Körpers. Kinder, die an einer **Kuhmilchallergie** leiden, neigen außerdem dazu, im späteren Leben oft auch Unverträglichkeiten gegen andere Nahrungsmittel oder Heuschnupfen zu entwickeln.

Aber auch ohne eine Allergie im Säuglingsalter kann die Ernährung eines Säuglings mit Kuhmilch im späteren Leben zu Problemen wie Allergien führen. Die Antikörper im Blut, die gegen das Kuhmilchprotein gebildet werden, können auch nach Jahren noch Probleme verursachen. Auch erwachsene Menschen sind nicht sicher vor einer Milchallergie. Symptome sind vor allem Hautreizungen, Atemwegsbeschwerden und Störungen im Bereich des Magen-Darm-Traktes.

Aufgrund unterschiedlicher Untersuchungen wird auch ein Zusammenhang zwischen Kuhmilch und **Diabetes Typ 1** (juveniler Diabetes), der am häufigsten bei Jugendlichen auftritt, angenommen. Die Wirkung der Milchprotein-Antigene auf die Bauchspeicheldrüse spielt hier eine zentrale Rolle.

Auch **Eisenmangel** bei Säuglingen konnte auf eine Ernährung, die hauptsächlich auf Kuhmilch basiert, zurückgeführt werden. Kuhmilch enthält weniger Eisen als Muttermilch und davon ist nur ein geringer Prozentsatz für den Säugling verwertbar. Man geht außerdem davon aus, dass Kuhmilch die Eisenaufnahme aus anderen Nahrungsmitteln verschlechtert.

Bei den meisten Menschen verringert sich die Fähigkeit des Körpers, Milchzucker (Laktose) durch das Enzym Laktase abzubauen, ab etwa dem 2.-5. Lebensjahr. Dies ist natürlicherweise die Zeit, in der das Kind abgestillt, d.h. von der Säuglingsnahrung Milch entwöhnt wird. Die Fähigkeit, Milch zu verdauen, ist für den Körper danach (eigentlich) nicht mehr von Bedeutung. Folgen bei Milchkonsum können dann z.B. Blähungen, Aufstoßen, Krämpfe und Durchfall oder Erschöpfung sein.
Bei der nord- und mitteleuropäischen erwachsenen Bevölkerung vertragen etwa 10-20 Prozent Milch überhaupt nicht oder nur in ganz geringen Mengen. In Asien und Afrika liegt die **Laktoseintoleranz** bei Erwachsenen sogar bei über 90 Prozent. Die bessere Verträglichkeit von Milch, also die anhaltende Produktion der Laktase bei erwachsenen Menschen europäischer, nahöstlicher und sibirisch/mongolischer Abstammung, ist auf eine vererbte Mutation zurückzuführen.

Ein weiteres Problem ist das industrielle Bearbeiten von Milch. Milch wird schon lange nicht mehr in der Form getrunken, in der sie aus dem Kuheuter kommt. Durch Erhitzen denaturierte Milchproteine, wie sie beim Pasteurisieren von Milch entstehen können, fördern Arteriosklerose. Arteriosklerose ist die häufigste Ursache koronarer Herzkrankheiten.
Gerne vergisst man auch die Tatsache, das Milchfett, besonders in fettreichen Milchprodukten wie Butter, Sahne oder Käse, hauptsächlich aus gesättigten Fettsäuren besteht, die den Cholesterinspiegel im Blut erhöhen. Ein hoher Cholesterinspiegel gilt allgemein hin als eine der Hauptursachen für **Herz-Kreislauf-Erkrankungen**. Sie sind die häufigste Todesursache in westlichen Industrieländern. Die Deutsche Gesellschaft für Ernährung rät deshalb zu einer Ernährung, die arm an tierischen Fetten und damit arm an gesättigten Fettsäuren ist.

Übergewicht und seine Folgen

Durch Fett im Übermaß, gepaart mit mangelnder Bewegung, leiden immer mehr Menschen in den Industrienationen an Übergewicht. Man geht davon aus, dass in Deutschland etwa 50 Prozent der Frauen, 67 Prozent der Männer und zirka 10-18 Prozent der Kinder und Jugendlichen übergewichtig sind.

Menschen, die sich pflanzlich ernähren, haben tendenziell ein niedrigeres Körpergewicht und leiden seltener an Fettleibigkeit als Mischköstler. Somit ist auch ihr Risiko, an durch Übergewicht verursachten chronischen Leiden zu erkranken, wesentlich geringer.

Begleiterscheinung von Fettleibigkeit sind oft Bluthochdruck, ein hoher Blutcholesterinspiegel und stark erhöhte Insulinwerte im Blut. Diese Störungen gelten als Ursachen für **Herzkrankheiten**. Durch die niedrigeren Cholesterinwerte strenger Vegetarier (geringer oder kein Verzehr von Butter, Käse, Sahne etc.), die auf den niedrigen Anteil gesättigter Fettsäuren und den höheren Anteil ungesättigter Fettsäuren zurückzuführen sind, ist ihr Risiko, an Beschwerden des Herz-Kreislauf-Systems zu erkranken, geringer.

Auch die Gefahr der Erkrankung an **Diabetes Typ 2** ist bei Übergewicht erhöht. Außerdem werden **Arthrose** oder **Gallensteine** begünstigt. Gallensteine sind ebenso meist die Folge erhöhter Cholesterinaufnahme. Eine insgesamt geringere Fett- aber höhere Ballaststoffaufnahme schützt vermutlich vor Gallensteinen, da wasserlösliche Ballaststoffe die Ausscheidung von Gallensäure zusätzlich erhöhen.

Ernährung und Krebs

Eine über 12 Jahre angelegte Studie (The Oxford Vegetarian Study), die 6000 Vegetarier und 5000 gesundheitsbewusste Fleischesser verglich, ergab bei den Vegetariern 40 % weniger Todesfälle durch Krebs als bei den Fleischessern. Die genauen Ursachen hierfür sind noch nicht ausreichend geklärt.
Speziell das Risiko, an Darmkrebs zu erkranken, wird vom Weltkrebsforschungsfonds mit dem Verzehr von rotem (Schwein, Rind, Lamm) und unter großer Hitze verarbeitetem Fleisch (Fertigprodukte) in Verbindung gebracht. Auch die American Dietetic Association ADA geht davon aus, dass das Hämeisen, wie es im Fleisch zu finden ist, das Darmkrebsrisiko erhöht. Gleichzeitig nehmen Vegetarier im Vergleich zu Fleischessern mehr Phytochemikalien (Pflanzenwirkstoffe) auf, die einer Krebsentwicklung entgegen wirken können. Auch Sojaprodukten wird eine krebshemmende Wirkung nachgesagt. Die genauen Wirkungen der sekundären Pflanzenstoffe der Sojabohne (Phytoöstrogene) sind allerdings umstritten.

Der Säure-Basen-Haushalt des Körpers

Viele der in einer westlichen Diät üblichen Nahrungsmittel führen zu einem Säureüberschuss im Körper. Über einen längeren Zeitraum anhaltende Übersäuerung kann Störungen des vegetativen Nervensystems, des Verdauungssystems sowie rheumatische Probleme verursachen. Ebenso Leistungsabbau, Gicht, Nierensteine und Osteoporose.

Ist das natürliche Säure-Basen-Puffersystem des Körpers nicht mehr ausreichend, ist er gezwungen, die Übersäuerung mit basischen Salzen aus den Knochen auszugleichen. Dieses Anzapfen der Knochen kann die Entstehung einer **Osteoporose** begünstigen.

Mit steigendem Säuregrad im Körper steigt auch der Harnsäurespiegel im Blutserum. Harnsäure ist das Stoffwechselprodukt von Purinen, die in besonders großer Menge in Fleisch und Fisch enthalten sind. Wird die Harnsäure über die Nieren ungenügend ausgeschieden, was meist erblich bedingt ist, kristallisiert sie aus. **Nierensteine** und **Gicht** sind die Folge.

In der Naturheilpraktik geht man davon aus, dass eine ständige Übersäuerung des Körpers Schlacken („Säureabfälle") im Bindegewebe entstehen lässt. Eine dadurch verursachte Bindegewebsschwäche kann zu **Krampfadern, Hämorrhoiden** und **Arthrosen** führen. All diese Zivilisationskrankheiten sind zwar im Vormarsch, wissenschaftliche Beweise für diese Theorie fehlen jedoch bisher.

Säure- und basenbildende Nahrungsmittel:
Eine vollständige und verlässliche Liste zu erstellen hat sich als schwierig herausgestellt. Oft sind Angaben verschiedenster Quellen zum Thema säure- oder basenbildend sehr widersprüchlich und verwirrend.

Als grobe Faustregel gilt: vor allem tierische Nahrungsmittel, aber auch Getreide (außer Vollkornbrot) sind säurebildend, Gemüse und Obst basenbildend.

Säurebildend:
Fleisch, Fisch, Milchprodukte wie Käse (die meisten) und Quark, Eier, gehärtete und raffinierte Fette, Weißmehlprodukte, Kaffee, schwarzer und grüner Tee, Kakao, weißer Zucker und Süßigkeiten, Alkohol, Hülsenfrüchte (außer Sojabohnen), Nüsse (außer Mandeln, Sesam, Sonnenblumenkerne), Salz, Artischocken, Rosenkohl, Spargel, Tomaten, Wirsing, Essig.

Basenbildend:
Das meiste Gemüse, reifes Obst, Kräuter- und Früchtetees, Salate, Ballaststoffe, Sojabohnen, Tofu, Pilze, Mineralwasser, Honig und Ahornsirup, pflanzliches Öl und Margarine.

Fisch statt Fleisch?
Fisch gilt, vor allem wegen der wertvollen Omega-3-Fettsäuren (siehe Seite 24), als eine gesunde Alternative zu Fleisch. Doch auch hier ist Vorsicht geboten. Fisch ist häufig sehr schadstoffbelastet. Schwermetalle, TBT, DDT, das Nervengift Quecksilber und andere Giftstoffe reichern sich in der Fettschicht von Fischen an. Dabei sammeln ältere und in der Nahrungskette weiter oben stehende Fische am meisten an. Die Belastung steigt von Raubfisch zu Raubfisch. Der Mensch steht am Ende der Nahrungskette und nimmt die über ein Fischleben angesammelten Gifte auf. Auch Süsswasserfische werden von den Auswirkungen

Da die Giftwerte von Fisch (Fettgehalt), Alter und Fangort abhängen, lohnt es, sich zu informieren. So rät zum Beispiel Greenpeace schwangeren Frauen vom Verzehr von Ostsee-Lachs ab. Die erlaubten Grenzwerte für die jeweiligen Giftbelastungen sind umstritten.

Abschließend zwei Zitate aus dem Positionspapier der American Dietetic Association (ADA), dem größten US-amerikanischen Zusammenschluss von Ernährungsexperten (Ernährungswissenschaftler und Berater, 65.000 Mitglieder) und des Verbandes kanadischer Ernährungswissenschaftler (Dietitians of Canada, DC) aus dem Jahr 2003:

„Es ist die Position der American Dietetic Association und der Dietitians of Canada, dass entsprechend geplante vegetarische Ernährungsformen gesund und den Nährstoffgehalt betreffend ausreichend sind und gesundheitliche Vorteile bei der Vorbeugung und Behandlung bestimmter Krankheiten bieten."

„Eine gut geplante vegane oder andere Art der vegetarischen Ernährung ist für jede Lebensphase geeignet, inklusive während der Schwangerschaft, Stillzeit, Kindheit und in der Pubertät ..."

(Anmerkung: „gut geplante ... Ernährung" bezieht sich auf die gleichen Kriterien, die allgemein als empfehlenswert gelten. Abwechslungsreich, arm an gesättigten Fetten, Zucker und raffinierten Lebensmitteln und reich an Gemüse und Obst. Eine Vitamin-B12-Ergänzung wird bei Veganern empfohlen.)

QUELLEN:
American Dietetic Association (ADA), 120 South Riverside Plaza, Suite 2000, Chicago, Illinois 60606-6995), USA
American Medical Association (AMA), 515 N. State Street Chicago, IL 60610, USA
Bundesministerium für Ernährung, Landwirtschaft und Verbraucherschutz (BMELV), 11055 Berlin, Deutschland
Deutsche Gesellschaft für Ernährung (DGE) e. V., Godesberger Allee 18, 53175 Bonn
Deutsches Grünes Kreuz e.V., Im Kilian, Schuhmarkt 4, 35037 Marburg
Die Zeit Wissen, 02/2006, *Böse Milch? Gute Milch?*
Feskanich, D. & Willett, W.C. & Stampfer, M.J. (1997): *Milk, dietary calcium, and bone fractures in women: a 12-year prospective study*". American Public Health Association (APHA), 800 I Street, NW Washington, DC, USA
Langley, J. (1999): *Vegane Ernährung*. Echo Verlag, Göttingen
Schweizerische Gesellschaft für Ernährung (SGE), Effingerstr. 2, 3001 Bern, Schweiz
Schweizerische Diabetes-Gesellschaft, Rütistrasse 3 A, 5400 Baden, Schweiz
Schweizerische Vereinigung für Vegetarismus SVV, Bahnhofstr. 52, 9315 Neukirch-Egnach. Schweiz
Verband für unabhängige Gesundheitsberatung e.V. (UGB), Sandusweg 3, 35435 Wettenberg/Gießen, Deutschland
Weltkrebsforschungsfonds Deutschland, Friedrichstraße 47, 60323 Frankfurt, Deutschland

V. SCHLUSSGEDANKEN

Abschließend kann ich es mir nicht verkneifen, noch ein paar Schlussgedanken zum Besten zu geben. Obwohl wir in einer mechanisierten, von Logik und Entscheidungen der linken Gehirnhälfte dominierten Welt leben, ist mein Schlusswort durchaus auch von Emotionen geprägt. Das erlaube ich mir an dieser Stelle, auch wenn Gefühle in unseren Leistungsgesellschaften verpönt sind. Ein Fehler, wie ich meine, denn Emotionen sind es, die das Leben lebenswert machen, und auch sie sind es, die uns vor Fehlentscheidungen des Verstandes bewahren können.

Ich hoffe abschließend sehr, dass durch meine Ausführungen klar geworden ist, auf wie viele Aspekte des Lebens wir als Konsumenten Einfluss nehmen können – und sollten. Mindestens drei mal täglich entscheiden wir uns bei der Aufnahme unseres täglichen Brotes, welche dahinterstehenden Produzenten wir finanziell unterstützen. Wir haben die freie Wahl, Menschen zu unterstützen, für die fairer Handel, respektvoller Umgang mit anderen Lebewesen und die Erhaltung unserer Umwelt für uns und unsere Kinder eine Selbstverständlichkeit sind. Zwar unterliegen wir permanent den Versuchungen und Sonderangeboten jener Unternehmen, für die Menschenrechte und Ethik keine Rolle spielen, aber unser Wissen ist die Kraft, die uns davor immer wieder aufs Neue schützen kann. Ein Überdenken alter Konsumgewohnheiten ist kein Steckenpferd von sogenannten „Gutmenschen". Es ist die einzige nachhaltig wirksame Handlungsweise von Menschen, die sich nicht nur über Tier- und Umweltschutz Gedanken machen, sondern gleichzeitig rücksichtslosem Brutalkapitalismus, globaler Ausbeutung und nicht zu rechtfertigender Verschwendung kritisch gegenüber stehen. Denn all unsere Denker, Forscher und Visionäre stehen auf verlorenem Posten, wenn sich nicht auch jeder einzelne von uns bei all seinen täglichen kleinen, sich ewig wiederholenden Handlungen ebenso visionär verhält. Viele kleine Schritte könnten so den großen Schritt in eine neue Richtung ergeben.

Leider ist uns die Doppelmoral unseres Verhaltens meist gar nicht bewusst. Kann es wirklich ausreichend sein, zur Weihnachtszeit, aufgewühlt durch medienwirksame Wohltätigkeitsveranstaltungen, ein paar Euro zu spenden, während man den Rest des Jahres den Hunger und das Leid vieler dieser Menschen mit verursacht? Wie weit geht mein Respekt vor Tieren wirklich, wenn ich einem Straßenhund ein vermeintlich besseres Leben schenken will, indem ich ihn aus seiner Umwelt hole und dann seine Ernährung mit Produkten aus mehr als tierschutzrelevanter Massentierhaltung bestreite?

ALBERT SCHWEITZER, deutsch-franz. Theologe, Philosoph, Musiker, Arzt und Friedensnobelpreisträger (1875-1965):

„Das Wenige, das du tun kannst, ist viel - wenn du nur irgendwo Schmerz und Weh und Angst von einem Wesen nimmst, sei es Mensch, sei es irgend eine Kreatur."

Natürlich ist es unglaublich schwer, gegen die Macht der Gewohnheit zu kämpfen, die Trägheit zu überwinden und sich der bitteren Folgen des Wegsehens, Weghörens und Stillhaltens wirklich bewusst zu werden. Sich selbst und seine Rechfertigungskonstrukte, derer es mehr als genug gibt, immer kritisch zu hinterfragen. Habe ich wirklich das Recht, mir alles, zu jeder Zeit, in beliebiger Menge und von wem ich will zu kaufen, nur weil ich hart arbeiten gehe? Habe ich auf Grund meiner Arbeit wirklich keine Zeit, mir über irgend jemanden oder etwas anderes außer mir und meinen eigenen Wünschen Gedanken zu machen? Oder geht es mir aufgrund fehlender Beschäftigung wirklich so unglaublich schlecht, dass ich nicht mehr in der Lage bin, auch über das oft weitaus größere Leid anderer Menschen oder gar Tiere nachzudenken? Auch finanzielle Gründe können nur bedingt als Entschuldigung gelten. Da die Einschränkung unseres Fleisch- und Milchproduktkonsums aus dargelegten Gründen notwendig ist, wird Quantität zu Qualität. Weniger ist mehr und dadurch auch erschwinglich. Ist es denn wirklich eine gravierende Einschränkung der persönlichen Freiheit, wie wir sie im westlichen Sinne verstehen, wenn wir manche Produkte als Luxus akzeptieren und uns in unserem Verbrauch ein klein wenig zurückhalten? Ist es dekadenter, zu Recht teuere tierische Produkte in Maßen vom Biobauern aus der Region zu kaufen und ihn damit für seine Mühe angemessen zu entlohnen oder sie im normalen Supermarkt zu beziehen und damit andere für den selbstverständlich gewordenen Billig-Luxus „bezahlen" zu lassen? Nämlich Menschen in fernen Ländern, Tiere oder unsere Umwelt und die kommender Generationen? Auch Vegetarier sollten sich die Frage stellen, ob das Leben und die Tötung einer Milchkuh und ihrer Kälber aus Massentierhaltung nicht ebenso gnadenlos verläuft wie die eines Fleischrindes und was das für ihren bisher gelebten Vegetarismus bedeutet.

Ich glaube, wir sehen es auf Grund unserer Erziehung als Selbstverständlichkeit an, uns so viel vom Kuchen zu nehmen, wie wir Lust haben. Wir denken bewusst nicht darüber nach, wo der Kuchen herkommt oder wie viele Menschen vom mageren Rest des Kuchens leben müssen. Denn das Drama spielt sich nicht in unserer Nachbarschaft ab und das macht Wegsehen leicht.

Vielleicht sollten wir uns jeden Tag aufs Neue daran erinnern, dass die **Einhaltung des Menschenrechts auf Nahrung** weltweit durchgesetzt werden muss, auch wenn sich Länder wie die U.S.A. jahrelang dagegen gesträubt haben. Jeder einzelne von uns muss dafür Sorge tragen, dass er gegen dieses Recht weder direkt noch indirekt über verworrene Umwege verstößt, solange er selbst im Überfluss lebt und die freie Entscheidung hat, von wem und wie er seine Nahrung bezieht.

JEAN ZIEGLER, Soziologe, Politiker, Sonderberichterstatter für das Recht auf Nahrung in der Menschenrechtskommission der Vereinten Nationen (2000-2008):
„Es kommt nicht darauf an, den Menschen der Dritten Welt mehr zu geben, sondern ihnen weniger zu stehlen."

Als Menschen tragen wir Verantwortung gegenüber anderen Menschen, gegenüber anderen Lebewesen, gegenüber unserer Umwelt. Vielleicht sollten wir als denkende und fühlende Spezies Mensch endlich kollektiv erwachsen werden und diese Verantwortung übernehmen. Denn auch mit dieser Verantwortung lässt sich eine Menge Spaß haben.

Und eines ist klar. Gewohnheit kann auch ein neues Verhalten werden. Man kann sich selbst in kleinen Schritten darauf zu bewegen und ehe man sich versieht, hat man sich selbst neu konditioniert und aus dem Kollektiv gedankenloser Konsumenten gelöst. Die Angst vor Neuem und Ungewohntem überwunden und das Leben bereichert. An die Stelle alter Gewohnheiten sind plötzlich neue getreten, die weder große Anstrengung noch Nachdenken erfordern, sondern zur automatisierten Normalität geworden sind.

Dieses Buch

Ich versuche mit diesem Buch Rezepte aufzuzeigen, die ohne Probleme auf tierischen Inhalt verzichten können, die schmecken und leicht zuzubreiten sind und für jeden Geschmack etwas bieten. Nicht, um alle Menschen zur rein pflanzlichen Ernährung zu bekehren, sondern vielmehr, um einen maßvollen Verbrauch tierischer Produkte zur Normalität zu machen. Erst wenn Fleisch, Milch, Käse, Butter usw. wieder als das betrachtet werden, was sie sind, nämlich purer Luxus, kann respektvolle Tierhaltung ohne Importe wichtiger Nutzpflanzen aus Entwicklungsländern in einem stark bevölkerten Land wie Deutschland Realität werden. Erst wenn wir im täglichen Leben spielend auf sie verzichten können, können wir einen angemessenen, genussvollen und vor allem bewussten Verbrauch erreichen. Nicht nur für unsere Gesundheit, auch für unsere Haus- und Wildtiere, unsere Umwelt und die Zukunft unserer Kinder und nicht zuletzt für die Menschen in anderen Ländern ist es unverzichtbar, dass wir unseren außer Kontrolle geratenen Konsum tierischer Produkte wieder in angemessene Bahnen zu lenken lernen. Auch wenn wir in den reichen Industrienationen diesen Überfluss als Normalität kennengelernt haben.

Lew Nikolajewitsch (Leo) Tolstoi, russischer Schriftsteller und Pazifist (1828-1910):
„Viele zerbrechen sich den Kopf darüber, wie man die Menschheit ändern könnte, aber kein Mensch denkt daran, sich selbst zu ändern."

NAHRUNG UND NÄHRWERT

Obwohl ich wirklich kein Freund von Nährwerttabellen bin, beruhigt es anfangs die Nerven, zu wissen, wo man welchen Nährstoff herbekommt. Halten Sie sich trotzdem nicht kleinlich an diese Angaben. Oft variieren die empfohlenen Mengen einiger Nährstoffe von Land zu Land so stark, dass man daran erkennen kann, dass ein all umfassendes Muss nicht existiert. So wird in verschiedensten englischen und US-amerikanischen Studien davon ausgegangen, dass die empfohlenen Tagesdosen für Calcium etwa halbiert werden könnten und somit völlig überhöht sind.

Außerdem nimmt einem das Essen nach Tabelle jeglichen Spaß. Menschen, die viele tierische Produkte zu sich nehmen, machen sich in der Regel überhaupt keine Gedanken um Nährstoffe. Oft schafft paradoxerweise gerade der Umstieg auf eine gesündere Ernährungsweise Bedenken bezüglich der ausreichenden Zufuhr aller Nährstoffe. Machen Sie sich damit nicht verrückt. Es lohnt sich allemal mehr, wieder zu erlernen, auf die eigenen Körpersignale zu achten. Bleiben Sie einfach kritisch gegenüber Normwerten und überhören Sie Ihr Bauchgefühl nicht.

Essen Sie regelmäßig Getreide (Brot, Nudeln, Reis, Müsli), Hülsenfrüchte und Nüsse und Samen (Erdnussbutter, Tahin, Bohnen, Linsen, Kichererbsen, Sojaprodukte etc.), viel Gemüse und Obst und Sie sind auf der sicheren Seite.

Auf den folgenden Seiten finden Sie zunächst eine übersichtliche, zusammenfassende Tabelle, die Fette, Proteine, Kohlenhydrate und die wichtigsten Mineralstoffe, Spurenelemente und Vitamine sowie die jeweils wichtigsten Nahrungsmittel enthält. Im Anschluss daran werden die Nährstoffe ausführlich behandelt.

Die Zahlenwerte für die Inhaltsstoffe beziehen sich dabei, falls nicht anders ausgewiesen, auf **Gramm pro 100 g essbaren Anteil** des jeweiligen Lebensmittels. Mit einzubeziehen sind die oft erheblichen Verluste an Nährstoffen, die durch die Zubereitung der Speisen verursacht werden können, z.B. durch die Hitzeempfindlichkeit von Vitamin C, Folsäure oder B1 (Thiamin).

In den meisten Fällen gilt: je schonender ein Lebensmittel gekocht wurde, desto höher ist sein Nährstoffanteil.

Die empfohlene Tagesdosis bezieht sich auf Erwachsene.

Die Empfehlungen wurden von der Deutschen Gesellschaft für Ernährung (DGE) in Zusammenarbeit mit der Österreichischen (ÖGE) und der Schweizer Gesellschaft für Ernährung (SGE) herausgegeben.

	FETTE		
	GESÄTTIGTE FETTSÄUREN	**EINFACH UNGESÄTTIGTE FETTSÄUREN**	**MEHRFACH UNGESÄTTIGTE FETTSÄUREN**
Funktion:	Energielieferant Lösungsmittel für fettlösliche Vitamine (A/Beta-Carotin, D, E, K) Schutzpolster für innere Organe wie Niere, Herz und Nervensystem Bestandteil der Zellmembranen		
MANGEL	Fettmangel ist bei normaler Ernährung nicht zu erwarten. Verminderte Vitaminabsorption Energiemangel verlangsamte Zellteilung Störungen des Sehvermögens, des Hautbildes oder des Wachstums		
TAGESDOSIS	Etwa 30 % der gesamten Energiezufuhr 1 g Fett liefert 9 kcal (37 kJ) (Bei einem täglichen Energiebedarf von 2000 kcal wären es z.B. 66 g Fett) Ein möglichst geringer Verbrauch gesättigter Fette wird empfohlen.		
RELEVANTE NAHRUNGS-MITTEL (% Fettanteil)	v.a. tierische Fette wie Schmalz (100), Butter (83,2), Sahne (31), Parmesan (25,8), aber auch Pflanzenfett wie Kokosfett (100), Palmfett, gehärtete Öle (Margarine).	Olivenöl (100), Rapsöl, Erdnussöl, Erdnüsse (48,1), Avocados (23,5).	Distelöl, Rapsöl, Leinöl, Sonnenblumenöl, Maiskeimöl, Kürbiskernöl, Traubenkernöl, Sojaöl, Hanföl, gute Pflanzenmargarine Fettanteil Öl: 100 %

	KOHLENHYDRATE	
	VERWERTBARE KOHLENHYDRATE	**BALLASTSTOFFE**
Funktion:	Energielieferant Energieversorgung des Gehirns durch Glucose (Traubenzucker) Verdauungssystem	verlängern das Sättigungsgefühl (Schutz vor schädlichen Heißhungerattacken) Regulation der Darmtätigkeit
MANGEL	zu wenig Kohlenhydrate aufzunehmen ist, mit Ausnahme von Extremdiäten, kaum möglich	
TAGESDOSIS	Etwa 50 % der täglichen Energiezufuhr 1 g verwertbare Kohlenhydrate liefern 4 kcal (17 kJ) (ca. 250-350 g)	ca. 30 g
RELEVANTE NAHRUNGS-MITTEL (g pro 100 g)	**Getreideprodukte:** Reis (78), Weizenmehl (71), Mais (64), Roggen (60,7), Brot, Nudeln Kartoffelprodukte wie Kartoffelpuffer (73,3) **Hülsenfrüchte:** Kichererbse (44), Erbse, Linse (40) **Dörrobst/Obst:** Dattel (65), Apfel (11,4)	Vollkorngetreideprodukte Weizenkleie (45), Leinsamen (38), weiße Bohne (23), Knäckebrot (14), Erbse, Linse, getrocknete Pflaume (17,8), Aprikose (18), Pfirsich (12,8), Erdnuss, Mandel (13,5), Haferflocken (10), Mais (9,7)

	EIWEISS (PROTEINE)	MINERALIEN & SPURENELEMENTE	
		EISEN	CALCIUM
Funktion:	Bausubstanz von Organen, Muskulatur, Hormonen (Insulin) Muskelkontraktion Transportproteine im Blut Antikörper	Sauerstofftransport, - speicherung, - aktivierung Immunabwehr Energieverwertung	wichtiger Bestandteil von Knochen und Zähnen Nervensystem Muskelbewegung Blutgerinnung
MANGEL	Fettleber Haarausfall Muskelschwäche	Blutarmut (Anämie) schnelle Ermüdung Infektanfälligkeit brüchige Haare & Nägel	Osteoporose (Knochenschwund) Hypokatzämie (zu niedriger Calciumspiegel im Blut) neuromuskuläre Übererregbarkeit
TAGESDOSIS	Etwa 10-20 % der Energiezufuhr 1 g Eiweiß liefert 4 kcal (17 kJ) (50-60 g Eiweiß, bzw. 0,8 g pro Kilogramm Körpergewicht)	10-15 mg	1000-1200 mg
RELEVANTE NAHRUNGS- MITTEL (g/mg pro 100 g)	Nüsse/Hülsenfrüchte/Getreide Sojabohne (37 g), Erdnuss (29g), Linse (23 g), Mandel (22 g), Kichererbse (19 g), Haferflocken (13 g), Weizenmehl (10-12 g)	Nüsse/Hülsenfrüchte/Getreide/ Dörrobst: Weizenkeime (16), Sesam (10), Leinsamen (8), getr. Pfirsich (7), weiße Bohne & Kichererbse (6), Petersilie (3,6)	angereicherte Produkte wie Tofu, Sojamilch, hartes Trinkwasser, Mohn (1460), Grünkohl (212), getr. Feige (193), Rucola (160), Bewegung im Freien!

	MINERALIEN & SPURENELEMENTE		
	KALIUM	MAGNESIUM	JOD
Funktion:	Regulation des Wasser-, sowie des Säure- und Basenhaushaltes Erregbarkeit von Muskeln & Nerven Zellwachstum	Reizübertragung im Nervensystem und Muskelkontraktion Aufbau Knochen und Zähne Energiestoffwechsel Synthese der DNS (Erbgut)	Bestandteil der Schilddrüsenhormone Stoffwechsel
MANGEL	selten (bei anhaltendem Durchfall, Erbrechen, Abführmitteln) Muskelschwäche Darmlähmung Herzfunktionsstörung	selten (bei Alkohol- und Medikamentenmissbrauch, Erkrankungen im Magen-Darm-Trakt) Störungen der Herz & Skelettmuskulatur, Muskelkrämpfe	vergrösserte Schilddrüse (Kropfbildung) Über- oder Unterfunktion der Schilddrüse
TAGESDOSIS	etwa 2000 mg	300-400 mg	150-200 µg
RELEVANTE NAHRUNGS- MITTEL (mg/µg pro 100 g)	Hülsenfrüchte/Obst & Gemüse/ Nüsse: Getr. Steinpilze (2000), Sojab. (1799), Dörrobst (Aprikose 1370), Rosine (782), weiße Bohne (1337), Pommes (926), Spinat (554)	Weizenkleie (490), Kürbiskerne (400), Sojab. (220), Zartbitterschokolade (149), weiße Bohne (140), Haferflocken (124), Weizenmehl (130), Dörrobst, Obst, Gemüse	jodiertes Speisesalz (2 mg), Meeresalgen, Champignons (18 µg), Broccoli (15 µg), Erdnuss (14 µg), Spinat (12 µg), Cashewnuss (10 µg)

VITAMINE

	VITAMIN A (RETINOL)	VITAMIN C (ASCORBINSÄURE)	VITAMIN D
Funktion:	Sehvermögen Haut und Schleimhäute Fortpflanzung, Wachstum, Entwicklung, Immunsystem, Antioxidans (Radikalfänger)	Bindegewebe Knochen Immunsystem verbessert die Eisenaufnahme Antioxidans (Radikalfänger)	fördert die Aufnahme von Calcium aus dem Darm wichtig für Knochen & Zähne
MANGEL	schlechtes Sehen, v.a. nachts trockene Haut spröde Haare & Nägel Infektionsanfälligkeit	schlechte Wundheilung erhöhte Infektionsanfälligkeit Leistungsabfall, Skorbut (Blutungen in Haut, Schleimhäuten, Muskulatur, inneren Organen)	Osteomalazie (Knochenerweichung)
TAGESDOSIS	800-1000 µg	100 mg (Raucher 150 mg)	5 µg
RELEVANTE NAHRUNGSMITTEL (µg/mg pro 100 g)	getr. Aprikose (3500), Karotte (1500), Löwenzahn (1300), Petersilie (871), Grünkohl (862), Feldsalat (650), Pflanzenmargarine (608), Rapsöl (550)	Acerola (1700), Hagebutte (1250), Sanddorn (450), schw. Johannisbeere (177), Petersilie (161), Paprika (121), Meerrettich (114), Erdbeere (63), Zitrone (51)	angereicherte Margarine (7,5µg), Steinpilz und Morchel (3 µg), Champignon (1,9 µg), Hefepilze, Aufenthalt im Freien!

VITAMINE

	VITAMIN E	VITAMIN K	VITAMIN B1 (THIAMIN)
Funktion:	Antioxidans (Radikalfänger) zum Schutz von Fetten im Blut, der Zellmembranen und der DNS (Erbgut)	Blutgerinnung Knochenfestigkeit	Energie- und Kohlenhydratstoffwechsel Herzkreislauf Nervensystem
MANGEL	Gestörte Funktion der Zellmembranen, des Muskelstoffwechsels und des Nervensystems	sehr selten (z.B. durch Medikamente) schlechte Wundheilung Blutungen wie Nasenbluten	Atemnot und Ödeme bei schwerer Herzerweiterung, Muskelschwäche, Augenmuskellähmung, Verwirrtheit, Gedächtnisstörung (oft bei Alkoholismus)
TAGESDOSIS	12-15 mg	etwa 60-80 µg	1-1,3 mg
RELEVANTE NAHRUNGSMITTEL (µg/mg pro 100 g)	Preiselbeere (992), Weizenkeimöl (174), Sonnenblumenöl (63), Mandeln (26), Rapsöl (23), Erdnuss (11), Fenchel (6), Paprika (2,5), Spargel (2)	Grünkohl (777), Petersilie (466), Broccoli (174), Rapsöl (155), Kopfsalat (116), Sauerkraut (62), Maiskeimöl (60), Mais (40)	Bierhefe (12), Weizenkeime & Sonnenblumenkerne (2), Erdnuss (1), Erbse (0,7), Haferflocken (0,65), Linse (0,5)

VITAMINE

	VITAMIN B2 (RIBOFLAVIN)	VITAMIN B3 (NIACIN/NICOTINSÄURE)	VITMAMIN B6 (PYRIDOXIN)
Funktion:	Kohlenhydrat-, Fett-, Proteinstoffwechsel Energiegewinnung gesunde Haut/Haare/Nägel	Stoffwechsel von Glucose, Cholesterin, Fetten und Aminosäuren Energieproduktion gesunde Haut und Nervengewebe	Aminosäurestoffwechsel Bildung von Neurotransmittern (Botenstoffen d. Gehirns), von Hämoglobin (roter Blutfarbstoff), Antikörpern & Leukozyten
MANGEL	Risiko bei Schwangeren und Alkoholkranken, Hautausschlag um die Nase, Hautrisse, Lichtüberempfindlichkeit, Zungenschleimhautentzündung	Appetitlosigkeit, Müdigkeit Hautirritationen im Gesicht & an Händen und Armen Durchfall Störungen des Nervensystems	Haut-, Schleimhautentzündung, Mund- und Lippenrisse Anämie (Blutarmut) neurologische Störungen, erhöhtes Risiko für Arteriosklerose
TAGESDOSIS	1,2-1,5 mg	15-17 mg	1,2-1,5 mg
RELEVANTE NAHRUNGS-MITTEL (mg pro 100 g)	Bäckerhefe (2), Weizenkeime (0,7), Weizenkleie (0,5), Sojabohne (0,46), Champignon (0,4), Petersilie & Erbse (0,3), Mais & Spinat (0,2)	Bierhefe getr. (45), Weizenkleie (18), Erdnuss (15), Champignon, Reis natur, Weizenmehl, Steinpilz (5), Erbse (3), Linse (2,5)	Pfirsich (26), Bierhefe getr. (4,4), Weizenkleie (0,7), Linse (0,6), Avocado (0,5), Weizenmehl (0,46), Erdnuss (0,44), Mais & weiße Bohne (0,4)

VITAMINE

	VITAMIN B9 (FOLSÄURE)	VITAMIN B12 (COBALAMINE)	VITAMIN H (BIOTIN)
Funktion:	Zellwachstum & Zellteilung Nervenstoffwechsel verminderte Gefahr von Herz-Kreislauf-Erkrankungen & einigen Krebserkrankungen	Blutbildung, Zellteilung, Regeneration der Schleimhäute & Nervenzellen, Folsäure Aktivierung, Schutz vor Arteriosklerose & Herz-Kreislauf-Erkrankungen	Nährstoffwechsel gesunde Haut/Haare/Nägel
MANGEL	Anämie (Blutarmut) schnelle Ermüdung, Depressionen, Reizbarkeit, Konzentrationsschwäche, geht oft mit Vitamin C oder B12 Mangel einher	Anämie (Blutarmut) Nervenschädigung Schädigung der Schleimhäute Folsäuremangel	bei normaler Ernährung nicht bekannt Hautveränderung, Haarausfall Schwäche Wachstumsstörungen
TAGESDOSIS	400 µg	3 µg (Schätzwert, kann über einen längeren Zeitraum gespeichert werden)	30-60 µg
RELEVANTE NAHRUNGS-MITTEL (µg pro 100 g)	Bierhefe getr. (3170), Weizenkeime (520), Kichererbse (340), Weizenkleie (195), Erdnuss (169), Sojasprossen (160), Feldsalat & Spinat (145), Knäckebrot (88)	angereicherte Produkte wie Bierhefe (20), Margarine (5), Müsli, Cornflakes, Sojaprodukte	Erdnuss (33), Haferflocken und Sojamilch (20), Champignon (15,7), Spinat (6,8)

FETTE

Funktion:
Energielieferant- und speicher - Lösungsmittel für fettlösliche Vitamine - Schutzpolster für Organe wie Nieren, Herz und Nervensystem - Wärmeisolation - Bestandteil der Zellmembranen

Empfohlene tägliche Zufuhr:
etwa 30 % der gesamten Energiezufuhr
1 g Fett liefert 9 kcal (37 kJ)
(Bei einem täglichen Energiebedarf von 2000 kcal wären es z.B. 66 g Fett.)

Fett ist neben Proteinen und Kohlenhydraten der wichtigste Energielieferant. Fette bestehen v.a. aus Fettsäuren und Glycerin. Man unterscheidet zwischen gesättigten (keine Doppelbindung der Fettsäuren), einfach ungesättigten (eine Doppelbindung) und mehrfach ungesättigten, essentiellen Fettsäuren.

Gesättigte Fettsäuren:
Fette mit einem hohen Anteil gesättigter Fettsäuren sind bei Zimmertemperatur in der Regel fest. Gesättigte Fette tierischen Ursprungs stehen in Verdacht, schädliches Cholesterin (LDL) zu erhöhen und den Anteil an nützlichem (HDL) Cholesterin zu senken. Ein erhöhter Cholesterinspiegel (LDL) im Blut gilt als einer der Hauptrisikofaktoren für Herz-Kreislauf-Erkrankungen. Eine Ernährung, die vor allem arm an tierischen Fetten ist, wird daher von der Deutschen Gesellschaft für Ernährung empfohlen. Pflanzliche Fette hingegen enthalten praktisch kein Cholesterol (Cholesterin). Eine Unterversorgung ist jedoch nicht zu befürchten, da der Körper in der Lage ist, das benötigte Cholesterin selbst herzustellen.

Den gesättigten Fettsäuren ähnlich verhalten sich Transfettsäuren. Sie stehen ebenso in Verdacht, den Blutcholesterinspiegel und das Risiko für Herz- und Krebserkrankungen zu erhöhen. Transfettsäuren finden sich vor allem in Butter und Milchprodukten sowie gehärteten Frittierfetten. Also in Produkten wie Pommes Frites oder Chips, ebenso in z.B. Fertigsaucen und in geringeren Mengen auch in Rind- und Lammfleisch. Für Margarine, die gehärtete Pflanzenfette enthält, kann weitgehend Entwarnung gegeben werden, da diese Öle heute sehr schonend gehärtet werden und i.d.R. kaum noch Transfettsäuren enthalten.

Gesättigte Fette (Fettanteil in %):
v.a. tierische Fette wie Schmalz (100), Butter (83,2), Sahne (31), Käse (Parmesan 25,8), aber auch pflanzliche Fette wie Kokosfett (100), Kakaobutter (100), Palmfett, in gehärteten Ölen (Margarine)

Einfach ungesättigte Fettsäuren:
Verringern unter Umständen das Risiko von Herzkrankheiten durch Erhöhung des nützlichen Cholesterins (HDL) und Reduktion des schädlichen Cholesterins (LDL).

Einfach ungesättigte Fette (Fettanteil in %):
Olivenöl (100), Rapsöl, Erdnussöl, Erdnüsse (48,1), Avocados (23,5)

Mehrfach ungesättigte Fettsäuren:
Mehrfach ungesättigte Fettsäuren sind essentielle Fettsäuren, d.h. sie können vom Körper nicht produziert werden und müssen über die Nahrung aufgenommen werden. Bei den essentiellen Fettsäuren unterscheidet man zwischen Omega-3- und Omega-6-Fettsäuren. Omega-3-Fettsäuren gewinnen in Untersuchungen zunehmend an Bedeutung. Sie scheinen sich positiv auf Störungen wie erhöhten Blutfettgehalt, erhöhten Blutdruck, Arthritis, Arteriosklerose (Folgen: Herzinfarkt, Schlaganfall, Gefäßverschlüsse) u.a. auszuwirken.

Omega-3-Fettsäuren: Hanföl (46-70 %), Leinöl (54 %), Walnussöl, Rapsöl (10 %), Sojaöl (7 %), Omega-6-Fettsäuren: Distelöl (72,2 %), Sonnenblumenöl (61,3 %), Sojaöl (50 %), Hanföl (14-28 %), Maiskeimöl, Pflanzenmargarine, Rapsöl (20 %), Kürbiskernöl, Traubenkernöl

Das Verhältnis von Omega-3- zu Omega-6-Fettsäuren soll vor allem in Hanföl sehr gut sein.

Fettanteil gesamt von Ölen: 100 %

PROTEINE/EIWEISSE

Funktion:
Wesentliche Bausubstanz von Organen und Muskulatur (Muskelkontraktion), Hormonen (Insulin) - Transportproteine im Blut - Antikörper

Empfohlene tägliche Zufuhr: 50-60 g Eiweiß
10-20 % der täglichen Energiezufuhr, bzw. 0,8 g pro Kilogramm Körpergewicht
1 g Eiweiß liefert 4 kcal (17 kJ)

Proteine setzen sich aus verschiedenen Aminosäuren zusammen. Für die menschliche Ernährung spielen etwa 20 Aminosäuren eine Rolle, 9 davon sind essentiell und müssen mit der Nahrung aufgenommen werden. Die anderen kann der Körper selbst herstellen. Die

Kombination der in tierischen Proteinen vorkommenden Aminosäuren soll hochwertiger sein als die in pflanzlichen. Mit Ausnahme von Sojaprotein, das dem tierischen gleichwertig zu sein scheint. Eine gute Kombination pflanzlicher Proteine aber kann die Wertigkeit tierischer Proteine sogar wieder überbieten (siehe unten). Viele Quellen gehen heute allerdings davon aus, dass eine Kombination gar nicht nötig ist. Verschiedene Studien, die an sich rein pflanzlich ernährenden Menschen durchgeführt wurden, erbrachten das Ergebnis, dass pflanzliche Kost eine tägliche Eiweißmenge bereitstellt, die den empfohlenen Wert der WHO (Weltgesundheitsorganisation) sogar leicht überschreitet, also mehr als ausreichend ist.

Es wird angenommen, dass eine zu eiweißhaltige Nahrung, wie wir sie in unseren heutigen Überflussgesellschaften finden, die Ausscheidung von Calcium erhöht und somit einen Mangel verursachen kann (Osteoporose, siehe S. 67). Speziell ein Übermaß an tierischem Eiweiß soll den Verlust von Knochencalcium über den Urin fördern.

Nüsse und Samen/Hülsenfrüchte/Getreide (g Eiweiß pro 100 g)

Bierhefe getrocknet (48), Sojamehl vollfett (40), Sojabohnen (37), Erdnüsse (29), Leinsamen (28,8), Weizenkeime (28,7), Sonnenblumenkerne (26), Seitan (25 g), Kürbiskerne (24), Mohn (23,8), Linsen (23,4), Erbsen (22,9), Mandeln (22,1), Sesam (20,9), Pistazien (20,8), Cashewnüsse (20,6), Kichererbsen (19), Walnüsse (17), Weizenkleie (16), Dinkelvollkornmehl, Haferflocken (13,5), Paniermehl/Semmelbrösel (13), Roggenmehl (10,8), Mais (9,2), Weizenmehl und Tofu (10-12)

Zum Vergleich: Gouda-Käse (25), Schweineschnitzel (22,2), Rinderfilet (21,2), Mozzarella-Käse (19,5), Schweinsbratwurst (11,5), 1 Ei (7,7), Milch (3,28)

Kombinationen von Nahrungsmitteln aus mindestens zwei der 3 Gruppen (Nüsse und Samen/Hülsenfrüchte/Getreide) sollen die Wertigkeit der Proteine erhöhen.
z.B. Erbsen Rissotto, Nudeln mit Pesto, mexikanischer Mais-Bohnen-Salat, weiße Bohnen mit Brot, Toast mit Erdnussbutter, Linsensuppe mit Brot, Linsenburger im Brot, Müsli mit Nüssen und Körnern, Hummus oder Falafel mit Pitabrot, Rote Bohnen mit Reis, Kichererbsencurry mit Reis oder Fladenbrot, Dhal mit Reis etc.

KOHLENHYDRATE

Funktion:
Energielieferant - Energieversorgung des Gehirns durch Glucose (Traubenzucker) - Verdauungssystem

Kohlenhydrate setzten sich aus einer unterschiedlichen Anzahl von Zuckern (Sacchariden) zusammen. Man unterscheidet Monosaccharide (Traubenzucker, Fruchtzucker), Disaccharide (Rohrzucker, Rübenzucker) und Polysaccharide (verdauliche Stärke, unverdauliche Ballaststoffe).

Kohlenhydrate sind neben Fetten die wichtigsten Energielieferanten. Sie sollten täglich aufgenommen werden, möglichst in Form von Vielfachzuckern wie Stärke (Getreideprodukte, Kartoffeln, Hülsenfrüchte). Zucker sollte nur knapp verzehrt werden. Vor allem raffinierter Zucker geht direkt ins Blut, wird sofort verbraucht und hinterlässt leere Energiespeicher.

Empfohlene Menge Kohlenhydrate: ca. 250-350 g
Etwa 50 % der täglichen Energiezufuhr, bevorzugt in Form von Stärke
1 g verwertbare Kohlenhydrate liefern 4 kcal (17 kJ)

Getreide und Getreideprodukte (g pro 100 g): Reis (77,7), Buchweizengrütze (72,6), Weizenmehl (70,9), Mais (64,2), Roggen (60,7), Brot, Nudeln
Kartoffelprodukte wie Kartoffelpuffer (73,3)
Hülsenfrüchte: Kichererbsen (44,3), Erbsen (41,2), Linsen (40,6)
Dörrobst: Datteln (65,1), Rosinen (68)
Obst: Kirschen (13,3), Äpfel (11,4)

Auch **Ballaststoffe** sind Vielfachzucker (Polysaccharide). Sie kommen ausschließlich in pflanzlicher Nahrung vor und können von den menschlichen Verdauungsenzymen nicht gespalten werden, sind daher unverdaulich.
Sie sorgen für eine gleichmäßige, verzögerte Abgabe der in stärkehaltigen Lebensmitteln vorkommenden Glucose ins Blut. Somit hält das Sättigungsgefühl länger an. Ebenso regen sie die Verdauung an und wirken sich positiv auf die Darmflora aus. Lösliche Ballaststoffe in Obst und Gemüse sind besser verdaulich als unlösliche (v.a. in Vollgetreide wie Weizen und Hafer) und verursachen kaum Blähungen.

Empfohlene Menge Ballaststoffe: ca. 30 g/Tag

Vollkorngetreideprodukte, Hülsenfrüchte, Dörrobst, Nüsse und Samen, Obst, Gemüse

Weizenkleie (45), Leinsamen (38), weiße Bohnen (23), Mohn (20,5), Sojamehl (18,5), Weizenkeime (17,7), Knäckebrot (14), Roggenmehl Typ 1800 (13,9), Erbsen, Linsen, getrocknete Pflaumen (17,8) Aprikosen (17,7) Feigen (12,9) Pfirsiche (12,8), Erdnüsse, Mandeln (13,5), Sesam (11,2), Haferflocken (10), Mais (9,7)

Alkohol zählt ebenso zu den Energielieferanten.
1 g Alkohol liefert 7 kcal (29 kJ)

MINERALSTOFFE UND SPURENELEMENTE

Funktion:
Anorganische, essentielle Substanzen, die den menschlichen Stoffwechsel aufrecht erhalten.

Eisen

Aufgaben:
Sauerstofftransport, -speicherung, -aktivierung - Immunabwehr - Energieverwertung

Mangelerscheinungen:
Blutarmut (Anämie), schnelle Ermüdung, Infektanfälligkeit, brüchige Haare und Nägel

Studien an britischen, schwedischen sowie israelischen Pflanzenköstlern (keinerlei tierische Lebensmittel) erbrachten das Ergebnis, dass Eisenmangelerscheinungen bei selbigen nicht häufiger vorkamen als bei Mischköstlern. Obwohl Eisen aus tierischer Nahrung leichter aufgenommen wird als aus pflanzlicher. Dies könnte unter anderem darauf zurückzuführen sein, dass reine Vegetarier mehr Vitamin C mit der Nahrung zu sich nehmen, welches die Resorption von Eisen aus pflanzlicher Nahrung optimiert (Vorsicht: Vitamin C ist hitzeempfindlich).
Die „Deutsche Vegan-Studie" (1994-2000) ermittelte dagegen bei jungen, sich pflanzlich ernährenden Frauen ein erhöhtes Risiko für Eisenmangel, 40 % waren betroffen. Männer hingegen waren nicht betroffen.
Wer also daran zweifelt, sich abwechslungsreich und mit ausreichend Vitamin C zu ernähren, sollte in Abständen seine Eisenwerte kontrollieren lassen und gegebenenfalls handeln.
Laut einer Studie aus England sollen gusseiserne Töpfe das gekochte Essen mit mehr als genug Eisen anreichern. In Reformhäusern und Bioläden gibt es außerdem konzentrierte Säfte zur Bedarfsergänzung aus Kräutern, Früchten und Gemüse.

Kaffee und Schwarztee sollten sparsam bzw. nicht kurz vor, mit oder nach eisenhaltigen Speisen verzehrt werden, da die enthaltenen Gerbstoffe die Eisenaufnahme vermindern. Frauen haben auf Grund ihrer Menstruation sowie in der Schwangerschaft und Stillzeit einen erhöhten Eisenbedarf.

Empfohlene Tagesdosis Eisen: 10-15 mg
Im Eisentopf gekochte Mahlzeit: 50 mg!

Frühstücksgetreide, Nüsse und Samen, Dörrobst, Hülsenfrüchte (mg Eisen pro 100 g):

Weizenkeime (16), Kürbiskerne (12,5), Sojamehl vollfett (12), Sesam (10), Mohn (9,5), getrocknete Steinpilze (8,4), Leinsamen (8,2), Linsen (8), Pistazien (7,3), getrocknete Pfirsiche (6,9), Sojabohnen (6,6), Sonnenblumenkerne (6,3), weiße Bohnen (6,2), Kichererbsen (6,1), Hafer, Petersilie (3,6), schwarze Melasse

Zum Vergleich: Eidotter (7,2), Kalbsleber (7), Blutwurst (6,4), Rindfleisch (1,9), Schweineschnitzel (1,7), Schweinsbratwurst (0,83)

Calcium

Aufgaben:
wichtiger Bestandteil von Knochen und Zähnen - Nervensystem - Muskelbewegung - Blutgerinnung

Mangelerscheinungen:
Osteoporose (Knochenschwund), Hypokatzämie (zu niedriger Calciumspiegel im Blut) >> neuromuskuläre Übererregbarkeit

Vitamin D fördert die Aufnahme von Calcium.

Zu viel Protein, v.a. tierischen Ursprungs, fördert den Calciumverlust über den Urin. Länder wie z.B. die skandinavischen Länder, die USA, England und Neuseeland, in denen sehr viel tierisches Eiweiß verzehrt wird, haben gleichzeitig eine hohe Rate Osteoporose-Erkrankungen. Der zwar hohe Calciumgehalt von Milchprodukten wie Käse wird durch den ebenso hohen Eiweißgehalt stark vermindert.
Die bloße Aufnahme von Calcium allein scheint außerdem bei der Vorbeugung von Osteoporose nicht ausreichend zu sein. So haben z.B. Länder mit allgemein niedriger Calciumversorgung wie Indien, Japan oder Peru gleichzeitig eine geringe Zahl von Osteoporosefällen. Körperliche Betätigung und der Aufenthalt im Freien (Vitamin D) sind z.B. Faktoren, deren Zusammenspiel weitaus gewichtiger zu sein scheint als eine hohe Calciumzufuhr.

Risikofaktoren für Calciumverlust:
Übermäßiger Verzehr säurebildender Lebensmittel (siehe Seite 55), Übermaß an tierischem Eiweiß, Rauchen, Mangel an Bewegung, Vitamin-D-Mangel, Wechseljahre (Mangel an Östrogen)

Empfohlene Tagesdosis: 1000-1200 mg

(mg Calcium pro100 g):
Mit Calcium angereicherte Produkte (Tofu, Sojamilch), hartes Trinkwasser, Mohn (1460), Sesam (783), Mandeln (252), Haselnüsse (226), Sonnenblumenkerne, Grünkohl (212), Sojabohnen (201), Leinsamen (198), getrocknete Feigen (193), Brunnenkresse (180), Petersilie (179), Rucola (160), weiße Bohnen (113), Fenchel (109), Algen (Wakame, Kombu)
Bewegung im Freien!!

Zum Vergleich: Parmesan (1178), Milch (120)

Magnesium

Aufgaben:
Reizübertragung im Nervensystem und Muskelkontraktion - Aufbau Knochen und Zähne - Energiestoffwechsel - Synthese der DNS (Erbgut)

Mangelerscheinungen:
kommen selten vor (Alkohol-, Medikamentenmissbrauch, Erkrankungen im Magen-Darm-Trakt), Funktionsstörungen von Herz und Skelettmuskulatur, Neigung zu Muskelkrämpfen

Magnesium ist zentraler Bestandteil im Chlorophyll, dem grünen Blattfarbstoff.

Empfohlene Tagesdosis: 300-400 mg

(mg Magnesium pro 100 g):
Weizenkleie (490), Sonnenblumenkerne (420), Kürbiskerne (400), Sesam (347), Mohn (333), Cashewnüsse (267), Sojamehl (247), Sojabohnen (220), Erdnüsse (182), Zartbitterschokolade (149), weiße Bohnen (140), Dinkel, Haferflocken (124), Weizenmehl Typ 1700 (130), ungeschälter Reis (119), getrocknete Feigen (70), Dörrobst, Obst und Gemüse

Zum Vergleich: Alaska Seelachs (57), Emmentaler (33), Rindfleisch (Muskel) (23), Vollmilch (12)

Zink

Aufgaben:
als Spurenelement beteiligt am Eiweiß-, Fett-, Kohlenhydrat- und Nukleinsäurestoffwechsel von Hormonen und Rezeptoren - Insulinspeicherung - Immunabwehr

Mangelerscheinungen:
Appetitlosigkeit, gestörte Wachstums- und Geschlechtsentwicklung, Infektanfälligkeit, verschlechterte Wundheilung, Haarausfall

Empfohlene Tagesdosis: 7-10 mg

Getreideprodukte (mg Zink pro 100 g)**:** Weizenkeime (ca.16), Weizenkleie, Hafer (ca. 4), Weizen, Reis, Gerste, Hirse, Mais, Roggen
Hülsenfrüchte: Linsen (ca. 3,7), weiße Bohnen, Erbsen, Erdnüsse, Sojaprodukte, Kichererbsen
Nüsse und Samen: Cashewkerne, Sesam, Kürbiskerne, Bierhefe, Petersilie

Selen

Aufgaben:
als Spurenelement schützt es Zellen vor schädlichen Radikalen (Antioxidantien) sowie vor Belastung durch Schwermetalle - Zellstoffwechsel - Fruchtbarkeit - Schilddrüsenhormone

Mangelerscheinungen:
Selenmangel ist selten, Störungen der Muskelfunktion

Schätzwert empfohlener Tagesdosis: 30-70 µg

Nüsse (besonders Paranüsse), Samen, Sojabohnen, Pilze, Getreide, Bananen

Jod

Aufgaben:
als Spurenelement Bestandteil der Schilddrüsenhormone - Stoffwechsel

Mangelerscheinungen:
Vergrößerte Schilddrüse (Kropfbildung), Über- oder Unterfunktion der Schilddrüse

Deutschland gilt als Jodmangelgebiet. Das Verwenden von jodiertem Speisesalz wird angeraten.

Empfohlene Tagesdosis: 150-200 µg

Jodiertes Speisesalz (2 mg), Meeresalgen, Champignons (18 µg), Brokkoli (15 µg), Erdnüsse (14 µg), Spinat (12 µg), Cashewnüsse (10 µg)

Zum Vergleich: Hering (40 µg), Rinderleber (14 µg), Edamer-Käse (5 µg), Schweinemuskelfleisch (4,5 µg), Forelle (3,4 µg), Milch (2,7 µg)

Phosphor

Aufgaben:
Knochen und Zähne - Energiestoffwechsel - Regulation des Säure-Basen-Haushaltes

Mangelerscheinungen:
Ist in fast allen Lebensmitteln erhalten, ein Mangel kommt äußerst selten vor (z.B. bei Einnahme spezieller Medikamente),

Empfohlene Tagesdosis: 700 mg

(mg Phosphor pro 100 g):
Vollkorngetreide (Weizenkleie 1143), Nüsse und Samen (Kürbiskerne 830, Pistazien 500), Hefe-extrakte, Sojabohnen (636), getrocknete Steinpilze (642)

Kalium

Aufgaben:
Regulation des Wasserhaushaltes sowie des Säure-Basen-Haushaltes - Erregbarkeit von Muskeln und Nerven - Zellwachstum

Mangelerscheinungen:
kommen sehr selten vor (bei anhaltendem Durchfall, Erbrechen, Abführmitteln), Muskel-schwäche, Darmlähmung, Herzfunktionsstörung

Schätzwert empfohlener Tagesdosis: 2000 mg

Hülsenfrüchte, Obst und Gemüse, Nüsse und Samen (mg Kalium pro 100 g):

Getrocknete Steinpilze (2000), Sojabohnen (1799), Dörrobst (Aprikosen 1370, Pfirsiche 1340, Feigen 850, Pflaumen 824, Rosinen 782), weiße Bohnen (1337), Kartoffeln (Pommes Frites 926), Linsen (837), Mandeln (835), Petersilie (811), Spinat (554), Bananen (370)

VITAMINE

Vitamin A (Retinol)

Aufgaben:
Sehvermögen - Haut und Schleimhäute - Fortpflanzung - Wachstum - Entwicklung - Immunsystem - Antioxidans

Mangelerscheinungen:
schlechtes Sehen (v.a. nachts), trockene Haut, spröde Haare und Nägel, Infektionsanfälligkeit

Kommt nur in Lebensmitteln tierischen Ursprungs vor. In Pflanzen ist die Vorstufe Betacarotin (Provitamin A) enthalten, welches teilweise in Vitamin A umgewandelt wird. In Kombination mit Öl/Fett wird die Aufnahme verbessert.

Eine überhöhte Aufnahme von Vitamin A gilt als Osteoporose fördernder Faktor.

Empfohlene Tagesdosis: 800-1000 µg

(µg Vitmain A pro 100 g):
getrocknete Aprikosen (5800), Karotten (1500), Löwenzahn (1300), Petersilie (871), Grünkohl (862), Brunnenkresse (823), Spinat (795), Zuckermelone (784), Fenchel (783), Feldsalat (650), Pflanzenmargarine (608), Rapsöl (550), Aprikosen (280)

Zum Vergleich: Kalbsleber (28000), Butter (653), Camembert (362), Roastbeef (15)

Vitamin C (Ascorbinsäure)

Aufgaben:
Bindegewebe - Knochen - Immunsystem - verbessert die Eisenaufnahme - Antioxidans

Mangelerscheinungen:
schlechte Wundheilung, erhöhte Infektionsanfälligkeit, Leistungsabfall, Skorbut (Neigung zu Blutungen in Haut, Schleimhäuten, Muskulatur und inneren Organen)

Kommt ausschließlich in pflanzlichen Lebensmitteln vor.

Empfohlene Tagesdosis: 100 mg (Raucher 150 mg)

Acerola (1700), Hagebutte (1250), Sanddorn (450), Sanddornsaft (266), schwarze Johannisbeeren (177), Petersilie (161), Paprika (121), Meerrettich (114), Rosenkohl (112), Grünkohl (105), Broccoli (100), Brunnenkresse (96), Fenchel (93), Erdbeeren und Kohlrabi (63), Spinat/Zitrone/Hagebuttenmarmelade (51), Orangen (49), Kiwis (46), Tomaten (19), Pommes Frites (18)

Vitamin D

Aufgaben:
Fördert die Aufnahme von Calcium aus dem Darm, wichtig für Knochen und Zähne.

Mangelerscheinungen:
Knochenerweichung (Osteomalazie)

Vitamin D (Cholecalciferol) kommt fast ausschließlich in tierischen Lebensmitteln vor. Der Körper ist zusätzlich in der Lage, aus mit der Nahrung aufgenommen Vorstufen des Vitamins wirksames Vitamin D zu synthetisieren. Auch durch Sonneneinstrahlung (UV-B) wird Vitamin D unter der Haut gebildet
Es wird angenommen, dass in Ländern oberhalb des 52. nördlichen Breitengrades im Winter die benötigte UV-B Wellenlänge des Lichts nicht verfügbar ist. Trotzdem scheint eine zusätzliche Aufnahme nicht nötig, da Vitamin D in der Leber gespeichert werden kann. Für Säuglinge (in den Wintermonaten) oder alte Menschen, die das Haus nie verlassen eignen sich angereicherte Produkte wie Margarine.

Empfohlene Tagesdosis: 5 µg

Margarine (7,5 µg), Steinpilze und Morcheln (3 µg), Champignons (1,9 µg), Hefepilze, Aufenthalt im Freien

Zum Vergleich: Hering (11 µg), Rinderleber (1,7 µg), Butter (1,3 µg), Emmentaler (1,1 µg)

Vitamin E

Aufgaben:
Antioxidans (Radikalfänger) zum Schutz von Blutfetten, Zellmembranen und der DNS

Mangelerscheinungen:
Gestörte Funktion der Zellmembranen, des Muskelstoffwechsels und des Nervensystems

In tierischen Lebensmitteln kaum vorhanden.

Schätzwert empfohlener Tagesdosis: 12-15 mg

(mg Vitamin E pro100 g):
Preiselbeeren (992), Weizenkeimöl (174), Sonnenblumenöl (63), Distelöl (44), Haselnüsse und Mandeln (26), Weizenkeime (25), Rapsöl (23), Erdnüsse (11), Fenchel & Walnüsse (6), Paprika (2,5), Spargel (2)

Vitamin K

Aufgaben:
Blutgerinnung - Knochenfestigkeit

Mangelerscheinungen:
sind sehr selten (durch Medikamente z.B.), schlechte Wundheilung, Blutungen wie Nasenbluten

Aus der Gruppe von wirksamen Vitamin-K-Verbindungen sind Vitamin K1 und K2 von Bedeutung. Neben der Aufnahme über die Nahrung können auch Bakterien im Dickdarm nicht unerhebliche Mengen Vitamin K (K2) bilden.

Schätzwert empfohlener Tagesdosis: 60-80 µg

Grünkohl (777 µg), Petersilie (620 µg), roher Spinat (335 µg), Petersilie (466 µg), Sonnenblumenkerne (233 µg), Broccoli (174 µg), Rapsöl (155 µg), Kopfsalat (116 µg), Weizenkeime, Sauerkraut (62 µg), Maiskeimöl (60 µg), Mais (40 µg), Erbsen (33 µg)

Zum Vergleich: Schweinemuskelfleisch (18 µg), Makrele (5 µg), Emmentaler (2,6 µg), Milch (0,3 µg)

Vitamin B1 (Thiamin)

Aufgaben:
Energie- und Kohlehydratstoffwechsel - Herzkreislauf - Nervensystem

Mangelerscheinungen:
Atemnot und Ödeme bei schwerer Herzerweiterung, Muskelschwäche, Augenmuskellähmung, allgemeine Verwirrtheit, Gedächtnisstörung (hauptsächlich in Zusammenhang mit Alkoholismus zu beobachten)

Empfohlene Tagesdosis: 1-1,3 mg

(mg Vitamin B1 pro 100 g):
Bierhefe (12), Weizenkeime (2), Sonnenblumenkerne (1,9), Haferkleie (1,2), Erdnüsse (0,9), Sojabohnen (0,9), Sesam (0,79), Erbsen (0,76), Pistazien (0,69), Weizenkleie (0,65), Haferflocken (0,59), Linsen (0,48)

Zum Vergleich: Salami (0,18), Forelle (0,08), Vollmilch (0,04), Gouda (0,03)

Vitamin B2 (Riboflavin, gelber Farbstoff E10)

Aufgaben:
Kohlenhydrat-, Fett-, Proteinstoffwechsel - Energiegewinnung - gesunde Haut, Nägel, Haare

Mangelerscheinungen:
Risikogruppen sind Schwangere und Alkoholkranke, sonst ist ein Mangel nicht zu erwarten. Hautausschlag um die Nase, Hautrisse, Lichtüberempfindlichkeit, Zungenschleimhautentzündung

Empfohlene Tagesdosis: 1,2-1,5 mg

(mg Vitamin B2 pro100 g):
Bäckerhefe (2,31), Weizenkeime (0,72), Mandeln (0,62), Weizenkleie (0,51), Sojabohnen (0,46), Zuchtchampignons (0,44), Steinpilze (0,37), Kürbiskerne (0,32), Petersilie (0,3), Erbsen (0,27), Linsen und Cashewnüsse (0,26), Grünkohl und Sesam (0,25), Mais und Spinat (0,2)

Zum Vergleich: Leberpastete (0,6), Ei (0,24), Vollmilch (0,18), Schweinsbratwurst (0,15)

VITAMIN B3 (Niacin = Nicotinsäure + Nicotinsäureamid)

Aufgaben:
Stoffwechsel von Glucose, Cholesterin, Fetten und Aminosäuren - Energieproduktion - gesunde Haut und Nervengewebe

Mangelerscheinungen:
Appetitlosigkeit, Müdigkeit, Hautirritationen im Gesicht, an Händen und Armen, Durchfall, Störungen des Nervensystems

Aus Eiweißen wird die essentielle Aminosäure Tryptophan freigesetzt, welche in der Leber in Niacin umgewandelt werden kann. Der Bedarf wird also nicht ausschließlich über die Aufnahme von Niacin gedeckt, sondern auch über die körpereigenen Synthesevorgänge.

Empfohlene Tagesdosis: 15-17 mg

(mg Vitamin B3 pro 100 g):
Bierhefe getrocknet (44,8), Weizenkleie (18), Erdnüsse (15), Pfifferlinge (6,5), Champignons und Reis (5,2), Weizenmehl (5), Steinpilze (4,9), Weizenkeime (4,5), Mandeln (4,2), Sonnenblumenkerne (4,1), Erbsen (2,8), Linsen (2,5)

Zum Vergleich: Kalbsleber (15), Brathuhn (6,8), Rinderfilet (4,6), Forelle (3,4), Schweinsbratwurst (3,2), Gouda (0,1), Vollmilch (0,09)

Vitamin B6 (Pyridoxin)

Aufgaben:
Aminosäurestoffwechsel - Bildung von Neurotransmittern (Botenstoffen des Gehirns) - Bildung von Hämoglobin (roter Blutfarbstoff) - Produktion von Antikörpern und weißen Blutkörperchen (Leukozyten)

Mangelerscheinungen:
Haut-, Schleimhautentzündung, Mund- und Lippenrisse, Anämie (Blutarmut), neurologische Störungen, erhöhtes Risiko für Arteriosklerose

Die Antibabypille kann einen Mangel verursachen

Empfohlene Tagesdosis: 1,2-1,5 mg

(mg Vitamin B6 pro 100 g):
Pfirsiche (26), Bierhefe getrocknet (4,4), Sojabohnen (1,0), Walnüsse (0,87), Weizenkleie (0,72), Sonnenblumenkerne (0,6), Linsen (0,58), Kichererbsen (0,55), Avocados (0,53), Weizenkeime (0,49), Weizenmehl (0,46), Erdnüsse (0,44), Schnittlauch (0,42), Mais und weiße Bohnen (0,4)

Zum Vergleich: Rinderfilet (0,5), Schweineschnitzel (0,39), Camembert (0,25), Ölsardinen (0,22), Schweinsbratwurst (0,1), Vollmilch (0,04)

Vitmain B12 (Cobalamine)

Aufgaben:
Blutbildung - Zellteilung - Regeneration der Schleimhäute, Nervenzellen, Folsäure-Aktivierung - schützt vor Arteriosklerose und Herz-Kreislauf-Erkrankungen

Mangelerscheinungen:
Anämie (Blutarmut), Nervenschädigung, Schädigung der Schleimhäute, Folsäuremangel

Vitamin B12 ist nur in einigen tierischen oder angereicherten Lebensmitteln enthalten. Bakterien, die im Boden oder im menschlichen oder im tierischen Darm leben, können B12 produzieren. Tiere decken ihren Bedarf durch die Aufnahme natürlich unreiner und fäkal verschmutzter Nahrung. Für Menschen ist diese Art der Bedarfsdeckung in Zeiten absoluter Sterilität sowie des Einsatzes von Kunstdünger keine Möglichkeit mehr. Der Körper kann B12 über viele Jahre speichern, es muss daher im Grunde nicht täglich aufgenommen werden. Die Deutsche Gesellschaft für Ernährung hat trotzdem eine empfohlene Tagesdosis ermittelt. Wer sich rein pflanzlich ernährt, sollte Vitamin B12 in Abständen über Produkte wie angereicherte Margarine, konzentrierte Vitaminsäfte oder andere Nahrungsergänzungsmittel zu sich nehmen. Das Vitamin wird hierfür direkt durch die Bodenbakterien gewonnen, ohne den Umweg über das Tier. Fermentierte Sojaprodukte wie Tempeh, Meeresalgen oder Sauerkraut enthalten entgegen früherer Annahmen kein oder kaum aktives Vitamin B12, sondern sogenannte Analoga. Der gelegentliche Verzehr geringer Mengen tierischer Nahrung wie Ei oder Käse (z.B. Emmentaler, Camembert) soll ausreichend sein, um eine lange Versorgung zu gewährleisten.

Empfohlene Tagesdosis: 3 µg

angereicherte Produkte wie Hefeextrakte (Bierhefe 20 µg), Margarine (5 µg), Müsli, Cornflakes, Sojaprodukte

Zum Vergleich: Rinderleber (60 µg), Forelle (6 µg), Emmentaler (3 µg), Camembert (2,8 µg), Rinderfilet (2,0 µg), 1 Ei (1 µg), Ölsardinen (0,16 µg), Schweinsbratwurst (0 µg)

Folsäure (Vitamin B9)

Aufgaben:
Zellwachstum und Zellteilung - Nervenstoffwechsel - vermindert die Gefahr von Herz-Kreislauf- und einigen Krebserkrankungen

Mangelerscheinungen:
Anämie (Blutarmut), schnelle Ermüdung, Depressionen, Reizbarkeit, Konzentrationsschwäche, geht oft mit Vitamin C- oder B12-Mangel einher.

Empfohlene Tagesdosis: 400 µg

Getrocknete Bierhefe (3170 µg), Weizenkeime (520 µg), Kichererbsen (340 µg), Sojabohnen (240 µg), Weizenkleie (195 µg), weiße Bohnen und Grünkohl (187 µg), Erdnüsse (169 µg), Rosenkohl (168 µg), Sojasprossen (160 µg), Petersilie (149 µg), Feldsalat und Spinat (145 µg), Knäckebrot (88 µg)

Zum Vergleich: Kalbsleber (240 µg), Camembert (44 µg), 1 Ei (40 µg), Thunfisch (15 µg), Rinderfilet (10 µg), Schweineschnitzel (9,1 µg), Vollmilch (5 µg), Feta (0 µg)

Biotin (Vitamin H)

Aufgaben:
Nährstoffstoffwechsel - gesunde Haut, Haare, Nägel

Mangelerscheinungen:
sind bei normaler Ernährung nicht bekannt, Hautveränderung, Haarausfall, Schwäche, Wachstumsstörungen

Schätzwert empfohlener Tagesdosis: 30-60 µg

Erdnüsse (33 µg), Haferflocken und Sojamilch (20 µg), Champignons (15,7 µg), Spinat (6,8 µg)

Zum Vergleich: Kalbsleber (75 µg), 1 Ei (15 µg), Schweinefleisch (5 µg)

QUELLEN:
American Dietetic Association (ADA), 120 South Riverside Plaza, Suite 2000, Chicago, Illinois 60606-6995), USA
Bundesministerium für Ernährung, Landwirtschaft und Verbraucherschutz (BMELV), 11055 Berlin, Deutschland
Deutsche Gesellschaft für Ernährung (DGE) e. V., Godesberger Allee 18, 53175 Bonn
Institute of Food Research, Norwich Research Park, Colney, Norwich NR4 7UA, UK.
Langley, J. (1999): *Vegane Ernährung*. Echo Verlag, Göttingen
Leitzmann & Hahn (2000): *Die Deutsche Vegan-Studie*. Universität Gießen
Österreichische Gesellschaft für Ernährung (ÖGE), Zimmermanngasse 3, 1090 Wien, Österreich
Schweizerische Gesellschaft für Ernährung (SGE), Effingerstr. 2, 3001 Bern, Schweiz

EIN WORT ZU...

FLEISCHERSATZ

Mittlerweile gibt es Unmengen an erstaunlich authentischen Fleischersatzprodukten. Von vegetarischem Cordonbleu über Bouletten und Wienerwürstchen bis zu Geschnetzeltem und Gyros. Einige Produkte werden unter verhältnismäßig großem Aufwand hergestellt und ihre Nährstoffe gehen dabei weitgehend verloren. Andere dieser eiweißhaltigen und vielseitig verwendbaren Bratstücke gibt es schon seit Jahrhunderten in verschiedenen Kulturen und sie schmecken, wenn man sie zu verarbeiten weiß, einfach wunderbar.

Bei einer Umstellung auf hauptsächlich vegetarische Kost ist der Anteil an Fleischersatzprodukten oft recht hoch. Die Vielfalt vegetarischer Kost zu erkennen fällt vielen Menschen zunächst schwer, da ihnen aufgrund jahrelanger Essgewohnheiten mehr Gerichte mit Fokus auf Fleisch einfallen. Ein angemessener Verbrauch stellt sich mit der Zeit von selbst ein.

In diesem Buch werden vor allem Tofu und Seitan verwendet.

Sojaprodukte:

Tofu wird aus Sojabohnen gewonnen. Sojamilch (mit Wasser aufgekochte, gemahlene Sojabohnen) wird durch Zugabe eines Gerinnungsmittels wie Zitronensaft oder Nigari zum Stocken gebracht und anschließend gepresst. Weiches, puddingartiges Tofu heißt Seidentofu und eignet sich für Desserts, festes Tofu für asiatische Gerichte, Aufläufe, Quiche etc.

Sojageschnetzeltes eignet sich für alle Gerichte mit Hackfleischanteil. So z.B. Bolognesesauce, Chili sin Carne, Moussaka, Lasagne etc.

Seitan ist ein fleischähnliches Bratstück aus Weizenmehl. In der asiatischen Küche wird dieses Weizenfleisch wegen seines hohen Eiweißgehaltes und seiner vielfältigen Zubereitungsmöglichkeiten seit Jahrhunderten geschätzt. Aus Weizenmehl wird die Stärke ausgewaschen und übrig bleibt eine klebrige Masse, das Gluten bzw. Klebereiweiß.

Seitan eignet sich hervorragend für Schnitzel, Gyros, Gulasch und Ähnliches.

Des Weiteren empfiehlt sich geschroteter **Grünkern**, ein Getreide mit rauchigem Geschmack, für alle Gerichte mit Hackfleischanteil.

MILCHSORTEN

Als normalem Kuhmilchkonsument ist einem oft nicht bewusst, dass es neben der tierischen Milch noch einige andere milchartige Getränke zu kaufen gibt. Zum Beispiel:

Sojamilch („Sojadrink"):

Von allen pflanzlichen, milchartigen Getränken bisher am preisgünstigsten. Eignet sich gut zum Kochen. Ist sehr gut aufzuschäumen (beispielsweise für Milchkaffees). Gibt es mit und ohne Zuckerzusatz sowie in unterschiedlichen Geschmacksrichtungen. Ohne Zusätze ein echter Allrounder, da sich auch Remoulade, Joghurt etc. herstellen lassen.

Reismilch:
Durch die Fermentation des Reises entsteht eine natürliche Süße. Reismilch eignet sich daher hervorragend für Süßspeisen, Müsli, Tees etc., da kein Zucker mehr vonnöten ist.

Hafermilch/Dinkelmilch:
Rohstoffe, die in unseren Breiten wachsen! Ideal für die morgendlichen Cornflakes und müssen nicht vom anderen Ende der Welt importiert werden!

Haselnussmilch:
Angenehm nussig. Lässt sich auch aufschäumen. Wie Hafer keine langen Transportwege!

Mandelmilch:
Sehr delikat. Leicht süßlich. Eignet sich wunderbar für Shakes.

Wer sich mit der eigenen Ernährung ein wenig auseinandersetzt, kennt außerdem im Handumdrehen unzählige Rezepte, die Milch und Sahne gar nicht benötigen.

DIE SOJABOHNE

Die Sojabohne hat einen weltweiten Eroberungsfeldzug angetreten. Egal ob in Form von Sojasauce, Tofu oder Viehfutter. In asiatischen Ländern ist sie seit Jahrhunderten fester Bestandteil der Ernährung. Aber auch in den westlichen Industrienationen gewinnt sie als Nahrungsmittel unaufhaltsam an Bedeutung. Was ist an der Sojabohne so besonders?
Im Sojabohnenanbau lassen sich hohe Erträge erzielen. Junge Sojapflanzen sind in der Lage, vierzigmal mehr Sonnenlicht in organische Energie umzuwandeln als andere Nutzpflanzen. Sojabohnen enthalten außerdem knapp 40 Prozent Eiweiß, fast doppelt so viel wie Fleisch und etwa das Dreifache von Eiern. Das Eiweiß der Sojabohne soll dem Fleischprotein nahezu gleichwertig zu sein und das von Milchprodukten übertreffen. Im Vergleich zu allen anderen Kulturpflanzen liefert die Sojapflanze pro Hektar Anbaufläche die meisten Proteine. Sie liefert zudem an essentiellen Fettsäuren reiches Öl. Auch ein medizinischer Wert wird der Sojapflanze nachgesagt. Asiatische Frauen, die einen hohen Verbrauch an Sojaprodukten haben, leiden seltener an hormonbedingten Krebserkrankungen sowie Beschwerden in den Wechseljahren. Die in der Sojabohne enthaltenen Phytoöstrogene sollen für diesen positiven Effekt verantwortlich sein. Auch auf den Cholesterinspiegel sollen sich die Phytoöstrogene günstig auswirken, in dem sie das LDL-Cholesterin (das schädliche Cholesterin, siehe Seite 43) senken und gleichzeitig das HDL-Cholesterin leicht erhöhen. Allerdings nur in Verbindung mit Sojaprotein, nicht bei isolierter Aufnahme der Phytoöstrogene in z.B. Tablettenform. Die genauen Wirkungen der sekundären Pflanzenstoffe sind noch nicht geklärt.

Nicht zuletzt ihre Vielfältigkeit macht die Sojabohne attraktiv. Sie lässt sich in vielfacher Form verarbeiten, z.B. zu Sojamilch mit all ihren Anwendungsbereichen, Tofu, Tempeh, Misopaste, Sojawürsten oder Sojasauce. Sie liefert zudem fett- und eiweißreiches Mehl, das beim Kochen als Ei-Ersatz verwendet werden kann. Das aus Sojabohnen gewonnene Sojalezithin wird als Emulgator für Speisen wie Schokolade oder Margarine verwendet.

Zu bedauern ist der massenhafte Einsatz der Pflanze. Die Sojabohne wurde genmanipuliert, um die Erträge zu steigern, und nicht selten wird großflächig Regenwald gerodet, um noch mehr Anbaufläche zu gewinnen, damit die große Zahl von Nutztieren rund um den Globus ernährt werden kann. Zudem stellt die weitreichende Beimischung von Sojaprodukten in Backwaren und Fertigprodukte ein großes Problem für Allergiker dar.

MARGARINE

Obwohl man bei Margarine davon ausgeht, dass es sich um ein pflanzliches Produkt handelt, ist sie das in den meisten Fällen nicht. In der Regel wird ihr Molke, ein Abfallprodukt der milchverarbeitenden Industrie, beigemischt. Vorsicht auch bei „Mono- und Diglyceriden von Speisefettsäuren", die auch tierischen Ursprungs sein können.

Achten Sie auf die Angaben. Margarine sollte rein pflanzlich sein, aus hauptsächlich ungesättigten Pflanzenölen bestehen, einen möglichst geringen Anteil gehärteter Fette aufweisen und pflanzliches Lecitin anstatt Ei-Lecitin enthalten. Es finden sich auch Margarinesorten, die völlig frei von gehärteten Fetten sind. Gehärtete Fette sind auf Grund der beim Härtungsprozess entstehenden Transfettsäuren in Verruf geraten. Eine qualitativ gute Margarine mit gehärteten Fettanteilen enthält heute aber kaum mehr schädliche Transfettsäuren, da die Härtung der Öle sehr schonend durchgeführt wird bzw. sie wird mit Fetten hergestellt, die von Natur aus fest sind wie Palm- oder Kokosfett. Margarine mit gehärteten bzw. festen Fetten ist wegen ihrer Konsistenz speziell beim Backen von Vorteil.

Eine Anreicherung mit Vitaminen wie B12 oder D kann von Vorteil sein.

Es gibt heutzutage geschmacklich sehr gute Margarinesorten, und Butter kann beim Kochen und Backen ohne Probleme durch Margarine ersetzt verwenden. Durch den geringen Anteil gesättigter Fettsäuren und den hohen Anteil wertvoller Pflanzenöle hat die Margarine, der ehemalige Butterersatz für Arme, die Butter zweifellos überholt.

ZUCKER

Raffinierter Zucker ist in vielen Ernährungsratgebern zum Thema geworden. Bekannt ist, dass durch das Raffinieren des Rohzuckers aus Zuckerrohr oder Zuckerrübe sämtliche Vitamine und Mineralstoffe verloren gehen. Da man aber davon ausgeht, dass diese Vitamine, vor allem aber die B-Vitamine, zum Abbau des Zuckers in unserem Körper benötigt werden, müssten diese dem Körper entzogen werden. Durch einen wie in den Industrienationen bestehenden hohen Verbrauch an raffiniertem Zucker würden diese Vitamine dem Körper demnach

permanent entzogen. Die Folgen eines Vitamin-B-Mangels wären Konzentrations- und Nervenschwäche, innere Unruhe, Müdigkeit, Kopfschmerzen, Schlafstörungen, depressive Verstimmungen, Schwindelgefühle, Hautprobleme sowie brüchige Haare und Nägel und Knochenschäden. Ganz abgesehen von den üblichen Folgen hohen Zuckerkonsums wie Übergewicht oder Karies.
Um sicher zu gehen, bieten sich Alternativen zu raffiniertem Zucker an:
Rohzucker, Agaven-, Ahornsirup, Apfel- oder Birnendicksaft, Reis- oder Gerstenmalz oder zum Beispiel Stevia, eine stark süßende Pflanze aus Südamerika.
(Achtung: brauner Zucker ist meist auch raffinierter Zucker, dar nachträglich eingefärbt wird.)

GRUNDNAHRUNGSMITTEL BROT

Ein Getreideprodukt auf rein pflanzlicher Basis, möchte man meinen. Mehl, Hefe, Salz und Wasser als Grundzutaten. Brot wird heute aber kaum noch beim Bäcker gekauft, der es des Nachts in seiner eigenen Backstube hergestellt hat. Backtresen in Supermärkten und Backketten, die landesweit völlig identische Backwaren anbieten, bestimmen heute das Bild der Bäckerei. Diese schnell und industriell hergestellten Brote verlangen nach einigen Zutaten mehr. Um die Prozesse zu optimieren, Geschmacklosigkeit zu übertünchen, Ergebnisse zu verbessern oder längere Haltbarkeit zu erreichen. So wurde früher beispielsweise das Mehlbehandlungsmittel Cystein eingesetzt, das aus chinesischem Menschenhaar gewonnen wurde. Heute gewinnt man es aus Schweineborsten. Das bedeutet folglich, dass man mit dem Kauf zahlreicher Backwaren die Fleischindustrie unterstützt. Natürlich finden sich auch in erstaunlich vielen Broten Milch und Milchbestandteile, deren Beimischung nur durch Erfragen herausgefunden werden kann. Ein „normales" Brot zu finden ist heute schwerer als man denkt.

FERTIGPRODUKTE

Es gibt unendlich viele wunderbare Fertigprodukte, Saucen, Pasten etc. Es bleibt einem selbst überlassen, wie viel man bereit ist selbst herzustellen. Gewöhnen Sie sich nur daran, einen Blick auf die Inhaltsangaben zu werfen. Sie werden überrascht sein, in wie vielen auch als pflanzlich deklarierten Produkten Tierisches enthalten ist. Nämlich in fast allen. Oft fehl am Platze befindet es sich nur im Produkt, damit die Fleisch- und Milchindustrie Kosten für die Abfallentsorgung sparen und mit Abfall sogar noch einmal Geld machen kann.
Sehen Sie zweimal hin bei:
Sämtlichen Fertigsuppen, Produkten wie Kartoffelknödeln, Toastbrot, Fertiggemüse, auch Gemüsebrühe, Chips und Ähnlichem, Meerrettich und anderen Saucen etc.
Gekennzeichnet durch z.B.: Molkenerzeugnisse, Laktose, Kasein, tierische Nebenerzeugnisse, Gelatine, Mono- und Diglyceride von Speisefettsäuren.
Im Übrigen sind z.B. auch Worcestershiresauce (meistens mit Fisch) oder rote und grüne Currypaste (mit Shrimps) nicht vegetarisch.
Als Faustregel gilt: Je kürzer die Zutatenliste, desto besser das Produkt.

HÜLSENFRÜCHTE

Durch Einweichen und Kochen von Hülsenfrüchten werden verschiedene Stoffe unwirksam gemacht, die Vergiftungserscheinungen hervorrufen oder die Aufnahme von Nährstoffen verhindern können.

Um Blähungen zu vermeiden, kann man anfangs das Einweichwasser vor dem Kochen abgießen und durch frisches ersetzen. Der Darm gewöhnt sich allerdings an den Verzehr von Hülsenfrüchten und dann ist ein Abgießen des Einweichwassers, das wertvolle Vitamine und Mineralstoffe enthält, nicht mehr nötig. Frischer Ingwer, Kreuzkümmel (Cumin), Kurkuma, sowie Anis sollen die blähende Wirkung durch Verbessern der Darmtätigkeit ebenfalls vermindern.

BIOLADEN - WARUM?

Die Herkunft sämtlicher Produkte vom lebenden oder toten Tier wird im Biomarkt in der Regel kontrolliert. Diese stammen aus **artgerechter Tierhaltung**, die dem Lebewesen, das einzig für unseren Konsum gezüchtet und getötet wird, respektvollen Umgang zuteil werden lässt. Durch maßvollen Konsum tierischer Produkte wird Qualität erschwinglich. Auch ernsthafte Sorgen über gesundheitsgefährdende Wachstumshormone oder Keime von eitrig entzündeten Eutern in der Milch braucht man sich bei kontrollierten Produkten nicht zu machen.

Die Produkte im Bioladen stammen meist aus **extensiver Landwirtschaft**. Das bedeutet, dass sowohl fleisch- und milch-, als auch obst-, gemüse- und getreideproduzierende Betriebe nachhaltige, intelligente Bewirtschaftung weitgehend ohne Einsatz von Chemikalien und unter größtmöglichem Einsatz erneuerbarer Energien sowie möglichst geringer Abfallerzeugung betreiben. Mit geringstmöglichem Schaden für unsere Umwelt.

Sie können im Bioladen **lokale Produkte** kaufen und damit Landwirte aus Ihrer Umgebung unterstützen. Lokale Produkte haben außerdem keine langen **Transportwege** hinter sich und Sie leisten so einen Beitrag zum **Umweltschutz**.

Ebenso gibt es immer **Gemüse und Obst der Saison**. Weintrauben im Winter zu essen bedeutet zum Beispiel, dass 1 Kg Weintrauben mit ca. 4 Litern Kerosin vom anderen Ende der Welt eingeflogen werden mussten, damit wir sie zu völlig unpassender Jahreszeit essen können. So sind wir es gewöhnt, so sind wir aufgewachsen. Lernen Sie im Bioladen wieder, was Saisongemüse ist, und weigern Sie sich, im Winter „Bio-Obst" aus Südamerika zu kaufen.

Im Bioladen sind außerdem Luxus-Produkte wie Kaffee, Tee, Kakao und Schokolade (aber auch Alltägliches wie Reis) oft aus **fairem Handel**. Sie haben Ihren Preis. Dafür sollte man sie auch genießen und nicht gedankenlos verbrauchen. Auch ein Kaffeebauer in Südamerika möchte seine Kinder ernähren können. Auf Kosten dieser Menschen sollten wir keine Luxus-Produkte zu Billigpreisen im Supermarkt kaufen. Sparen Sie sich von Ihren 5 Tassen Kaffee nur eine, dann leben Sie gesünder und können sich ohne weiteres fair gehandelten Kaffee leisten.

Das Gleiche gilt für Obst und Gemüse. Ein hart arbeitender Erntehelfer aus Spanien oder Rumänien hätte es ebenso verdient, für seine Arbeit fair entlohnt zu werden. Bekäme der Mann angemessenen Lohn, wären die Paprika im Supermarkt allerdings nicht so billig. Und wir haben uns an diese niedrigen Preise gewöhnt. Wir bezahlen schon lange nicht mehr den Wert der Nahrung, sondern jemand anders in der Produktionskette „bezahlt" für uns.

Nicht zuletzt sind die Produkte aus dem Bioladen in der Regel nicht mit **chemischen Mitteln** (Pestizide, Herbizide, Fungizide etc.) behandelt und haben somit die geringste Schadstoffbelastung. Die genauen Auswirkungen von über langen Zeitraum stattfindender Vergiftung in kleinen Mengen sind noch nicht genau geklärt. Vor allem die Wirkung von Pestizidcocktails (viele verschiedene Gifte auf einer Frucht) sind weitgehend unbekannt. Es wird von Beeinträchtigungen wie Erbgutveränderungen, Allergien, Krebs, hormonellen Störungen, Schäden an Leber, Niere, Nervensystem, Immunsystem und Unfruchtbarkeit ausgegangen. In der Schwangerschaft und auch für das Wohl von Kleinkindern sollte man sich auf jeden Fall für chemisch unbehandelte Nahrung entscheiden. Auch die Umwelt, und damit auch kommende Generationen, profitieren vom Verzicht auf giftige Substanzen. Speziell nicht aus Deutschland stammendes Obst und Gemüse im normalen Supermarkt ist mit extremer Vorsicht zu genießen. Die Richtlinien und Grenzwerte in anderen Ländern sind oft erschreckend fahrlässig.

Ebenso ist der Verkauf von **gentechnisch veränderter Nahrung** (wie z.B. Soja oder Mais) bei kontrolliert biologischen Nahrungsmitteln nicht erlaubt.

Zu den Folgen der Herangehensweise der klassischen Nahrungsmittelindustrie ein Zitat aus „We feed the world" von Erwin Wagenhofer und Max Annas:

„Die Nahrungsmittelindustrie ist ein verheerender politischer Faktor. Durch ihre weltumspannende Arbeit sterben Jahr für Jahr viel mehr Menschen als durch die Kriege der Erde. Unter dem pauschalen Begriff Nahrungsmittelindustrie können wir jene Konzerne zusammenfassen, die fertige und halbfertige Nahrung für den Einzelhandel herstellen, dazu die großen Einzelhändler selbst, außerdem die mächtigsten der Saatgutfirmen und den Bereich der industrialisierten Landwirtschaft, der Rohstoffe, Futtermittel und verkaufsfertige Ware rund um den Erdball verschiebt."

QUELLEN:
Greenpeace e.V., Große Elbstraße 39, 22767 Hamburg.
Schweizerische Gesellschaft für Ernährung (SGE), Effingerstr. 2, 3001 Bern, Schweiz.
Vegetarier-Bund Deutschlands e.V. (VEBU), Blumenstr. 3, 30159 Hannover.
Wagenhöfer, E. & M. Annas (2006): *We feed the world*. Orange-press, Freiburg.

ANLEITUNG UND TIPPS

Bevor man entspannt mit dem Kochen loslegt, ist es sinnvoll, vorab ein paar Dinge zu beachten. Zunächst einmal sollte erwähnt werden, dass die Portionen so berechnet sind, dass sie leicht satt machen. Es gibt nichts Schlimmeres, als ein Abendessen für Freunde vorzubereiten, bei dem zu wenig Essen vorhanden ist. Lieber bleibt etwas übrig. Dies gilt ebenso für Vorspeisen und Suppen.

> Die Sterne kennzeichnen die **Zubereitungszeit:**
>
> *   Leicht, unter einer Stunde Zubereitungszeit
> **   Mindestens eine Stunde Zubereitungszeit
> *** Weit über eine Stunde Zubereitungszeit

Es lohnt sich, einen Blick in die eigene Küche zu werfen. Ein kleiner Grundstock an Gewürzen, Soßen und Kochhilfen reicht aus, um ohne Probleme durch dieses Kochbuch zu kommen. Besonderheiten müssen hier und da natürlich für einzelne Gerichte dazu gekauft werden.

Basis - Gewürze:
Salz, weißer und schwarzer Pfeffer, Oregano, Majoran, Thymian, Dillspitzen, mildes Paprikagewürz, Chilis oder Chilipulver, Kreuzkümmel (Cumin), Kurkuma, Zimt, Kümmelgewürz, Kardamom bzw. Kardamompulver, Lorbeerblätter, Zitronengras bzw. Zitronengraspulver, Vanilleschoten

Basis - Saucen:
Sojasauce hell (light), Worcestershiresauce (ohne Sardellen)

Basis - Hilfsmittel:
Mehl, Sojamehl (haltbarer Ei-Ersatz), Guarkernmehl (pflanzliches Bindemittel), Weinstein-Backpulver, Trockenhefe

Backpulver:
Bei Weinsteinbackpulver ist die chemische Säuerungskomponente durch Weinstein (aus der Weinherstellung) ersetzt. Dieses ebenso phosphatfreie Backpulver ist im Bioladen erhältlich.

Hefe:
10 g Trockenhefe entsprechen etwa 25 g Frischhefe und reichen für 500 g Mehl.

ZUBEREITUNGSTIPPS

Gewürze
In diesem Buch wird meist von getrockneten Kräutern und Gewürzen ausgegangen. Sollte es jedoch irgendwie möglich sein, verwenden Sie frische Kräuter! Für gekochte Gerichte zerstößt man die frischen Kräuter am besten zuvor in einem Mörser in etwas Öl. So kommt ihr Geschmack am besten zur Geltung und die Verwendung von Gemüsebrühe erübrigt sich.

Zwiebeln
Schälen Sie Zwiebeln mit einem großen Schluck Wasser im Mund. Das vermindert die Tränenproduktion. Zwiebeln sollten mit einem scharfen Messer klein geschnitten oder nur kurz gehackt werden, da sie sonst einen bitteren Geschmack im Essen verbreiten. Den Trieb der Zwiebel sollte man, besonders wenn er beginnt grünlich zu werden, immer besser entfernen.

Knoblauch
Auch bei Knoblauch den Trieb, besonders wenn er beginnt grünlich zu werden, entfernen. Knoblauch darf beim Braten nicht braun werden, da er sonst einen bitteren Geschmack entwickelt. Knoblauch gut verkocht hinterlässt keinen üblen Geruch oder Nachgeschmack. Allerdings gehen dabei etwas Aroma und die gesunden Inhaltsstoffe verloren.

Reis
Ohne Reiskocher: Den Reis in einem eher breiten als hohen Topf kurz in wenig Öl andünsten. Dann mit gerade so viel Wasser bedecken, dass es etwa daumendick über der Reisoberfläche steht. Salzen. Den Reis nun mit geschlossenem oder leicht geöffnetem Deckel (Vorsicht, kann leicht überkochen) kochen, bis das Wasser verkocht ist. Dann sofort von der Herdplatte nehmen und mit geschlossenem Deckel die restliche Feuchtigkeit aufsaugen lassen. Den Reis 10-15 Minuten ausdampfen lassen und servieren.
Geschälter (weißer) Reis ist schneller gar als Naturreis oder Wildreis, welcher gar kein Reis ist, sondern zu den Sumpfgräsern zählt. Diese Reissorten benötigen etwas mehr Wasser.

Fette & Öle zum Frittieren
Auf gehärtete Öle/Fette sollte aus gesundheitlichen Gründen verzichtet werden.
Gute, ungesättigte Alternativen: High oelic Sonnenblumenöl, raffiniertes Olivenöl, Erdnussöl. Mehrfach ungesättigte, kalt gepresste Öle, z.B. Distelöl, Hanföl, Rapsöl und Sojaöl, sind zu hitzeempfindlich und entwickeln ungünstige Eigenschaften durch das starke Erhitzen.
TIPP: Wer sich fettbewusst ernährt, sollte jegliche Form von Bratling einfach im Ofen zubereiten. Das spart Unmengen Fett und Zeit, und die Bratlinge zerfallen in der Regel nicht, d.h. sie brauchen kein oder nur wenig Bindemittel.

MASSEINHEITEN

Wer seine Vorliebe für das Kochen entdeckt hat und auch in englischsprachigen Kochbüchern stöbert oder Freunden aus dem englischsprachigen Raum Rezepte zukommen lassen möchte, der findet hier einen groben Überblick über die US-amerikanischen und englischen Maßeinheiten.

Bei Volumeneinheiten wie „cups" unterscheidet sich das Gewicht je nach Zutat (z.B. ist 1 cup Mehl leichter als 1 cup Butter).

Es handelt sich um ungefähre Maßangaben.

cups
60 ml (30-55 g) = 1/4 cup
75 ml (40-75 g) = 1/3 cup
125 ml (60-115 g) = 1/2 cup
150 ml (75-150 g) = 2/3 cup
175 ml (85-170 g) = 3/4 cup
250 ml (120-225 g) = 1 cup

pints/quarts/gallons
1 pint = 475 ml
1 quart = 950 ml
1 gallon = 3,8 l
2 pints = 1 quart = 950 ml
8 pints = 4 quarts = 1 gallon = 3,8 l

ounces (oz) und pounds (lbs)
15g = 1/2 oz
25-30 g = 1 oz
90 g = 3 oz
120 g = 4 oz = 1/4 lbs
225 g = 8 oz = 1/2 lbs
335 g = 12 oz = 3/4 lbs
450 g = 16 oz = 1 lbs
1 kg = 2,2 lbs

Celsius/Fahrenheit
110 °C = 230 °F
120 °C = 250 °F
150 °C = 300 °F
160 °C = 320 °F
180 °C = 355 °F
190 °C = 375 °F
200 °C = 390 °F
220 °C = 430 °F
230 °C = 445 °F
240 °C = 465 °F
260 °C = 500 °F

inch/Zentimeter
1 inch = 2,54 cm
8 inch plate = 20 cm Teller/Backform
9 inch plate = 23 cm Teller/Backform
10 inch plate = 25 cm Teller/Backform

1 stick butter = 4 oz (120 g)

GRUNDREZEPTE

An dieser Stelle sollen einige Grundrezepte erläutert werden, damit sie nicht in jedem Rezept neu beschrieben werden müssen.

Ei-Ersatz

Zum Backen und Panieren oder für Rezepte, in denen Eier nur bedingt als Bindemittel dienen (z.B. für Mehlspeisen), lässt sich Ei hervorragend durch Sojamehl ersetzen. Sojamehl ist ebenfalls sehr eiweißhaltig.
1 Ei wird durch einen gehäuften EL Sojamehl ersetzt. Das Sojamehl wird mit etwas Wasser zu einer cremig-flüssigen Masse angerührt. Sojamehl muss gut verschlossen, trocken und kühl aufbewahrt werden, da es sich sonst geschmacklich verändern kann bzw. ranzig wird.

Wird die stark bindende Eigenschaft von Ei benötigt („steif werden"), eignen sich Bindemittel wie Guarkernmehl oder Agar Agar. Beide Bindemittel sind sparsam zu verwenden und vor der Zugabe mit etwas Wasser anzurühren. Agar Agar muss zusätzlich erhitzt werden. Mit Agar Agar, einem aus Meeresalgen gewonnen Geliermittel, lässt sich sogar gelatineartiger Tortenguss, z.B. für Erdbeerkuchen, herstellen.

Sojamehl, erst recht aber Guarkernmehl und Agar Agar lassen sich lange aufbewahren, werden sparsam verwendet und kosten nicht viel. So hat man jederzeit eine günstige und rein pflanzliche Kochhilfe zu Hause.

Panieren

Asiatische Panade
Im asiatischen Raum, vor allem in Indien, wird unter anderem mit Kichererbsenmehl paniert/frittiert. Kichererbsenmehl ist von selbst so klebrig, dass es kein Ei mehr benötigt.
Einfach eine cremige Masse mit Wasser anrühren und etwas mit Salz oder Sojasauce würzen. Das zu Frittierende darin wälzen und sofort heiß frittieren.

Europäische Panade
Die Panade des guten alten Wiener Schnitzels lässt sich ebenso ohne Ei zaubern. Das Bratgut wird zunächst trocken in Mehl gewälzt, bis es rundum bedeckt ist. Nun wird es in angerührtem, gewürztem Sojamehl (Ei-Ersatz) gewendet. Anschließend noch einmal in Semmelbröseln/Paniermehl geschwenkt und diese fest angedrückt, bis rundum eine dicke Panade am Bratgut klebt. Das Wälzen in Ei-Ersatz und Paniermehl wiederholen und sofort in Öl frittieren.

Soßen binden

Mehlschwitze
Die klassische Mehlschwitze besteht aus Mehl, Fett und Wasser. Für eine kleine Menge Mehlschwitze 1 EL Margarine oder Öl in einem kleinen Topf schmelzen bzw. erhitzen und mit 1 EL Mehl verrühren. Von der Herdplatte nehmen und etwas kaltes Wasser einrühren. Kurz aufkochen und je nach gewünschter Konsistenz weiter verdünnen. Dann portionsweise in die anzudickende Sauce rühren.

Stärke
Im asiatischen Raum wird zum Eindicken von Saucen vor allem Maisstärke verwendet. Die Stärke, es eignet sich ebenso Weizen- oder Kartoffelstärke, wird in Wasser angerührt und dann mit der Sauce aufgekocht. Man beginnt am besten mit ½ EL Stärke und gibt je nach gewünschter Sämigkeit noch einen EL hinzu.

Süße Sahne

Sahnesauce für 2 Personen
Für deftig-sahnige Gerichte 1 EL Mandel- oder Cashewmus mit ca. 100 ml Sojamilch mit einem Mixstab verquirlen. Wie gewohnt zum Kochen verwenden und auf schwacher Hitze einköcheln lassen.
Mandelmus ist zwar kostenintensiv, hält sich aber lange und ist als Sahne sehr ergiebig.
Steif aufschlagen lässt sich diese Sahnevariante jedoch nicht.

Für Nuss-Allergiker
Als Alternative zu Nussmusen bietet sich auch Soja-, Hafer- oder Dinkelsahne an. Die einzelnen Produkte variieren im Geschmack. Finden Sie Ihren Favoriten. Hat man ein gute pflanzliche Sahne gefunden, kocht sie gut ein und würzt sie geschickt, ist sie von einer normalen Sahnesauce eigentlich nicht zu unterscheiden.

Soja-Joghurt
Auf 100 ml Sojamilch etwa einen EL frischen Zitronensaft träufeln.
Die Sojamilch etwa 15-20 Minuten gerinnen lassen und dann vorsichtig umrühren.
Vermischt man den „Joghurt" mit weiteren Vitamin-C-haltigen Früchten (z.B. Kiwis), wird er noch fester. Der „Joghurt" ist fast fettfrei und etwas flüssiger als gewohnt.

Basis für Tomatensauce

Nicht nur in der italienischen Küche, auch in der indischen oder chinesischen sowie bei französischen Ratatouilles und anderen Gemüseaufläufen ist Tomatensauce die Grundlage. Der giftige Strunk wird mit einem spitzen Messer keilförmig herausgeschnitten. Die Tomaten werden auf der Unterseite kreuzförmig angeritzt. Nun werden Sie etwa 2 Minuten in heißem Wasser gebadet. Dann lässt man sie abkühlen und kann nun die Haut entfernen und die Tomaten klein schneiden. Die Kerne lassen sich, falls erwünscht, aus der halbierten Tomate mit dem Löffel entfernen.

Eine selbst hergestellte Tomatensauce aus aromatischen Tomaten ist mit einer fertigen Sauce nicht zu vergleichen!

Gemüsebrühe

Gemüsebrühe ist eine gute Küchenhilfe. Selbstgemacht oder aus dem Bioladen hat sie nichts mit Geschmacksverstärkern und künstlichen Aromen zu tun. Eine Suppe mit guten Grundzutaten und frischen Kräutern gelingt zwar auch ohne Brühe, im Winter jedoch sind frische Kräuter rar und getrocknete Kräuter brauchen oft eine kleine geschmackliche Unterstützung.

Gemüsebrühe einfach und günstig selbst gemacht

Die Basis ist Suppengemüse, welches meist aus Karotten, Sellerie, Lauch und Petersilie besteht. Je nach Geschmack kann es durch Zwiebeln oder sogar Knoblauch ergänzt werden. Das Gemüse so gut wie möglich zerkleinern, auf einem Blech mit Backpapier verteilen und leicht salzen.

Anfänglich kurz bei etwa 100 Grad erhitzen und einen Holzlöffel in die Ofentür stecken. Dann die Hitze auf 50 Grad reduzieren und einige Stunden (z.B. über Nacht) langsam austrocknen lassen. Das Gemüse muss absolut trocken und hart geworden sein. Dann wird es mit einem Nudelholz, einem Zerkleinerer o.Ä. zerkleinert und in Gläser abgefüllt.

Seitan (Weizenfleisch)

Seitan aus Weizenmehl selbst herzustellen ist nicht schwer, aber leider etwas aufwändig. Das Weizeneiweiß, auch Klebereiweiß oder Gluten, muss aus dem Mehl isoliert werden. Als weitaus einfachere Alternative gibt es Gluten auch als Pulver zu kaufen. Ebenso gibt es bereits eingelegte Seitanstücke zu kaufen, die jedoch geschmacklich sehr stark variieren können. Für Menschen mit Glutenunverträglichkeit / Zöliakie eignet sich Seitan leider nicht.

Fertigpulver

Das gekaufte Glutenpulver wird mit Wasser (gleiche Menge Wasser in ml wie Gluten in g) ordentlich zu einem Teig verknetet. Dabei den Teig immer wieder langziehen und

zusammenklappen, damit eine faserige Konsistenz entsteht. Dann wird er in möglichst dünne Scheiben geschnitten und ca. 20 Minuten in einem Würzsud gekocht. Der Teig saugt den Sud in seine Poren auf und geht dabei um das Doppelte auf. Nach dem Abkühlen einfach in die gewünschte Form bringen (z.B. Geschnetzeltes) und weiterverarbeiten.
Je nach Verwendung kann man beim Aufkochen unterschiedliche Gewürze verwenden, z.B.:

Gemüsebrühe für klassische Anwendungen (Schnitzel, Geschnetzeltes, etc.),
Sojasauce mit Worcestershiresauce, etwas Rotwein und Tomatenpüree für „rotes Fleisch" (Barbecue Grillstücke etc.),
süße Sojasauce, Ingwer etc. für Saté-Spieße u.ä.

Seitan selbst gemacht
Ein kg Weizenmehl ergibt etwa 400 g fertiges Seitan.
Da alle Inhaltsstoffe bis auf das Eiweiß weitgehend herausgewaschen werden, lohnt es sich nicht, hochwertiges bzw. Vollkornmehl zu verwenden.

Das Mehl am Vorabend vorbereiten.
Ein Kilo gesiebtes Mehl mit 750 ml Wasser 1-2 Minuten glatt kneten. Abdecken und 1 Stunde ruhen lassen. Anschließend 8-10 Stunden in den Kühlschrank stellen.

Nun beginnt der Auswaschvorgang.
Ein großes Sieb in eine etwa gleichgroße Schüssel legen und den Teig hineinlegen. Die Schüssel mit lauwarmem Wasser füllen und den Teig vorsichtig kneten. Beim Knetvorgang den Teig immer zusammenhalten, damit er nicht auseinanderfällt. Ist das Wasser milchig weiß, wird es abgegossen. Den Vorgang wiederholen. Es sind ca. 7 Waschvorgänge notwendig, bis sich das Wasser nur noch kaum sichtbar milchig färbt, dann ist die Stärke so gut wie möglich herausgewaschen.
Es empfiehlt sich, mindestens die letzten 2 Waschvorgänge mit kaltem Wasser durchzuführen, damit sich die Poren der Seitanvorstufe zunächst zusammenziehen und einem die weiche Masse nicht auseinanderfällt.

Nun die Seitanmasse in einen kleinen Stoffbeutel oder ein Geschirrtuch legen und dieses **so fest wie nur möglich** zusammenbinden. Das Bündel mit einem Kochlöffel in Brühe hängen und ca. 30 Minuten leicht kochen lassen. Bei selbst hergestelltem Seitan ist dieses Zusammenbinden nötig, da es durch das Kochen sonst sehr großporig und schwammig wird und nicht gut schmeckt. Beim anschließenden Auskühlen zieht sich das Seitan nochmals zusammen und wird noch etwas fester. Seitan erst jetzt in Scheiben, Schnitzel etc. schneiden. Sollte es innen noch immer etwas zu weich sein, kann man die zugeschnittenen Steaks etc. nochmals kurz aufkochen. Erneut im Kühlschrank auskühlen, damit sich die Poren ein weiteres mal schön zusammen ziehen können.
Jetzt ist es fertig für den Bratvorgang.

Rezepte

200 ml Sojamilch
180 ml neutrales Öl
(z.B. Rapsöl oder Sojaöl)
½ Zitrone
1 TL Essig
Senf

Guarkernmehl
Salz und Pfeffer
Rohzucker

FÜR DIE VARIANTEN:
frischer Dill

Essiggurken
Tomatenketchup
1-2 Knoblauchzehen
frischer Schnittlauch

MAYONNAISE IN VARIATIONEN
FÜR 1 GLAS*

GRUNDREZEPT

1 Zunächst den Saft einer halben Zitrone in etwa 100 ml Sojamilch gießen und kurz ausflocken lassen.

2 Anschließend mit ungefähr der Hälfte des neutralen Öls, 1 TL Senf, 1 TL Essig und einer Messerspitze voll Guarkernmehl mit einem Pürierstab oder Mixer cremig schlagen.

3 Das restliche Öl unter Weitermixen in einem dünnen Faden zufügen. Nun den Rest der Sojamilch zugießen und die Mayonnaise mit etwas Zucker, Salz und Pfeffer abschmecken.
Nach Belieben mit etwas gekörnter Gemüsebrühe nachwürzen.

Die Mayonnaise ist etwas dünnflüssiger als gewohnt. Im Kühlschrank dickt sie weiter ein. Soll die Mayonnaise ohne Kühlvorgang sofort verzehrfertig sein, muss lediglich mehr Öl untergeschlagen werden. Allerdings ist das Öl dann deutlicher herauszuschmecken.

COCKTAILSAUCE

4 Um eine Cocktailsauce herzustellen, wird die Mayonnaise mit gerade so viel Senf und Ketchup angerührt, dass sie eine leicht rosa Farbe annimmt. Mit Salz und Pfeffer abschmecken.

Cocktailsauce schmeckt sehr gut zu Mais aus dem Glas bzw. gekochtem, vom Kolben gelöstem Mais.

REMOULADE

4 Für das Herstellen einer Remoulade werden in die Mayonnaise zusätzlich etwas frisch gehackter Dill, eine kleine Menge geschnittene Essiggurken und ein Schuss des Gurkenwassers eingerührt.

KNOBLAUCHDIP

Da eine Knoblauchsauce in der Regel etwas dünnflüssiger sein darf als Mayonnaise, wird beim Herstellen der Grundmasse kein pflanzliches Bindemittel wie Guarkernmehl benötigt. Ist bereits eine feste Mayonnaise mit Guarkernmehl vorhanden, kann diese einfach durch Zugabe von Sojamilch nach Belieben verflüssigt werden.

4 Zusätzlich 1-2 Zehen Knoblauch mitpürieren. Anschließend etwas frischen, gehackten Schnittlauch unterrühren.

Durch weitere frische Küchenkräuter wie z.B. Petersilie, Bärlauch oder Dill lässt sich eine leckere Knoblauch-Kräuter-Creme zaubern. Beim Verwenden von Bärlauch sollte, je nach Menge, die Knoblauchmenge reduziert oder der Knoblauch ganz weggelassen werden. Der Geschmack des Bärlauchs ähnelt dem des Knoblauchs, ist jedoch weniger intensiv.

200 ml Sojamilch
ca. 100 ml neutrales Öl
(z.B. Rapsöl oder Sojaöl)
½ Zitrone
1 EL frische Minze
Guarkernmehl

Pfeffer, gemahlen
Salz

FÜR DIE RAITA:
½ TL Cumin
Kardamom, gemahlen

FÜR DAS TZATZIKI:
Olivenöl
1-2 Knoblauchzehen
Salatgurke

INDISCHE RAITA & GRIECHISCHES TZATZIKI
FÜR 2 PERSONEN*

GRUNDREZEPT

1 Es wird in gleichen Teilen **Soja-Joghurt** und Mayonnaise hergestellt und anschließend vermengt.
Für den Soja-Joghurt 100 ml Sojamilch mit 3 TL Zitronensaft ohne Umrühren mindestens 15 Minuten stocken lassen.

2 Die nicht geronnene Milch vorsichtig abgießen und mit einer Messerspitze voll Guarkernmehl, 1 TL Zitronensaft und etwas Öl (bei Tzatziki mit etwas Olivenöl) mit dem Pürierstab cremig schlagen.
Nun die restlichen 100 ml Sojamilch zufügen und unter kontinuierlichem Mixen langsam das Öl unterschlagen. Sobald die Masse fester wird, kein weiteres Öl mehr zugeben.

3 Die so hergestellte Mayonnaise mit dem vorbereiteten Soja-Joghurt verrühren.

INDISCHE RAITA

4 Den cremigen Joghurt nun mit etwas Salz und Pfeffer abschmecken und mit einer Prise gemahlenem Kardamom und ½ TL Cumin (Kreuzkümmel) würzen.
Einen großzügigen EL frischer, gehackter Minze zufügen.

Die volle Würze des Kardamoms kommt durch die Verwendung von Kardamom-Kapseln weitaus besser zur Geltung als durch gemahlenen. Die Anwendung gestaltet sich bei letzterem jedoch angenehmer.

Raita wird unter anderem auch mit klein geschnittenen Salatgurken und Tomatenwürfeln zubereitet. Die Gurke sollte zunächst von den Kernen befreit werden, da die Raita sonst wässrig werden kann.

Gekühlt servieren.

Raita wird in der indischen Küche zu den oft scharf gewürzten Gerichten gereicht. Als erfrischende Beilage erhält diese Joghurtsauce den Gaumen während des Essens empfänglich für die vielfältigen Gewürzmischungen der indischen Küche.

GRIECHISCHES TZATZIKI

Bei der Herstellung der Mayonnaise 1-2 Knoblauchzehen mitpürieren. Natürlich kann der Knoblauch auch zerdrückt nachträglich zugefügt werden.

4 Den cremigen Knoblauch-Joghurt mit Salz und Pfeffer abschmecken und etwas klein gewürfelte Saltagurke zugeben.
Die Salatgurke von den Kernen befreien, damit sie nicht zu viel Flüssigkeit an die Joghurtcreme abgibt.

Gekühlt servieren.

Tzatziki schmeckt hervorragend zu Seitan-Gyros, paniertem oder gegrilltem Gemüse oder Bratlingen.

2 EL Meerrettich
(aus dem Glas)
3 EL Apfelsaft
(naturtrüb - wahlweise
Limettensirup)

1 TL Zucker
4 TL weißer Balsamico
1 TL Öl
Pfeffer, gemahlen
Salz

wahlweise süße Sahne
(Nussmus und
Sojamilch)
Bei frischem Rettich:
frischer Zitronensaft

MEERRETTICH-DRESSING
FÜR 2-3 PERSONEN*

1   Den Meerrettich mit dem Balsamico-Essig, dem Apfelsaft, dem Öl (am besten geschmacklich neutral) und dem Zucker so lange verrühren, bis sich der Zucker gelöst hat. Mit Salz und Pfeffer abschmecken. Wer frischen Meerrettich verwenden möchte, reibt diesen und gibt zum Salatdressing zusätzlich einen Spritzer frischen Zitronensaft hinzu.

Der verwendete Salat sollte gut abgetropft sein, da das Dressing sonst nachträglich verwässert.

Für ein mächtigeres Salatdressing einfach ein wenig süße Sahne unterrühren.
Dazu mit einem Schneebesen etwa einen halben TL Mandel- oder Cashewnussmus mit ein wenig Sojamilch schaumig schlagen.

---

2 Bund frischer Dill
5 EL Senf, mild
4 EL Essig (weiß, mild)
200 ml neutrales Öl

Pfeffer (weiß,
gemahlen)
3 EL Rohzucker

Den ätherischen Ölen des Dills wird eine appetitanregende und verdauungsfördernde Wirkung nachgesagt.

SÜSSE SCHWEDISCHE SENFSAUCE
FÜR 1 MITTLERES GLAS*

1   Den Senf mit dem Essig, dem Öl (z.B. Rapsöl) und dem Zucker mit einem Schneebesen verquirlen. Mit Pfeffer abschmecken. Den Dill rupfen bzw. hacken und unterrühren.

Die Senfsauce ist im Kühlschrank aufbewahrt einige Zeit haltbar.

Mit etwas Sojamilch angerührt eignet sie sich hervorragend als Salatdressing, speziell zu Gurkensalat. Sie passt ebenso als Dip zu Seitan oder paniertem Tofu, macht sich aber auch sehr gut als Brotaufstrich, mit Salatgurkenscheiben garniert.

TIPP
Für warme Speisen die Senfsauce erwärmen und nach Belieben Sojamilch unterrühren.

DRESSINGS & DIPS & SAUCEN

1-2 TL Cumin (Kreuzkümmel)
1 TL Rohzucker
Pfeffer, gemahlen
Salz

2 große Tomaten
½ mittlere rote Zwiebel
2-4 rote Chilis (je nach Schärfe)
3 EL frisches Koriandergrün
3-4 EL frischer Limettensaft

CHILI-TOMATE-SALSA
FÜR 1 KLEINE SCHÜSSEL*

1 Die Chilis der Länge nach aufschneiden, die Kerne entfernen und klein schneiden. Die Zwiebel schälen und klein schneiden. Die Tomaten klein schneiden. Alle Zutaten vermengen, die Gewürze zugeben und mit Salz und Pfeffer abschmecken. Mit einem Pürierstab das Salsa leicht anpürieren.

Über Nacht kühlen. Durch den Limettensaft ist das Salsa in gekühltem Zustand einige Tage haltbar.

Dieses Salsa eignet sich als Dip für Nachos, Chips oder in Streifen geschnittenes Gemüse sowie als Beilage zu Burritos, Tachos oder anderen lateinamerikanischen Gerichten.

---

2 große Salatgurken
4 mittlere Zwiebeln
100 ml weißer Essig
2 TL Dill

2 EL Maisstärke
6 EL Rohzucker
2 TL Senfsaat
2 TL Kurkuma

1 TL Piment
getrocknete Chili
etwas Salz

GURKEN-RELISH
FÜR 2 MITTLERE GLÄSER*

1 Die Gurken schälen, der Länge nach achteln, grob die Kerne entfernen und in kleine Stücke schneiden. Die Zwiebeln schälen und klein schneiden und zu den Gurkenstücken geben. Großzügig mit Salz vermengen und 2 Stunden ruhen lassen.

2 Nun das Salz abspülen und die Gurken-Zwiebel-Mischung in einen Topf mit etwa 1 Liter kochendem Wasser geben. Je nach Schärfe der Chilis eine kleine Menge zufügen. Das Relish soll leicht pikant schmecken. Alle anderen Zutaten mit Ausnahme der Maisstärke einrühren und 45-60 Minuten einkochen lassen. In der verbleibenden Flüssigkeit die zuvor in etwas Wasser angerührte Stärke mitkochen, so dickt das Relish ein. Nun in mit heißem Wasser desinfizierte Gläser randvoll einfüllen und auf den Kopf gestellt im Kühlschrank abkühlen lassen.
Verleiht klassischen Burgern den typischen Geschmack.

400 g Äpfel
150 g Minze
2 mittlere Zwiebeln
50 g Rosinen
200 g Rohzucker
250 ml Essig
(weißer, Rotwein- oder Apfelessig)

1 TL Senfkörner
1 TL Cayennepfeffer
½ TL Kardamom (gemahlen)
1 TL Salz

MINZE-APFEL-CHUTNEY
FÜR 3 MITTLERE GLÄSER*

1   Die Äpfel schälen, das Gehäuse entfernen und in dünne, kleine Scheiben schneiden. Die Zwiebel ebenfalls schälen und klein schneiden.

2   Äpfel und Zwiebeln mit allen Zutaten, mit Ausnahme der Minze, vermischen und 20 Minuten einkochen lassen. Dann die gehackte Minze zugeben und weitere 10 Minuten leicht kochen.
In Gläser füllen und kalt stellen.

Schmeckt als Beilage zu Gegrilltem, Bratlingen, indischem Essen oder einfach nur aufs Butterbrot.

---

6 Tomaten
2 kleine Zwiebeln
1 Apfel
2-3 frische Chilischoten (mittelscharf)

2 EL frischer Zitronensaft
4 EL Essig (weißer, Rotwein- oder Apfelessig)

6 EL Rohzucker
1 EL süße Sojasauce
Salz

SÜSSES TOMATE-CHILI-RELISH
FÜR 4 PERSONEN*

1   Den Strunk der Tomaten keilförmig herausschneiden. Die Tomaten an der Unterseite kreuzförmig anritzen. Etwa zwei Minuten in Wasser kochen, bis die Haut beginnt sich zu lösen. Diese entfernen und die Tomaten klein schneiden.

2   Die Zwiebeln schälen und klein schneiden. Die Äpfel schälen und klein schneiden. Die Chilischoten von den Kernen befreien und ebenfalls klein schneiden. Mit dem Essig, dem Zitronensaft, dem Zucker, einer Prise Salz und der süßen Sojasauce (gelingt auch ohne) vermischen und mindestens 40 Minuten einkochen lassen.

Passend zu Paniertem, als Dip für Tacos, Chips und rohe Gemüsestreifen (z.B. Karotten und Stangensellerie) oder einfach als Aufstrich zu Weißbrot.

DRESSINGS & DIPS & SAUCEN

140 g Erdnüsse (geröstet & gesalzen)
1 Knoblauchzehe
200 ml Kokosmilch
1 Zitrone oder Limette

2 TL Currypaste
2 EL Erdnussöl
frischer Ingwer
Chili (frisch oder getrocknet)

1 EL süße Sojasauce
1 TL Zitronengraspulver
2 EL Rohzucker

ERDNUSS-SAUCE
FÜR 1 MITTLERES GLAS*

1   Zwei EL Erdnussöl in einer Pfanne erhitzen. Die Erdnüsse mit 2 TL Currypaste darin braten. Sind die Erdnüsse nicht geröstet und gesalzen, diese zunächst ohne Öl in einer Pfanne rösten und salzen.

2   Etwas geschnittene Chili, die zerdrückte Knoblauchzehe, das Zitronengraspulver, etwas zerdrückten Ingwer, die süße Sojasauce und den Zucker zufügen und kurz weiter braten.

3   Dann mit der Kokosmilch und 130 ml Wasser aufgießen und in einem hohen Gefäß pürieren. Nun einkochen lassen, bis die Sauce dickflüssig geworden ist und abschließend mit etwa 3 EL Limetten- oder Zitronensaft abschmecken.

Die Erdnusspaste wird in der asiatischen Küche verwendet, bringt aber auch als pikanter Brotaufstrich Abwechslung auf den Tisch.

---

neutrales Öl
½ TL Cumin (Kreuzkümmel)
½ TL Cayennepfeffer
Salz
1 EL frischer Zitronensaft

230 g Kidneybohnen (auch andere möglich)
1 große Tomate
1 kleine Zwiebel
2 Knoblauchzehen
Chilis (frisch oder getrocknet)

BOHNEN-DIP
FÜR 1 MITTLERE SCHÜSSEL*

1   Die Bohnen über Nacht einweichen und dann, je nach Sorte, etwa 40 Minuten weich kochen. Weniger zeitaufwändig sind Bohnen aus dem Glas oder der Dose.

2   Die Zwiebel schälen, klein schneiden und mit Öl leicht anbraten. Den zerdrückten Knoblauch, etwas Chili und die restlichen Gewürze zufügen und kurz weiter braten. Dann die Bohnen und die gewürfelte Tomate dazu geben und kurz köcheln, bis die Tomate weich ist. Mit dem Pürierstab ein wenig pürieren. Nach dem Abkühlen den Zitronensaft untermischen.
Das klassische Dip für Nachos und Chips.

6 EL Tomatenmark
4 EL Rotweinessig
3 EL Worcestershiresauce
4 TL Malzsirup
2 TL Zuckerrübensirup

6 Knoblauchzehen
1 mittlere Zwiebel
3 EL Limettensaft
2 EL neutrales Öl
etwas Chili

2 TL brauner Rohzucker
2 TL Pfeffer, gemahlen
2 TL Salz

BARBECUE „BBQ"-SAUCE
FÜR 4 PERSONEN*

1   Die Zwiebel klein schneiden, die Knoblauchzehen zerdrücken. Alle Zutaten in 0,5 Liter Wasser einrühren und so lange einkochen lassen, bis die Barbecuesauce eindickt.

Der rauchige Geschmack eines originalen BBQ lässt sich in der Küche nicht nachahmen. Es gibt flüssigen Rauch zu kaufen, den man der Barbecuesauce beimischen kann. Er ist aber einerseits schwer zu finden und das selbst Herstellen einer BBQ-Sauce verliert zudem seinen Sinn. Echter Holzrauch, auf dem ein BBQ über längeren Zeitraum geräuchert wird, lässt sich schlecht ersetzen.

Die Barbecuesauce schmeckt trotzdem authentisch und passt sehr gut zu paniertem Tofu oder Seitan (siehe Seite 155).

---

3 EL Essig (hell und mild, z.B. weißer Balsamico)
1 TL helle Sojasauce
3 TL brauner Rohzucker

1 frische, rote Chilischote
1 TL frischer Limettensaft

½ TL Zitronengraspulver
1 TL Salz

VIETNAMESISCHE SAUCE
FÜR 2 PERSONEN*

1   Das Salz und den Zucker in 300 ml Wasser kochen, bis sich beide aufgelöst haben. Abkühlen lassen.

2   Nun den Balsamico-Essig, die helle Sojasauce, den Limettensaft, das Zitronengraspulver und ein paar entkernte und dünn geschnittene Ringe der frischen Chilischote zugeben. Je nach gewünschter Schärfe.

Diese typisch vietnamesische Sauce wird traditionell zusätzlich mit Fischsauce hergestellt. Aber auch ohne den Fischgeschmack ist sie eine leckere Basis für frische Reisgerichte.

DRESSINGS & DIPS & SAUCEN

4 EL neutrales Öl (z.B. Sojaöl)
4 EL frische Chilischoten
1 EL Zitronengras
1 EL Limettenblätter
1 EL Galgantwurzel
2-3 Knoblauchzehen
1 Schalotte (1 EL)
1 TL frischer Ingwer
1 TL Koriander, gemahlen
1 EL Salz
1 TL Pfeffer, gemahlen
3 Nelken
1 EL frischer Zitronensaft

SCHARFE CURRYPASTE
FÜR 1 KLEINES GLAS*

1 Die Chilischoten (etwa 4 mittlere) entkernen. Ein Stück der Galgantwurzel und des Ingwers, die Zwiebeln und den Knoblauch schälen. Das Zitronengras und die Limettenblätter grob hacken. Alle Zutaten mit ein wenig Wasser fein mixen oder mit dem Pürierstab pürieren. Zum Schluss das Öl untermischen.

Die Paste ist gekühlt einige Wochen haltbar und ist aufgrund ihrer Intensität ausreichend für viele Gerichte.
Currypasten werden in der asiatischen Küche, bekannt vor allem durch das thailändische rote oder grüne Curry, verwendet. Currypaste eignet sich aber auch zum Würzen von pikanten Suppen. Dazu wird etwas Paste zusammen mit geschnittenem Gemüse in Öl gedünstet und dann mit Wasser aufgegossen.

Gekaufte rote oder grüne Currypasten enthalten oft Garnelenpaste. Gelbe Currypaste und einige andere Pasten, die im gut sortieren Asia-Laden erhältlich sind, enthalten keine tierischen Zusätze.

---

125 ml Sojamilch
2 TL Nussmus (Cashewnuss oder Mandel)
1 TL Currypulver
½ TL Kurkuma
½ TL süßes Paprikagewürz
Sojasauce
Pfeffer, gemahlen
Salz
(wahlweise etwas gekörnte Gemüsebrühe)

HELLE CURRY-SAHNE-SAUCE
FÜR 3-4 PERSONEN*

1 Die Sojamilch mit 2 großzügigen TL Cashew- oder Mandelmus verquirlen. In einem Topf vorsichtig erhitzen und leicht einkochen lassen.

2 Nun mit dem Currypulver, dem Kurkuma, dem süßen Paprikagewürz, etwas Salz und Pfeffer und zwei Spritzern Sojasauce würzen. Die Sojasauce kann auch durch etwas gekörnte Gemüsebrühe ersetzt werden.

3 Mit gerade so viel Wasser verdünnen, bis die gewünschte Konsistenz erreicht ist.

Die würzige Currynote belebt gedämpftes Gemüse oder Kartoffel-, Reis- und Nudelgerichte aller Art.

4 EL Margarine oder Öl (ca. 100 g)
4 EL Weißmehl
½ Liter Sojamilch

Weißwein
½ Zitrone
gekörnte Gemüsebrühe

Pfeffer, gemahlen
Salz

BÉCHAMELSAUCE
FÜR EINE AUFLAUFFORM LASAGNE / MOUSSAKA / MELANZANE

1   Béchamelsauce ist der Mehlschwitze in der Herstellung ähnlich, wird jedoch mit Milch aufgekocht und gewürzt. Das Fett oder Öl, wer mag auch Olivenöl oder Margarine, wird in einem kleinen Topf erhitzt bzw. geschmolzen. Mit einem Schneebesen wird dann das Mehl untergerührt, bis eine homogene Masse entstanden ist. Der Topf wird sofort von der Herdplatte genommen und etwas mehr als die Hälfte der KALTEN Sojamilch eingerührt.
Sobald die Sauce cremig und klümpchenfrei ist, wird sie unter regelmäßigem Umrühren einmal kurz aufgekocht. Sie dickt dabei ein. Nun mit der restlichen Sojamilch nach Wunsch weiter verdünnen.

2   Béchamelsauce wird auf unterschiedliche Art gewürzt. Eine angenehme Würze erhält man durch etwas gekörnte Gemüsebrühe, eine Prise Salz und Pfeffer sowie einen Schuss Weißwein oder frischen Zitronensaft. Durch den Zitronensaft dickt die Béchamelsauce nochmals ein.
Als Faustregel gilt: Etwa die gleiche Menge Mehl wie Fett verwenden und langsam aufgießen.

---

2 EL Tahin
(weißes Sesammus)
1-2 EL frischer
Zitronensaft

FÜR DIE JOGHURT-
VARIANTE:
100 ml Sojamilch

> Sesam ist reich an den Mineralstoffen Eisen, Calcium und Magnesium.

SESAMSAUCE
FÜR 2 PERSONEN*

1   Das Tahin oder Tahini mit gerade so viel Wasser anrühren, dass eine cremig flüssige Sauce entsteht. Mit 1 EL Zitronensaft und einer Prise Salz abschmecken.

2   Für die Joghurtvariante:
Einen EL Zitronensaft in 100 ml Sojamilch geben und mindestens 20 Minuten gerinnen lassen. Mit den anderen Zutaten vermengen.

Tahin wird in der Küche des mittleren Ostens verwendet und aus geschälten, gerösteten Sesamkörnern hergestellt.

SAUERBRATENSAUCE
FÜR 2-3 PERSONEN**

2 mittlere Karotten
2 mittlere Zwiebeln
1 kleine Stange Lauch
1 mittlere Scheibe dunkles Brot oder Soßenlebkuchen

3 EL rotes Johannisbeergelee (oder anderes rotes Gelee)
Rotwein
5 EL Rotweinessig
5 EL neutrales Öl
wahlweise Sojamilch

6 Wacholderbeeren
3 Lorbeerblätter
Zimt
Pfeffer, gemahlen
Salz

1 Die Scheibe dunkles Brot (kein Vollkornbrot) beziehungsweise den Soßenlebkuchen in Rotwein einlegen.

2 Die Karotten und die Zwiebeln schälen und klein schneiden. Den Lauch säubern und klein schneiden.

3 Das Gemüse in etwas Öl dünsten und dabei salzen und pfeffern. Dann mit etwa 650 ml Wasser aufgießen, die Lorbeerblätter und die Wacholderbeeren zugeben und auf mittlerer Hitze weich kochen lassen.

4 Sobald das Gemüse weich gekocht ist, die Lorbeerblätter und die Wacholderbeeren entfernen. Das in Rotwein eingeweichte Brot oder den Soßenlebkuchen zugeben und alles mit einem Pürierstab pürieren.
Es ist ebenso möglich, alles mit einem Kochlöffel durch ein Sieb zu passieren.

5 Nun 3 EL rotes Johannisbeergelee (wahlweise z.B. Preiselbeer-, Cranberry- oder Waldbeerengelee), 5 EL Rotweinessig und 5 EL Öl unterrühren und mit Salz, Pfeffer, einer Prise Zimt und gegebenenfalls einem weiteren Schuss Rotwein abschmecken.
Kurz weiter köcheln lassen, damit die Gewürze ihren Geschmack entfalten können. Je nach gewünschter Sämigkeit weiter einkochen oder mit etwas Wasser verdünnen.

Nach dem Reduzieren der Hitze kann nach Wunsch noch ein Schuss Sojamilch zugefügt werden. Die Sauerbratensauce darf mit der Milch nicht mehr Kochen, da diese sonst ausflockt.

Auf Grund des Aufwandes lohnt es sich, eine größere Menge Sauerbratensauce herzustellen und diese portionsweise einzufrieren.

Die Sauerbratensauce ist in der fränkischen Küche ein Muss zum Serviettenkloß (ähnlich dem bayerischen Semmelknödel).

300 g Rote Beete
(ca. 2 Stück)
½ mittlere Karotte (50 g)
2 mittlere Zwiebeln
neutrales Öl

3 EL Tomatenmark
Rotwein
Worcestershiresauce
(ohne Sardellen)

2 EL Würzhefeflocken
(wahlweise)
Pfeffer, gemahlen
Salz

DUNKLE BRATENSAUCE
FÜR 2-3 PERSONEN**

1   Die Rote Beete, die Karotte und die Zwiebel schälen und klein schneiden. In Öl scharf anbraten und mit etwas Worcestershiresauce und einem großzügigen Schuss Rotwein ablöschen. Mit Wasser aufgießen und einkochen. Wird rohe Rote Beete verwendet, mus man mit 2 Stunden Einkochzeit rechnen. Eingelegte Rote Beete ist bereits vorgekocht und daher schon weich.

2   Sobald das Gemüse und die Wurzeln weich gekocht sind, wird alles mit dem Pürierstab püriert und nochmals eine halbe Stunde eingekocht.

3   Nun 3 EL Tomatenmark einrühren und alles durch ein Sieb passieren. Schließlich noch mit 2 EL Würzhefeflocken und/oder ein wenig Salz und Pfeffer, 1 EL Öl und 1 EL Rotwein abschmecken. Würzhefeflocken runden den Geschmack ab, die Sauce gelingt aber auch ohne.
Die dunkle Bratensauce passt sehr gut zu Bratlingen, Seitan, Tofu, Kartoffelpuffern, Bratkartoffeln etc.

---

3 mittlere Zwiebeln
3 EL Margarine
neutrales Öl
Worcestershiresauce
(ohne Sardellen)

süßes Paprikagewürz
gekörnte Gemüsebrühe
Pfeffer, gemahlen
Salz

BRATENSAUCE „GANS"
FÜR 2-3 PERSONEN***

1   Die Zwiebeln schälen und klein schneiden. In 3 EL Margarine scharf anbraten. Dabei mit gekörnter Gemüsebrühe, süßem Paprikagewürz und Pfeffer großzügig würzen. Mit etwas Worcestershiresauce ablöschen und mit Wasser aufgießen. Kurz einkochen lassen.

2   Dann mit dem Pürierstab pürieren und weiter auf niedriger Flamme einkochen lassen. Reichlich neutrales Öl zugeben, so dass Fettaugen auf der Sauce schwimmen. Immer wieder umrühren, während die Sauce sämig einkocht. Gegebenenfalls mit Worcestershiresauce, Gemüsebrühe oder Salz nachwürzen. Es soll eine ölige, bräunliche, dickflüssige und kräftige Bratensauce entstehen.

Speziell zu Kartoffelknödeln mit Rotkohl erinnert diese Sauce an sonntägliche Festessen bei Oma.

1 mittlere Salatgurke
frischer Schnittlauch
frischer Dill
80-100 ml Sojamilch
neutrales Öl
Essig

Thymian
Rohzucker
Pfeffer, gemahlen
Salz

GURKENSALAT
FÜR 2-3 PERSONEN*

1   Die Gurke waschen und ganz nach Vorlieben in dünne Scheiben oder kleine Stücke schneiden oder raspeln.

2   Für das Dressing einfach Sojamilch in eine Schüssel geben und langsam neutrales Öl (z.B. Raps-, Distel-, Sojaöl) mit einem Pürierstab oder Mixer einrühren, bis ein cremiges Salatdressing entstanden ist. Mit etwas Thymian, Salz und Pfeffer, einer Prise Rohzucker und einem kleinen Schuss Essig abschmecken. Schnittlauch und reichlich Dill hacken und ebenfalls untermischen. Mit der Gurke vermengen.
Ein weiteres Dressing, das mit Salatgurke bestens harmoniert, ist die süße schwedische Senfsauce, mit etwas Sojamilch verdünnt (siehe Seite 56).

---

4 Tomaten
1 große Zwiebel
3 EL Öl
3 EL Rotweinessig
Rohzucker
Pfeffer, gemahlen
Salz

TOMATENSALAT KLASSISCH
FÜR 2-3 PERSONEN*

1   Die Tomaten achteln. Die Zwiebel schälen und in Ringe schneiden.

2   Das Öl (nach Wunsch z.B. Sonnenblumen-, Oliven-, Rapsöl) mit dem Rotweinessig und etwas Salz und Pfeffer verrühren. Mit einer Prise Zucker abschmecken. Das Dressing soll leicht süßlich schmecken. Mit den Tomatenstücken und den Zwiebelringen vermengen.
Die Tomaten geben noch etwas von ihrem eigenen Saft ab, was das Dressing etwas verdünnt und den Essiggeschmack mildert.

SALATE

6 EL Croutons (oder Weißbrotwürfel)
2 TL Pesto (nach Wahl)
4 TL Rohzucker
Salz

2 große Karotten (ca. 280 g)
280 g Rotkohl (roh)
1 mittlerer Apfel
1 mittlere rote Zwiebel
4 EL Öl
8 EL weißer Balsamico-Essig

ROHKOSTSALAT MIT APFEL
FÜR 4 PERSONEN*

1   Die Karotten schälen und raspeln. Den Rotkohl mit der Hand oder der Küchenmaschine in dünne Streifen schneiden. Den Apfel vom Gehäuse befreien und in kleine Würfel schneiden. Die Zwiebel schälen und ebenfalls in kleine Würfel schneiden.

2   DIE CROUTONS: Weißbrot (z.B. Toast oder Baguette), das ruhig etwas älter sein darf, in Würfel schneiden. In öligem Kräuterpesto nach Wahl (z.B. Basilikum oder Dill) in der Pfanne kross herausbraten. Je nach Würze des Pestos noch salzen.
Aus dem Öl, dem Balsamico-Essig, dem Rohzucker und einer Prise Salz ein Dressing herstellen und mit dem Salat vermengen. Mit den Croutons garnieren.

---

1 EL Olivenöl oder Margarine
gekörnte Gemüsebrühe
Pfeffer, gemahlen
Salz

200 g Couscous oder Bulgur
3 Tomaten
2 Frühlingszwiebeln
1 großer Bund Petersilie
1 Bund frische Minze
1 Zitrone

TABOULÉ
FÜR 3-4 PERSONEN*

1   Couscous und Bulgur sind Formen von Hartweizengrieß. Couscous ist die feinere Variante. Den Couscous in 400 ml Gemüsebrühe kurz aufkochen oder damit übergießen, dann beiseite stellen und die Herdplatte abdrehen. Fünf Minuten ziehen lassen. Nun den Topf kurz auf die noch warme Herdplatte zurückstellen und 1 EL Olivenöl oder Margarine unterrühren. Den Couscous mit einer Gabel auflockern.

2   Die Tomaten würfeln, Frühlingszwiebeln, Petersilie und Minze klein schneiden und alles mit dem Couscous vermengen. Mit frischem Zitronensaft, Salz und Pfeffer abschmecken.
Das Verhältnis von Couscous zu Petersilie variiert oft stark. Ihr persönlicher Geschmack entscheidet.

1 Glas Kidneybohnen
1 Glas weiße Bohnen
1 Glas Mais
2 rote Paprika
1 rote mittlere Zwiebel
2 Knoblauchzehen
frisches Koriandergrün
½ Zitrone

50 ml Olivenöl
70 ml Rotweinessig
1-2 EL Rohzucker
1 TL Cumin
(Kreuzkümmel)
1 TL Chilipulver
Pfeffer, gemahlen
1-2 TL Salz

MEXIKANISCHER BOHNENSALAT
FÜR 4 PERSONEN*

1 Bohnen und Mais aus dem Glas (Abtropfgewicht ca. 250 g) sparen sehr viel Zeit. Die günstigere aber zeitaufwändigere Variante sind getrocknete Bohnen (und Mais), die über Nacht eingelegt und dann 40-60 Minuten weich gekocht werden. Die Bohnen und den Mais ordentlich spülen und abtropfen lassen. Die Zwiebel schälen, halbieren und in dünne Halbringe schneiden. Die Paprika entkernen, in Streifen schneiden und diese dritteln. Die Knoblauchzehen schälen und zerdrücken. Ungefähr eine halbe Tasse voll Koriandergrün hacken. Alles vermengen.

2 Das Öl mit dem Essig, dem Saft der halben Zitrone, dem Zucker und den restlichen Gewürzen vermischen und zum Salat geben. Vor dem Servieren kalt stellen.

---

gekörnte Gemüsebrühe
5 TL Rohzucker
1 TL Pfeffer, gemahlen
3 TL Salz

1,4 kg Kartoffeln
(festkochend)
1 mittlere Zwiebel
2-3 mittlere Essiggurken
5 EL weißer Balsamico-Essig
2 EL Rapsöl

BAYERISCHER KARTOFFELSALAT
FÜR 5-6 PERSONEN*

1 Die Kartoffeln schälen, in mitteldicke Scheiben schneiden und in Wasser weich kochen. Dann das Wasser abgießen und die Kartoffeln vor dem Weiterverabeiten etwas auskühlen lassen, da sie sonst leicht zerfallen.

2 Die Zwiebel und die Essiggurken klein schneiden und vorsichtig unter die Kartoffeln mischen. Einen TL Gemüsebrühe, den Balsamico-Essig, den Zucker, das Salz und den Pfeffer in 400 ml heißes Wasser rühren und dann mit den Kartoffeln vermengen. Mindestens 1 Stunde, besser über Nacht ziehen lassen. Vor dem Servieren noch 2 EL Rapsöl unterrühren.

FÜR DIE MAYONNAISE:
200 ml Sojamilch
180 ml neutrales Öl
½ Zitrone
1 TL Essig
1 TL Senf
Guarkernmehl

1 kg Kartoffeln (festkochend)
3 mittlere Karotten (ca. 300 g)
6 Frühlingszwiebeln
Rohzucker
Pfeffer, gemahlen
Salz

DEFTIGER KARTOFFELSALAT
FÜR 4-5 PERSONEN*

1 Die Kartoffeln schälen, in mitteldicke Scheiben schneiden und in Wasser weich kochen. Dann das Wasser abgießen und die Kartoffeln vor dem Weiterverabeiten etwas auskühlen lassen, da sie sonst leicht zerfallen.

2 Die Karotten schälen, dritteln und weich kochen. Die Frühlingszwiebeln klein schneiden. Die weich gekochten Karotten in kleine Würfel schneiden. Karotten, Kartoffeln und Frühlingszwiebeln vermengen.

3 Eine Mayonnaise herstellen (siehe Seite 54). Eine gewünschte Menge Mayonnaise unterrühren und den Kartoffelsalat mit etwas Salz, Pfeffer und einer Prise Rohzucker abschmecken.

---

3 EL Olivenöl
3 EL Rotweinessig
Pfeffer, gemahlen
Majoran
Salz

4 Tomaten
1 große Zwiebel
½ Salatgurke
2 EL frischer Zitronensaft
150 g schwarze & grüne Oliven
200 g Tofu Rosso

GRIECHISCHER SALAT
FÜR 2-3 PERSONEN*

1 Die Tomaten und die Gurke würfeln. Die Zwiebel schälen, halbieren und in Halbringe schneiden. Den Tofu in Würfel schneiden.

2 Das Olivenöl, den Rotweinessig und den Zitronensaft verrühren und mit Majoran, Salz und Pfeffer abschmecken.

3 Alle Zutaten, inklusive der Oliven, vermengen. Besonders delikat schmecken entkernte, in Knoblauchöl eingelegte Oliven. Mit Weißbrot servieren.

300 g bunte Spiral-
nudeln
150 g Mais
3 EL Erbsen
1 rote Paprika
½ Salatgurke
100 ml Sojamilch
60-80 ml neutrales Öl

etwas Olivenöl
1 EL Zitronensaft
Essig
Senf
gekörnte Gemüsebrühe
Pfeffer, gemahlen
Salz

DEFTIGER NUDELSALAT
FÜR 3-4 PERSONEN*

1   Die Nudeln in leicht gesalzenem Wasser mit etwas Olivenöl bissfest kochen. Sind die Erbsen tiefgefroren, werden sie direkt mit den Nudeln mitgekocht.

2   Die Paprika entkernen und klein schneiden. Die Gurke klein schneiden. Paprika, Gurke, Mais, Erbsen
und Nudeln zusammen salzen und pfeffern.

3   Einen EL frischen Zitronensaft zur Sojamilch geben und kurz gerinnen lassen. Einen halben TL Senf
und einen Schuss Essig zugeben und unter Mixen/Pürieren langsam das Öl zugießen. Mit etwas Gemüsebrühe abschmecken. Den Salat mit der Mayonnaise mindestens eine Stunde kühl ziehen lassen.

Olivenöl
weißer Balsamico-Essig
Thymian
Oregano
Pfeffer, gemahlen
Salz

250 g Farfalle-Nudeln
150 g Cocktailtomaten
2 große Tomaten
160 g schwarze & grüne
Oliven ohne Stein
3 Knoblauchzehen
frischer Basilikum
3 TL Kapern

ITALIENISCHER NUDELSALAT
FÜR 3 PERSONEN*

1   Die Nudeln mit den geschälten Knoblauchzehen bissfest kochen. Die Knoblauchzehen entfernen.

2   Den Strunk der Tomaten keilförmig herausschneiden. Die Tomaten an der Unterseite kreuzförmig
anritzen. Etwa zwei Minuten in Wasser kochen, bis die Haut beginnt, sich zu lösen. Diese entfernen und
die Tomaten zerdrücken. Mit einem grossen Schuss Olivenöl, etwas weniger Essig, Thymian, Oregano,
Salz und Pfeffer abschmecken. Die in Scheiben geschnittenen Oliven, 3 TL Kapern und die halbierten
Cocktailtomaten zugeben und alles mit den noch heißen Nudeln verrühren. Mindestens eine halbe Stunde ziehen und erkalten lassen. Eine Hand voll gehackter Basilikumblätter für den letzten Schliff.

SALATE

100 g Glasnudeln
(aus Mungobohnenstärke)
1 rote frische Chilischote
2-3 Frühlingszwiebeln
½ rote Paprika
70 g Sojasprossen
½-1 Tasse frisches Koriandergrün
1 EL (Thai-) Basilikum
1 EL frische Minze
½ TL frischer Ingwer
1 Limette
3 EL weißer Balsamico-Essig
Erdnüsse
chinesisches Fünfgewürz
½ TL Zitronengraspulver
1 TL helle Sojasauce
3 TL brauner Rohzucker
1½ TL Salz

ASIATISCHER GLASNUDELSALAT
FÜR 2-3 PERSONEN*

1 Die Glasnudeln nach Packungsbeilage zubereiten. In warmem Wasser einweichen, bis sie weich sind, dann abseihen und mit einer Schere kürzen bzw. teilen.

2 In 300 ml kochendem Wasser das Salz und den braunen Zucker lösen. Nach dem Abkühlen den Balsamico-Essig, den Limettensaft, die helle Sojasauce, das Zitronengraspulver, den halben TL geschälten und geriebenen Ingwer, etwas weniger als ½ TL Fünfgewürz und, je nach gewünschter Schärfe, ein paar entkernte, dünn geschnittene Ringe der frischen Chilischote einrühren.

3 Die Frühlingszwiebeln säubern und in dünne Scheiben schneiden. Die Paprikahälfte in dünne Streifen schneiden und je nach Größe diese noch halbieren. Das Koriandergrün, das Basilikum und die Minze grob hacken oder klein reißen.
In der asiatischen Küche wird meist Thai-Basilikum verwendet. Es ist dunkler, fester und intensiver im Geschmack als das uns bekannte.

4 Ein paar Erdnüsse hacken.

5 Die Sojasprossen kurz in heißem Wasser blanchieren. In rohem Zustand enthalten sie unbekömmliche Inhaltsstoffe und sollten deshalb ausschließlich kurz gekocht verzehrt werden.

6 Die Glasnudeln mit den Kräutern, den Frühlingszwiebeln, der Paprika und dem Dressing vermischen und mit den gehackten Erdnüssen garnieren.

> Chinesisches Fünfgewürz verleiht vielen asiatischen Gerichten ihren typischen Geschmack. Es besteht aus Anis, Fenchel, Pfeffer, Zimt und Ingwer.

RUCOLA-SALAT MIT GEBRATENEN CHAMPIGNONS
FÜR 2 PERSONEN*

Rucola-Salat (Rauke)
500 g Champignons
1 kleine Zwiebel
½ Zitrone
Walnüsse
4 EL Olivenöl
2 EL Öl zum Braten
2 EL Weißweinessig oder weißer Balsamico

1 TL Senf
Estragon
Rohzucker
Kümmel gemahlen
Pfeffer, gemahlen
wahlweise Worcestershiresauce
Salz

1 Den Rucola waschen und abtropfen lassen. Die Zwiebel schälen und in Halbringe schneiden. Ein paar Walnüsse hacken.

2 DIE VINAIGRETTE
Den Weißweinessig oder weißen Balsamico-Essig mit 4 EL Olivenöl und dem TL Senf verrühren. Es eignet sich jede Art von Senf. Mit zum Beispiel mittelscharfem, süßem oder körnigem Senf lassen sich verschiedene Geschmacksnuancen in die Vinaigrette bringen.

Mit etwas Estragon, einer Prise Zucker sowie Salz und Pfeffer abschmecken. Mit dem Schneebesen schlagen, bis sich Zucker und Salz gelöst haben und eine Emulsion entsteht.
Die Vinaigrette ist leicht gesüßt sehr rund im Geschmack, lässt sich natürlich aber auch ohne Zucker zubereiten.

3 Die Pilze nicht waschen, da sie sonst in der Pfanne zu viel Wasser abgeben. Grob abputzen und in Scheiben schneiden oder halbieren.
In 2 EL Öl anbraten. Dabei mit etwas gemahlenem Kümmel, Salz und wahlweise einem Schuss Worcestershiresauce würzen. Sind die Pilze schön kross angebraten, werden sie mit dem Saft der Zitrone abgelöscht.

Den Salat in der Vinaigrette, mit den gehackten Nüssen und den Pilzen anrichten.

Wer keine rohen Zwiebeln mag, sollte einmal kleine Apfel- oder Birnenstückchen im Salat ausprobieren. Sie bringen eine angenehm süßliche und frische Note in den Salat.

Pilze enthalten eine nicht unerhebliche Menge Vitamin D. Vitamin D fördert vor allem die Aufnahme von Calcium aus dem Darm und ist somit wichtig für Knochen und Zähne. Da es ein relativ hitzeunempfindliches Vitamin ist, ist beim Kochvorgang kaum mit Verlusten zu rechnen.

200 g bunte Linsenmischung (schnellkochend)
1 Knoblauchzehe
3-4 Frühlingszwiebeln
2 mittlere Karotten
1-2 frische, milde Chilischoten
frisches Koriandergrün

1 TL frischer Ingwer
1 Zitrone oder Limette
7 EL milder Essig
6 EL Olivenöl
1 EL Rohzucker
Pfeffer, gemahlen
Salz

LINSENSALAT
FÜR 3 PERSONEN*

1   Die Linsen nach Packungsanleitung 20-30 Minuten weich kochen. Sie sollten nicht zerfallen. Die Karotten schälen und dritteln. In Wasser bissfest kochen. Die Karotten nach dem Kochen in kleine Würfel schneiden. Den Lauch säubern und in dünne Ringe schneiden. Die Chilischoten der Länge nach aufschneiden und die Kerne entfernen. Ebenfalls in dünne Ringe schneiden.

2   Für das Dressing etwas Ingwer schälen und reiben (etwa 1 kleinen TL). Mit dem Essig, dem Olivenöl, dem Saft der Zitrone, 1 gehäuften EL Rohzucker, der zerdrückten Knoblauchzehe, etwa einer halben Tasse gehacktem Koriandergrün und den Chilis vermischen. Mit etwas Salz und Pfeffer abschmecken. Alle Zutaten vermischen und im Kühlschrank mindestens 2 Stunden ziehen lassen.

Ajvar stammt aus dem südosteuropäischen Raum und ist eine mild pikante bis scharfe Paste aus roter Paprika und Aubergine.

250 g Reis
100 g Erbsen
1 mittlere Zwiebel
2-3 EL Dillspitzen
5 EL Ajvar (mild oder scharf)
1 EL Öl
1 TL Salz

REISSALAT BALKAN
FÜR 2-3 PERSONEN*

1   Die Zwiebel schälen und klein schneiden. Das Öl in einem kleinen Topf erhitzen und die Zwiebeln darin glasig dünsten. Den Reis dazugeben und kurz weiter dünsten. Dann mit Wasser aufgießen, so dass etwa ein Daumen breit Wasser über dem Reis steht. Das Salz, 2 EL Dillspitzen und die Erbsen zufügen, den Deckel schließen und den Reis kochen. Ist der Topf sehr voll, den Deckel nicht ganz schließen, da das Kochwasser sonst überlaufen kann. Sobald alles Wasser verkocht ist, den Topf von der Herdplatte nehmen und den Reis mit geschlossenem Deckel gute 10 Minuten quellen lassen.

2   Mit 4-5 EL Ajvar vermischen und nochmals mit Dill und Salz abschmecken. Kalt stellen.

SALATE

Currygewürz
Rohzucker
Pfeffer, gemahlen
Salz

½ Weißkohl (ca. 600 g)
400 g Karotten
1-2 Gläser Mandarinen
200 ml Sojamilch
180 ml neutrales Öl
½ Zitrone
Essig
2 TL Senf

AMERIKANISCHER COLESLAW
FÜR 4-5 PERSONEN*

1 GRUNDREZEPT: Den Weißkohl von Hand hobeln oder mit der Küchenmaschine in dünne, kurze Streifen häckseln. Die Karotten schälen und raspeln.
Den Saft der halben Zitrone zur Hälfte der Sojamilch geben und kurz gerinnen lassen. Zwei TL Senf und 1 TL Essig zugeben und unter Mixen/Pürieren langsam das Öl zugießen. Die restliche Sojamilch einrühren. Mit etwas Gemüsebrühe, Salz und Pfeffer und einer Prise Rohzucker würzen. Alles gut vermischen, nochmals mit Essig abschmecken und gekühlt mindestens 2 Stunden, besser über Nacht ziehen lassen.

2 VARIANTE: Nach Wunsch Mandarinen zugeben und mit etwas Mandarinenwasser und reichlich Currygewürz abschmecken. Die Kombination aus süßer Frucht und Curry rundet den Salat perfekt ab.

---

gekörnte Gemüsebrühe
1 EL Kümmel, ganz
3 TL Rohzucker
Pfeffer, gemahlen
1 TL Salz

1 kg Weißkohl
1 mittlere Zwiebel
4 EL Weißweinessig
1 EL neutrales Öl
(z.B. Rapsöl)
Öl zum Braten

BAYERISCHER KRAUTSALAT
FÜR 4 PERSONEN***

1 Normalerweise wird das Kraut milchsauer vergoren. Darauf wird in diesem Rezept aus praktischen Gründen verzichtet. Den Kohl von Hand oder mit der Küchenmaschine in dünne Streifen hobeln. Die Zwiebel klein schneiden. Beides kurz in heißem Öl schwenken, dann mit etwas heißer Brühe übergießen, 2 Minuten köcheln lassen. Jetzt die Brühe abgießen und das Kraut mit kaltem Wasser abschrecken.

2 Eine Marinade aus 3 EL Wasser, dem Weißweinessig, dem EL neutralen Öls, den Kümmelsamen, dem Rohzucker und dem Salz sowie einer Prise Pfeffer anrühren und mit dem Kohl vermischen.
Im Kühlschrank mindestens 2 Stunden, besser über Nacht ziehen lassen.

8-10 Scheiben Ciabatta
4 Tomaten
2-3 Frühlingszwiebeln
2 Knoblauchzehen
4 EL Basilikum gehackt
Olivenöl
weißer Balsamico-Essig
Oregano
Thymian
Pfeffer, gemahlen
Salz

BRUSCHETTAS
FÜR 2 PERSONEN*

1   Den Strunk der Tomaten keilförmig herausschneiden. Die Tomaten an der Unterseite kreuzförmig anritzen. Etwa zwei Minuten in Wasser kochen, bis die Haut beginnt, sich zu lösen. Von der Herdplatte nehmen, jedoch das Wasser noch nicht abgießen, um die Tomaten warm zu halten.
Die Ciabattascheiben toasten und mit dem Knoblauch einreiben.

2   Die Tomaten häuten, mit einem Löffel entkernen und würfeln. Die in Scheiben geschnittenen Frühlingszwiebeln mit den Tomaten und dem Basilikum vermischen. Mit Oregano, Thymian, Salz, Pfeffer, einem Spritzer Essig und Olivenöl abschmecken. Auf den Brotscheiben verteilen und möglichst noch warm servieren.

---

1 EL Cumin
(Kreuzkümmelpulver)
süßes Paprikapulver
Pfeffer, gemahlen
Salz
250 g Kichererbsen
3 Knoblauchzehen
1 Zitrone
120 g Tahin
(weiße Sesampaste)
6 EL Olivenöl

HUMMUS (KICHERERBSENPASTE)
FÜR 2 PERSONEN*

1   Die Kichererbsen über Nacht einweichen. Etwa 1 Stunde weich kochen.

2   Mit dem Saft der Zitrone, den geschälten Knoblauchzehen, dem Tahin, 4 EL Olivenöl und 1 EL Cumin im Mixer zu einer cremigen Masse verarbeiten. Gegebenenfalls etwas Wasser zugeben. Mit einer Prise Salz und Pfeffer würzen.

Mit etwas Olivenöl und süßem Paprikapulver garniert servieren. Dazu Fladenbrot.

VORSPEISEN & KLEINE GERICHTE

200 g Grünkernschrot
3 Knoblauchzehen
1 Zwiebel
1 rote Zwiebel
1 rote Paprika
4 Champignons
Öl zum Braten
2-3 EL Paniermehl (Semmelbrösel)
2-3 EL Sojamehl
(wahlweise Guarkernmehl)

süßes Paprikagewürz
Cayennepfeffer
Pfeffer, gemahlen
Salz

„CEVAPCICI"-SPIESS
FÜR 3 PERSONEN*

1 Die weiße Zwiebel klein schneiden und in Öl goldgelb anbraten. Den Grünkernschrot zugeben und kurz mitbraten.

Mit 300 ml Wasser aufgießen, die zerdrückten Knoblauchzehen zufügen und kurz aufkochen. Von der Herdplatte nehmen und warten, bis der Grünkern das gesamte Wasser aufgesogen hat.

2 Großzügig mit Salz, Pfeffer, dem süßen Paprikagewürz und einer Prise Cayennepfeffer würzen.
Mit gerade so viel Sojamehl und Paniermehl verkneten, das eine feste aber geschmeidige Masse entsteht. Die Masse 10 Minuten ruhen lassen. (Als Bindemittel wahlweise Guarkernmehl verwenden.)

3 Aus dem Grünkern längliche, runde Bratlinge formen und in heißem Öl auf mittlerer Hitze langsam rundherum anbraten.
Dieses Vorbraten ist vor allem sinnvoll, wenn man die Cevapcici-Spieße für einen Grillabend vorbereiten möchte, da man die Spieße auf dem Grill öfters wendet und die rohe Masse leichter vom Holzstäbchen fallen kann als vorgebratene.

4 Die Paprika entkernen und in mundgroße Stücke schneiden. Die Champignons je nach Größe halbieren oder vierteln. Die rote Zwiebel schälen und ebenfalls in mundgerechte Stücke schneiden.

5 Nun die Grünkerncevapcicis abwechselnd mit dem Gemüse auf Holzspieße aufspießen und auf dem Grill grillen oder in der Pfanne herausbraten.

Mit Saucen (z.B. Knoblauchdip & Zigeunersauce), Weißbrot und dem Bratöl überträufelt servieren.

8 grüne Tomaten
140 g Weizenmehl
80 g Maismehl
4 EL Kichererbsenmehl
Öl zum Frittieren

FÜR DAS RELISH:
6 Tomaten
2 kleine Zwiebeln
1 Apfel
2-3 frische Chilischoten
2 EL Zitronensaft
4 EL Essig
6 EL Rohzucker
1 EL süße Sojasauce
Salz

FRITTIERTE GRÜNE TOMATEN
FÜR 4 PERSONEN**

1   Zunächst ein süßes Tomate-Chili-Relish vorbereiten (siehe Seite 58).

2   Den Strunk der grünen Tomaten nur grob entfernen. Die Tomaten in etwa 1 cm dicke Scheiben schneiden (etwa 4 Scheiben pro Tomate). Beidseitig salzen und zur Seite stellen.

3   Das Weizenmehl, das Mais- und das Sojamehl mit etwas Wasser zu einer cremigen Panade anrühren. Die grünen Tomatenscheiben abtupfen, in der Panade schwenken und bei mittlerer Hitze beidseitig knusprig herausbraten/frittieren. Das Tomatenfleisch soll in der Panade weich werden.
Abtropfen lassen und mit dem Relish servieren.

500-600 g Maronen

> Esskastanien sind reich an Kalium. Sie liefern außerdem Magnesium, Phosphor, Calcium, Eisen, Betacarotin, Vitamin B1, B2, B3 (Niacin) und Vitamin C. Sie sind kalorienarm und wirken basenbildend.

GERÖSTETE MARONEN
FÜR 2 PERSONEN*

1   Den Ofen auf 250 °C vorheizen. Die Maronen auf der Bauchseite mit einem scharfen Messer einritzen.

2   Die Maronen auf ein Backblech legen und im Ofen 15-20 Minuten rösten. Je nach Frische der Maronen ist es ratsam, etwas Wasser auf das Backblech zu träufeln, damit die Maronen nicht zu sehr austrocknen und schön saftig bleiben. Nach 15 Minuten eine Marone testen, da die Backzeit nach Größe und Sorte variiert.
Herausnehmen und mit einem Stofftuch abgedeckt kurz etwas abkühlen lassen.

VORSPEISEN & KLEINE GERICHTE

2 EL Olivenöl
Petersilie
Pfeffer, gemahlen
Salz

1 große Aubergine
3 Knoblauchzehen
2-3 EL frischer Zitronensaft
3 EL Tahin (weiße Sesampaste)

AUBERGINENMUS
FÜR 2 PERSONEN*

1 Den Ofen auf 200 °C vorheizen. Die Aubergine mit einer Gabel mehrfach anstechen oder halbieren und so lange backen, bis sie richtig braun geworden ist. Sie kann auch in der Pfanne gebraten werden. Die Haut sollte dabei schön anbrennen, um einen rauchigen Geschmack zu erhalten. Im arabischen Raum werden die Auberginen für das Mus (Baba Ghannouj) im offenen Feuer angebrannt. Die verbrannte Haut wird dann abgeschält.

2 Das Auberginenfleisch mit etwas Petersilie, 1 EL Olivenöl und den restlichen Zutaten pürieren, mit Salz und Pfeffer abschmecken. Als frische Alternative zu Petersilie kann das Baba Ghannouj auch mit etwas Minze zubereitet werden. Mit Olivenöl beträufelt und mit Fladenbrot serviert.

---

90 ml neutrales Öl (z.B. Rapsöl oder Sojaöl)
½-1 EL Zitronensaft
1 TL Essig
Senf
Guarkernmehl
1-2 Knoblauchzehen

1-2 Auberginen
Mehl
Öl zum Braten
Pfeffer & Salz

KNOBLAUCH-DIP:
100 ml Sojamilch

GEBACKENE AUBERGINE
FÜR 2 PERSONEN*

1 Die Auberginen in Scheiben schneiden und beidseitig mit Salz bestreuen. Gute 20 Minuten stehen lassen und dann abtupfen. Das Salz entzieht der Aubergine überflüssige Feuchtigkeit, die den Bratvorgang behindert.

2 Aus der Sojamilch einen Knoblauchdip zubereiten (siehe Seite 54).

3 Die Auberginenscheiben nun beidseitig in Mehl schwenken und in einer Pfanne knusprig herausbraten. Abtropfen lassen, salzen und mit dem Knoblauchdip reichen.

200 g Champignons
Kichererbsenmehl
Öl zum Frittieren

FÜR DIE REMOULADE:
100 ml Sojamilch
90 ml neutrales Öl
(z.B. Rapsöl oder Sojaöl)

½-1 EL Zitronensaft
1 TL Essig
Senf
Guarkernmehl
Rohzucker
frischer Dill
Essiggurken
Pfeffer & Salz

FRITTIERTE CHAMPIGNONS
FÜR 2 PERSONEN*

1   Aus der Sojamilch eine Remoulade herstellen (siehe Seite 54).

2   Etwas Kichererbsenmehl mit gerade so viel Wasser anrühren, dass eine cremige, nicht zu flüssige Panade entsteht. Mit Salz (oder Sojasauce) würzen.

2   Die Champignons je nach Größe noch halbieren. In der Panade schwenken und in heißem Öl knusprig frittieren. Auf einem Küchentuch abtropfen lassen.

Als Dip für frittierte Champignons ist Remoulade eine sehr gute Wahl. Dazu Salat.

½-1 TL süßes
Paprikagewürz
Chili (getrocknet)
½-1 TL Cumin
(Kreuzkümmelpulver)
Pfeffer, gemahlen
Salz

200 g Saubohnen
(dicke Bohnen)
2 Tomaten
3 Knoblauchzehen
1 Zitrone
Olivenöl
frische Petersilie

FOUL (BOHNENGERICHT)
FÜR 2-3 PERSONEN*

1   Die Bohnen über Nacht einweichen. Es eignen sich alle dicken Bohnen (z.B. weiße oder violette). Mindestens 40 Minuten weich kochen.

2   Die Bohnen teilweise pürieren, etwa die Hälfte soll ganz bleiben. Den zerdrückten Knoblauch und die gewürfelten Tomaten zufügen, mit den Gewürzen abschmecken und 20 Minuten auf niedriger Flamme weiter köcheln lassen.
Nach dem Abkühlen den Zitronensaft und etwas gehackte Petersilie einrühren. Ein Löffel Olivenöl und Pitabrot vervollständigen diese Vorspeise aus dem arabischen Raum.

VORSPEISEN & KLEINE GERICHTE

Sambal Olek
(asiatische Chilipaste)
süßes Paprikagewürz
Thymian
Pfeffer, gemahlen
Salz

1 Aubergine
1 Zucchini
2 rote Paprika
2 Tomaten
1 große Zwiebel
3 Knoblauchzehen
Olivenöl

GEGRILLTES GEMÜSE
FÜR 2-3 PERSONEN*

1 Die Aubergine in Scheiben schneiden, beidseitig salzen und 20 Minuten stehen lassen. Dann mit einem Küchentuch abtupfen. Die Zucchini der Länge nach in Scheiben schneiden. Die Paprika der Länge nach vierteln und entkernen. Den Tomatenstrunk keilförmig herausschneiden und die Tomaten halbieren. Die Zwiebel schälen und die Schichten trennen.

2 Etwas Olivenöl mit dem zerdrückten Knoblauch, etwas Thymian, Paprikagewürz, Sambal Olek (bzw. Chilipulver), Salz und Pfeffer würzen. Das Gemüse mindestens 2 Stunden, besser über Nacht darin marinieren. Vor dem Grillen oder Braten das Gemüse gut abtropfen lassen und darauf achten, dass kein Knoblauch mehr am Gemüse haftet. Verschiedene Saucen und z.B. Fladenbrot dazu anbieten.

---

frischer Salbei
Pfeffer, gemahlen
Salz

500 g weißer Spargel
500 g grüner Spargel
5 Frühlingszwiebeln
1 EL Margarine
1 TL Puderzucker
(oder Rohzucker)
3 EL Olivenöl
2 EL Zitronensaft

GEBRATENER SPARGEL
FÜR 2-3 PERSONEN*

1 Den weißen Spargel eher großzügig als zu knapp schälen. Die Spargelstangen beider Sorten halbieren.
In einer Pfanne bei mittlerer Hitze mit dem Öl und dem Puderzucker unter häufigem Wenden anbraten, bis der Spargel bissfest bis weich ist. Sollte er zu rasch braun werden aber noch hart sein, mit ein wenig Wasser angießen und kurz garen.

2 Dann den EL Margarine, 1 EL frischen, gehackten Salbei, den Zitronensaft und die klein geschnittenen Frühlingszwiebeln dazugeben und 3 Minuten unter Rühren weiter braten. Salzen und pfeffern.

VIETNAMESISCHE SOMMERROLLEN
FÜR 3-4 PERSONEN ~ 10 ROLLEN**

125 g Reisnudeln
200 g Tofu
10-15 Blatt Reispapier
1/3 Salatgurke
1 mittlere Karotte
3-4 Frühlingszwiebeln
Eisbergsalat
50 g Sojasprossen
1 Tasse frisches Koriandergrün
½ Tasse Thai-Basilikum
½ Tasse Minze
frischer Ingwer
helle Sojasauce
Öl zum Braten
Zitronengraspulver

FÜR DIE ERDNUSS-SAUCE:
140 g Erdnüsse (geröstet & gesalzen)
1 Knoblauchzehe
200 ml Kokosmilch
1 Zitrone oder Limette
frischer Ingwer
2 TL Currypaste
2 EL Erdnussöl
Chili (frisch oder getrocknet)
1 EL süße Sojasauce
2 EL Rohzucker
1 TL Zitronengraspulver

Die Sommerrollen schmecken in Kombination mit Erdnusssauce und heller Sojasauce (wahlweise auch Hoisinsauce oder vietnamesischer Essigsauce) besonders vorzüglich. Muss die Erdnusssauce vorbereitet werden, dauert die Zubereitung etwas länger (siehe Seite 59).

1 Den Tofu abtropfen lassen und der Länge nach in 1 cm dicke Streifen schneiden. Ein Tofustreifen pro Rolle. 200 g Tofu ergeben etwa 10 Streifen.
Die Tofustreifen salzen und in Öl knusprig braten/frittieren. Abtropfen lassen und in einer Marinade aus heller Sojasauce, etwas Zitronengraspulver und ein wenig geriebenem Ingwer einlegen.

2 Die Reisnudeln nach Packungsanleitung zubereiten. Ungefähr 3-5 Minuten kochen und dann ausgiebig mit kaltem Wasser spülen. Beiseite stellen.

3 Die Sojasprossen kurz blanchieren und mit kaltem Wasser abschrecken.

4 Die Karotte schälen und in dünne Streifen schneiden. Zehn Gurkenstreifen schneiden. Die Frühlingszwiebeln in dünne Ringe schneiden. Vom Eisbergsalat 10 kleine Blätter abtrennen.
Das Koriandergrün, das Thai-Basilikum und die Minze klein rupfen.

5 Die Reispapierblätter vor der Verarbeitung kurz in warmes Wasser legen. Sobald sie beginnen, biegsam zu werden, auf die Arbeitsfläche legen.

Nun zunächst ein Blatt Eisbergsalat fast mittig auf das Reispapier legen. Darin ein paar Frühlingszwiebeln und großzügig Kräuter verteilen. Es folgen ein abgetropfter Streifen Tofu und ein Gurkenstreifen. Links und rechts davon je ein Karottenstreifen.
Abschließend ein paar Reisnudeln und die Sojasprossen der Länge nach verteilen.

Jetzt die Enden des Reispapiers links und rechts einklappen. Die schmale Längsseite liegt zum Körper gerichtet und wird als nächstes eingeklappt. Gleichmäßigen Druck ausüben, so dass das Papier nicht reißt und die Rolle nicht zu locker wird, und dann rollen.

Mit den Fingern in die Saucen tunken und essen.

2 große Artischocken
1 Zitrone

FÜR DIE REMOULADE:
100 ml Sojamilch
90 ml neutrales Öl
(z.B. Rapsöl oder Sojaöl)
1 TL Essig

Senf
Guarkernmehl
Rohzucker
frischer Dill
Essiggurken
Pfeffer & Salz

GEKOCHTE ARTISCHOCKE
FÜR 2 PERSONEN*

1   Die Stiele der Artsichocken abschneiden und die äußersten harten Blätter entfernen. In gesalzenem Wasser mit 1 EL Zitronensaft 30-40 Minuten kochen. An einem Blatt testen, ob das Artischockenfleisch schon weich gekocht ist.

2   Aus der Sojamilch eine Remoulade herstellen (siehe Seite 54).

3   Die Artischocken abtropfen lassen, Blatt für Blatt in Remoulade tunken und das Fleisch mit den Zähnen vom Blatt ziehen. Ist man zum Herzen vorgedrungen, vorsichtig die Haare ausheben und das weiche Fleisch des Herzens genießen.

300 g Spinat
3-4 Knoblauchzehen
1 kleine Zwiebel
½ Zitrone
Olivenöl
Chiligewürz
Pfeffer, gemahlen
Salz

KNOBLAUCH-SPINAT
FÜR 2 PERSONEN*

1   Die Zwiebel schälen und klein schneiden. Den Knoblauch schälen und zerdrücken. Den Spinat waschen, abtropfen lassen und die Stile entfernen.

2   Die Zwiebel bei mittlerer Hitze in etwas Olivenöl braten, bis sie glasig wird. Den Knoblauch zugeben und kurz mitbraten. Der Knoblauch darf nicht braun werden. Nun den Spinat, etwas Chiligewürz, Salz und Pfeffer und ein wenig Wasser zugeben und den Spinat bei geschlossenem Deckel dünsten, bis er zusammengefallen ist. Beim Dünsten verliert auch der Knoblauch seine Schärfe.
Warm oder kalt mit frischem Zitronensaft beträufelt und mit Weißbrot servieren.

VORSPEISEN & KLEINE GERICHTE

2 TL gekörnte Gemüsebrühe
Salz

250 g Maisgrieß (Polenta)
6 EL Margarine
1 TL Olivenöl
18 Blätter frischer Salbei
2 TL Stärke

POLENTA-ECKEN MIT SALBEI
FÜR 2 PERSONEN*

1   Einen TL Salz und 1 TL Olivenöl in 1,3 Liter kochendes Wasser geben. Den Maisgrieß langsam und klümpchenfrei einrühren. Zehn Blätter gehackten Salbei zufügen und auf niedrigster Stufe weiterrühren, bis sich die Polenta vom Topfrand löst. Dann den Herd ausschalten und die Polenta mit geschlossenem Deckel 20 Minuten weiter quellen lassen. Die Masse anschließend 2 cm dick ausstreichen, glatt streichen und erkalten lassen. In Keile schneiden und im 200° warmen Ofen ca. 50 Minuten knusprig backen.

2   DIE SAUCE: Die Margarine schmelzen, 8 gehackte Blätter Salbei zugeben und mit einem Schneebesen aufschäumen. Zwei TL Stärke und 2 TL Brühe in 70 ml Wasser anrühren, zugeben, aufkochen und schlagen. Auch das süße Tomate-Chili-Relish passt gut zu den Polenta-Ecken.

Muskatnuss
Pfeffer, gemahlen
Salz

2-3 Fenchel
300 ml Sojamilch
1 EL Erdnussmus (wahlweise ein anderes)
Öl zum Braten
1 EL Zitronensaft
Weißwein
2-3 EL Walnüsse

FENCHEL IN ERDNUSS-SAHNE
FÜR 2 PERSONEN*

1   Die Hälse des Fenchels entfernen, das Fenchelkraut aufheben. Den Fenchel scheibenweise schälen und in mundgroße Stücke zerschneiden. In Öl weich braten und dabei mit etwas geriebener Muskatnuss würzen (sparsam dosieren!). Mit Weißwein ablöschen und 5 Minuten weiter köcheln lassen.

2   Einen EL Erdnussmus mit etwa 300 ml Sojamilch verquirlen. Zum Fenchel geben, den Zitronensaft zugeben und mit Salz und Pfeffer abschmecken. Einkochen lassen, bis der Fenchel ganz weich und zart ist. Nach Wunsch mit einem weiteren Schluck Weißwein etwas verdünnen.
Mit den gehackten Walnüssen und dem Fenchelkraut garniert anbieten. Dazu am besten Weißbrot.

160 g Hartweizengrieß
2 EL feste Margarine
frischer Schnittlauch
1 TL Guarkernmehl
(wahlweise Agar Agar)

gekörnte Gemüsebrühe
Muskatnuss
Salz

GRIESSNOCKERLSUPPE
FÜR 2-3 PERSONEN*

1   Aus 1-1½ Litern Wasser und der gekörnten Gemüsebrühe eine Brühe herstellen und aufkochen.

2   Einen TL Guarkernmehl mit 4 EL heißem Wasser anrühren und kurz andicken lassen. Dann mit dem Hartweizengrieß, der Margarine, etwas Salz und einer Prise Muskatnuss gründlich verkneten. Nach Bedarf noch ein wenig Wasser unterrühren. Es soll eine feste Masse entstehen.
Direkt anschließend mit einem Teelöffel Nockerl ausstechen und in die auf mittlerer Stufe köchelnde Brühe legen. Gute 20 Minuten köcheln lassen, dann den Herd auf schwache Hitze herunterdrehen und die Nockerl weitere 10 Minuten ziehen lassen.
Geschnittenen frischen Schnittlauch und andere Kräuter nach Wahl in die Suppe schneiden.

---

gekörnte
Gemüsebrühe
Salz

200 g Mehl
100 g Sojamilch
250 ml Mineralwasser
Margarine
Schnittlauch
Petersilie

PFANNKUCHENSUPPE
FÜR 4 PERSONEN*

1   Für den Teig das Mehl mit der Milch und einem Teil des Mineralwassers verquirlen. Eine Prise Salz zugeben und mind. 20 Minuten quellen lassen. Dann mit dem restlichen Mineralwasser aufschäumen.

2   Sofort etwas Margarine bei mittlerer Hitze in einer beschichteten Pfanne schmelzen und einen Schöpflöffel Teig in die Mitte der Pfanne geben. Die Pfanne schwenken, so dass der Teig sich dünn verteilt. Ist der Teig an der Oberfläche fest und die Unterseite leicht angebräunt, den Pfannkuchen wenden. Die Pfannkuchen auskühlen lassen und in 5 cm lange Streifen schneiden. Aus etwa 2 Litern Wasser eine Brühe herstellen, die Pfannkuchenstreifen und gehackte Kräuter zugeben. Sofort servieren!

**900 g Zwiebeln
(am besten Gemüsezwiebeln)
3 Knoblauchzehen
5 EL Margarine
2 EL Olivenöl
Weißwein
8 Scheiben Baguette
3 EL Mehl
etwas Sojamilch
2 EL Semmelbrösel
2-3 EL Röstzwiebeln

2-3 EL Gemüsebrühe
Muskatnuss
Pfeffer, gemahlen
Salz**

ZWIEBELSUPPE
FÜR 4 PERSONEN*

1   Acht Scheiben Baguette (2 pro Portion) schneiden und toasten.
Großzügig mit den geschälten Knoblauchzehen einreiben.

2   Einen Guss herstellen, mit dem die Baguettescheiben anschließend überbacken werden. Dazu 2 EL der Margarine in einem Topf schmelzen. Dann 2 EL des Mehls mit einem Schneebesen einrühren, bis das Mehl durchfettet ist. Von der Herdplatte nehmen und etwas KALTE Sojamilch glatt einrühren. Kurz aufkochen lassen und mit Salz abschmecken.

3   Den Guss auf den Baguettescheiben verteilen, ein wenig Semmelbrösel darüber streuen und leicht eindrücken und anschließend im Ofen goldgelb überbacken.

4   Die Zwiebeln schälen und in dünne Ringe schneiden.
In 3 EL geschmolzener Margarine und 2 EL Olivenöl golden anbraten. Dabei mit einer Prise Muskatnuss, Salz und Pfeffer würzen.
Mit etwas Mehl überstäuben und mit einem großzügigen Schuss Weißwein ablöschen.

5   Nun mit etwa 2 Litern Wasser und 2-3 EL Gemüsebrühe aufgießen und aufkochen lassen. Köcheln lassen, bis die Zwiebeln schön weich sind.

Pro Suppenschüssel 2 überbackene Baguettescheiben auf die Suppe legen. Mit ein paar Röstzwiebeln garnieren.

FRÜHLINGSTASCHEN-SUPPE
FÜR 4 PERSONEN**

Teigblätter für Frühlingsrollen
200 g Tofu
100 g Weißkohl
150 g Karotten
4 Frühlingszwiebeln
125 g Sojasprossen
3 Knoblauchzehen
frischer Ingwer
Öl zum Frittieren
Sesam- oder Erdnussöl
3 EL Maisstärke

helle Sojasauce
gekörnte Gemüsebrühe
Zitronengraspulver
½ TL Pfeffer, gemahlen

Frühlingsrollenteig wird ohne Ei hergestellt und eignet sich daher besser als Wan Tan-Teig.

1   Die Frühlingszwiebeln klein hacken. Den Knoblauch schälen und zerdrücken. Etwas frischen Ingwer schälen und reiben (3 TL). Die geschälten Karotten und den Weißkohl reiben oder in sehr feine, dünne Streifen häckseln.

2   Drei EL Maisstärke mit 2 EL Wasser, 4 TL Sojasauce, 2 TL Sesamöl (wahlweise kann auch neutrales Öl verwendet werden) und ½ TL Pfeffer glattrühren.

3   Den Tofu abtropfen lassen und in eine Pfanne mit heißem Öl bröseln. Mit Sojasauce würzen und kross anbraten.
Dann die Frühlingszwiebeln, den Knoblauch und den Ingwer zugeben und 2 Minuten mitbraten.
Als nächstes den Weißkohl, die Karotten und die Sojasprossen mit etwas Wasser zugeben und kurz mit geschlossenem Deckel garen. Anschließend die angerührte Stärke untermischen, die Hitze etwas reduzieren und warten, bis die Stärke eindickt. Die Gemüsefüllung von der Herdplatte nehmen und auskühlen lassen.

4   Die großen Teigblätter mit einer Schere vierteln. Auf ein Teigquadrat je einen TL Füllung legen. Zuerst die rechte obere Ecke überstülpen und festdrücken. Dann die rechte untere. Nun die Teigtasche von oben nach unten wenden und dann die linke untere Ecke überstülpen. Die letzte Ecke weit überziehen und auf der anderen Seite einstecken. Diese Technik hat sich bewährt, da auf allen Seiten ausreichend Teig um die Füllung liegt und durch das Einstecken der letzten Ecke die Taschen nicht aufgehen.

5   Nun die Taschen in heißem Öl 3-4 Minuten beidseitig knusprig frittieren und anschließend abtropfen lassen.
Aus 2 Liter Wasser eine Gemüsebrühe herstellen, mit etwas Zitronengraspulver und Sojasauce abschmecken und die frittierten Teigtaschen direkt vor dem Servieren in die Brühe legen. Die Taschen gehen in der Brühe noch etwas auf.

100 g asiatische Nudeln (z.B. Reisnudeln)
2-4 Pilze nach Wahl
1 Karotte
1 große Tomate
6 Frühlingszwiebeln oder 1 Lauch
½ Tasse Sojasprossen
etwas frisches Basilikum
etwas Koriandergrün (frisch oder Pesto)
2 Stengel Zitronengras
frischer Ingwer
Röstzwiebeln

Gemüsebrühe
helle Sojasauce
Pfeffer, gemahlen
Chilipaste (Sambal Olek)

wahlweise Kokosmilch

ASIATISCHE NUDELSUPPE
FÜR 2 PERSONEN*

Im asiatischen Raum sind Suppen mit Reis- oder Glasnudeln, Gemüse und vielen frischen Kräutern weit verbreitet. Sie werden mit Misopaste oder Algen gewürzt, oft enthalten sie Fischsauce oder Kokosmilch. Chilis und Sojasauce finden ebenso nicht selten Verwendung. Aber auch mit einer normalen Gemüsebrühe lässt sich mit ein paar kleinen Kniffen eine schnelle, frische Nudelsuppe zubereiten.

1 Die Nudeln kochen, gründlich mit Wasser spülen und abtropfen lassen.

2 Die Karotte schälen und in dünne Streifen schneiden.
Die Pilze in dünne Scheiben schneiden.
Die Frühlingszwiebeln oder den Lauch spülen und in dünne Ringe schneiden.
Die Tomate würfeln.
Ein wenig frischen Ingwer reiben.
Das Basilikum und das Koriandergrün klein schneiden.

3 Etwa einen Liter Wasser zum Kochen bringen und mit der Gemüsebrühe und etwas Sojasauce würzen.
Karotten, Tomatenwürfel, Zitronengras, Ingwer und Pilze kurze Zeit mitkochen. Das Gemüse soll nicht verkochen.

4 Nun die Nudeln, die Frühlingszwiebeln, die Sojasprossen, das Basilikum und das Koriandergrün zufügen. Die Zitronengrasstengel entfernen.
Mit Chilipaste oder wahlweise mit etwas Kokosmilch abschmecken.
Mit Röstzwiebeln garnieren.

Eine schnelle Suppe dieser Art bietet sich sowohl als wärmende Mahlzeit im Winter als auch als leichte Mahlzeit im Sommer an. Nudeln, Suppengewürz und Röstzwiebeln lassen sich lange auf Vorrat aufbewahren, den Rest der Suppe bestreiten Gemüsereste eines anderen Gerichts. Noch schnell den Kräutergarten beschnitten und schon hat man auf die Schnelle eine gute Suppe.

SUPPEN & EINTÖPFE

1,5 Kilo Tomaten
1 mittlere Zwiebel
5 Knoblauchzehen
10-12 schwarze Oliven (entkernt)
Kapern
½ Tasse frischer Basilikum
1 ½ EL frischer Oregano
1 EL frischer Thymian
Pesto nach Wahl
Olivenöl
Balsamico-Essig
Weißbrot für Croutons

Pfeffer, gemahlen
Salz

nach Wunsch etwas Sojamilch
oder (Soja-, Hafer-, Dinkel-) Sahne

TOMATENSUPPE MIT CROUTONS
FÜR 3 PERSONEN*

1 Die Zwiebel schälen und klein schneiden. Den Knoblauch schälen und klein schneiden. Die Oliven klein schneiden.
Die Tomaten vom Strunk befreien und ebenfalls klein schneiden.

2 Etwas Olivenöl erhitzen und die Zwiebel, den Knoblauch und die Oliven mit etwa einer halben Tasse voll gehacktem Basilikum, 1½ EL Oregano und 1 EL Thymian unter Rühren anbraten, bis die Zwiebeln glasig geworden sind. Der Knoblauch darf nicht anbrennen.

3 Die Tomatenwürfel zufügen, mit Wasser aufgießen, 1 TL Kapern zufügen und zerkochen lassen.

4 DIE CROUTONS
Weißbrot (z.B. Toast), das auch etwas älter sein darf, in Würfel schneiden und in Olivenöl mit etwas Pesto (z.B. Basilikumpesto) knusprig braun anbraten. Ist kein Pesto vorhanden, die Croutons einfach etwas salzen.

5 Die Suppe nun mit einem Pürierstab oder im Mixer pürieren und anschließend durch ein großes Sieb passieren. So werden die Kerne und die Haut der Tomaten entfernt.

6 Nochmals mit Pfeffer und Salz und einem Spritzer Balsamico-Essig abschmecken.

Nach Wunsch noch etwas Sojamilch oder eine pflanzliche Sahne einrühren. Die Suppe sollte mit der Sojamilch nicht mehr kochen, da diese sonst ausflocken kann.

Die Suppe mit den Croutons servieren.

400 g Linsen (rote oder gelbe)
4 Knoblauchzehen
2 mittlere Zwiebeln
2 Tomaten
1-2 Zitronen
neutrales Öl

1 EL Cumin (Kreuzkümmelpulver)
½ EL Korianderpulver
Pfeffer weiß, gemahlen
gekörnte Gemüsebrühe
Sambal Olek (Chilipaste)
wahlweise etwas Minze

ARABISCHE LINSENSUPPE
FÜR 4 PERSONEN*

1 Die Zwiebeln und die Tomaten klein schneiden, den Knoblauch zerdrücken. Gemeinsam in etwas neutralem Öl anbraten. Der Knoblauch darf nicht braun werden.

2 Die schnellkochenden Linsen zugeben und mit Wasser aufgießen. Die Linsen gehen mindestens auf das doppelte Volumen auf. Gute 20 Minuten köcheln lassen, bis die Linsen gar sind.
Mit ca. 1 EL Cumin, ½ EL gemahlenem Koriander, weißem Pfeffer und Salz würzen. Nach Bedarf noch etwas gekörnte Gemüsebrühe zugeben. Die Suppe mit Pürierstab cremig pürieren und nach Belieben mit Wasser verdünnen. Mit Zitronensaft abschmecken (Eisenaufnahme!) und mit ein paar Minzblättern garnieren. Dazu Pitabrot und Chilipaste anbieten.

Pesto (z.B. Dill oder Basilikum)
gekörnte Gemüsebrühe
Pfeffer, gemahlen
Salz

wahlweise etwas Sojamilch

800 g Karotten
1 EL Meerrettich (aus dem Glas, ohne Sahne)
Margarine oder neutrales Öl
frische Petersilie
Weißbrot für Croutons

KAROTTENSUPPE
FÜR 3-4 PERSONEN*

1 Die Karotten schälen und klein schneiden. In etwas Öl andünsten und dabei salzen. Mit Wasser aufgießen und weich kochen. Sobald sie weich sind, mit dem Pürierstab pürieren. Nach Bedarf mit Wasser verdünnen. Mit ungefähr 1 EL Gemüsebrühe, 1 EL Meerrettich aus dem Glas, sowie Pfeffer und Salz abschmecken. Nach Wunsch noch einen Schuss Sojamilch einrühren.

4 DIE CROUTONS: Weißbrot (z.B. Toast), das auch etwas älter sein darf, in Würfel schneiden und in Olivenöl mit etwas Pesto (z.B. Basilikumpesto) knusprig braun anbraten. Ist kein Pesto vorhanden, die Croutons einfach etwas salzen. Die Croutons und etwas Petersilie auf der Suppe verteilen.

SUPPEN & EINTÖPFE

500 g braune Tellerlinsen
1 große Kartoffel
1 große Zwiebel
1 mittlere Karotte
frische Petersilie
1 Zitrone
5 EL Essig
wahlweise Weizenfleisch-
oder Sojawürstchen

2 EL gekörnte Gemüsebrühe
Pfeffer, gemahlen
Salz

LINSENEINTOPF
FÜR 3-4 PERSONEN*

Braune Tellerlinsen müssen in der Regel nicht über Nacht eingeweicht werden. Es genügt, sie etwa 30 Minuten weichzukochen.

1 Die Linsen weich kochen.

2 Die Zwiebel schälen und klein schneiden. Die Kartoffel schälen und in kleine Würfel schneiden. Die Karotte ebenfalls schälen und in kleine Würfel schneiden.

Wer gerade frisch dabei ist, sich ein wenig unabhängiger von tierischen Produkten zu machen, und von der Lust auf einen richtig deftigen, mächtigen Eintopf übermannt wird, kann sich Weizenfleisch- oder Sojawürstchen als psychologische Hilfestellung in den Eintopf schneiden Es gibt viele sehr schmackhafte Würstchen im Angebot, die sich hierfür bestens eignen.

3 Die Zwiebel, die Kartoffel, die Karotte und die in Scheiben geschnittenen Würstchen in Öl leicht anbraten. Zu den Linsen geben und auf niedriger Flamme kochen, bis die Karotten- und Kartoffelstücke weich sind.

4 Mit 2 EL Brühe, 4-5 EL Essig, etwas Pfeffer und Salz abschmecken.

Eine gute Handvoll gehackter oder grob gerupfter Petersilie einrühren.

Kurz vor dem Servieren etwas frischen Zitronensaft zugeben. Dieser macht den deftigen Eintopf etwas leichter im Geschmack und unterstützt durch das Vitamin C, genau wie die Petersilie, die Eisenaufnahme.

Dazu Brot reichen. Sehr gut passt Bauernbrot, mit Margarine bestrichen und leicht gesalzen.

8 Lauchstangen
2 mittlere Zwiebeln
2 mittlere Kartoffeln
etwas Weißbrot/Toastbrot
Dill-Pesto
2 EL Margarine
etwas Olivenöl
2 EL Mehl
etwas Sojamilch
etwas Weißwein

Salz
Pfeffer, gemahlen
etwas Gemüsebrühe

LAUCHCREMESUPPE
FÜR 4 PERSONEN*

1   Den Lauch in ca. 3 cm dicke Stücke schneiden und waschen. Die Zwiebeln schälen und klein schneiden. Die Kartoffeln schälen und in kleine Würfel schneiden.

2   Lauch, Zwiebeln und Kartoffelwürfel in Olivenöl andünsten und mit Salz und Pfeffer würzen. Großzügig mit Weißwein ablöschen. Mit etwas Wasser aufgießen und bei mittlerer Hitze weich kochen.

3   Mit dem Pürierstab und ausreichend Flüssigkeit (sonst spritzt es) fein pürieren. Anschließend durch ein großes Sieb passieren, um die übrig gebliebenen Lauchfasern zu entfernen.

4   In einem Topf 2 EL Margarine schmelzen und mit einem Schneebesen 2 EL Mehl einrühren. Etwas KALTE Sojamilch zugeben und glattrühren.

Mit ein wenig Gemüsebrühe würzen und kurz aufkochen. Die Béchamelsauce soll nicht zu fest werden. Gegebenenfalls noch etwas Sojamilch einrühren.

5   Die Béchamelsauce in die Suppe einrühren. Nochmals mit Salz, Pfeffer und Weißwein abschmecken.

6   Gute 4 Hände voll Weißbrotwürfel in Olivenöl und etwas Dill-Pesto knusprig anbraten.

Die Lauchcremesuppe mit den Dill-Croutons servieren.

> Lauch enthält lösliche Nahrungsfasern, die die Bildung probiotischer (förderlicher) Darmbakterien anregen.

2 EL Weißwein
1 EL frischer
Zitronensaft
2 TL Gemüsebrühe
1 TL Zucker
Pfeffer, gemahlen
Salz

3 Salatgurken
1 mittlere Zwiebel
neutrales Öl
3 EL frischer,
gehackter Dill
125 ml Sojamilch
2 TL Nussmus

WARME GURKENSUPPE
FÜR 2-3 PERSONEN*

1   Die Gurken schälen und der Länge nach vierteln. Die Kerne herausschneiden und die Gurke dann klein schneiden. Die Zwiebel schälen und klein schneiden. In etwas Öl leicht anbraten. Die Gurkenstücke zugeben und mitdünsten. Mit etwas Wasser aufgießen und garen. Mit 1 TL Zucker, 2 TL Brühe und Salz und Pfeffer abschmecken.
Sobald die Gurken gar sind, werden sie mit dem Pürierstab püriert.

2   Ebenfalls mit dem Pürierstab aus dem Nussmus (Mandel oder Cashew) und der Sojamilch eine Sahne herstellen. Die Suppe auf schwacher Hitze leicht kochen, den Dill und 1 EL Öl zugeben, die Sahne unterrühren. Zum Schluss noch 2 EL Weißwein und 1 EL frischen Zitronensaft einrühren.

(½ EL Gemüsebrühe)
Muskatnuss
Pfeffer, gemahlen
Salz

800 g Blumenkohl
1 mittlere Zwiebel
3 Knoblauchzehen
etwas Petersilie
etwas Öl
Weißwein
Sojamilch

BLUMENKOHLSUPPE
FÜR 2-3 PERSONEN*

1   Den Blumenkohl in kleine Röschen schneiden. Die geschnittene Zwiebel in etwas Öl leicht anbraten. Mit etwas Salz und Pfeffer würzen. Dann den Blumenkohl und den zerdrückten Knoblauch zugeben und kurz mitdünsten. Mit etwas Weißwein ablöschen und mit Wasser aufgießen. Weich kochen.

2   Sobald der Blumenkohl weich ist, etwa ein Drittel der Röschen zur Seite stellen. Den Rest pürieren. Mit etwas geriebener Muskatnuss (vorsichtig dosieren), Salz und Pfeffer abschmecken. Gegebenenfalls noch mit ½ EL Gemüsebrühe würzen. Schließlich noch einen guten Schuss Sojamilch einrühren, die Röschen wieder in die Suppe geben, mit ein wenig Petersilie garnieren und mit Weißbrot servieren.

500 g Rote Beete
1 mittlere Zwiebel
1 EL Margarine
2 EL Apfelessig
2 TL scharfer Meerrettich aus dem Glas
1 TL Nussmus
Sojamilch

2 TL Gemüsebrühe
2 TL Dillspitzen
3 TL Rohzucker

ROTE-BEETE-SUPPE
FÜR 2-3 PERSONEN*

Ist die Rote-Beete-Knolle roh, wird sie zunächst etwa 1 Stunde mit Schale gekocht. Löst sich diese durch Übergießen mit kaltem Wasser, ist die Rote Beete gar. Einfacher ist es, eingelegte Rote Beete zu kaufen.

1   Die Zwiebel und die Rote Beete klein schneiden und in der Margarine leicht braten. Mit 800 ml Wasser aufgießen, weich kochen und mit dem Pürierstab pürieren. Dann mit 2 TL Gemüsebrühe, 2 TL Dillspitzen, 3 TL Zucker und 2 EL Apfelessig würzen.

2   Das Nussmus, den Meerrettich und etwas Sojamilch verquirlen, bis ein cremiger Sahnemeerrettich entstanden ist. Pro Teller einen guten EL davon in die Suppe geben und leicht einrühren.

---

1 EL Gemüsebrühe
1 EL Majoran
Muskatnuss
2 Lorbeerblätter
1 Nelke
1 TL Paprikagewürz
Pfeffer, gemahlen
Salz

1 kg Kartoffeln
2 Karotten
1 Lauch
1 Petersilienwurzel
Petersilie
Olivenöl
(Sojamilch)

KARTOFFELSUPPE
FÜR 3-4 PERSONEN*

1   Die Kartoffel, die Karotten und die Petersilienwurzel (ca. 1 gehäuften EL) schälen und in kleine Würfel schneiden. Den Lauch in dicke Ringe schneiden. Die Kartoffel-, Karotten-, und Petersilienwurzelwürfel im Öl leicht anbraten. Dabei mit etwas geriebener Muskatnuss, dem Majoran, Salz und Pfeffer würzen. Mit Gemüsebrühe aufgießen und 1 TL Paprikagewürz, 2 Lorbeerblätter und die Nelke zugeben. Köcheln lassen, bis die Kartoffeln weich sind. Nelke und Lorbeerblätter entfernen. Teilweise pürieren.

2   Nun den Lauch und eine Handvoll gehackter Petersilie zugeben. Weiterköcheln, bis der Lauch gar ist. Anstatt Majoran lassen sich ebenso gut Kerbel oder Liebstöckel verwenden. Dazu Brot.

Balsamico-Essig, dunkel
geröstete Kürbiskerne
2 TL Gemüsebrühe
2 TL Koriander
gemahlen
Pfeffer, gemahlen
Salz

600 g Kürbis
1 mittlere Zwiebel
1 saurer Apfel
½ Zitrone
(Sojamilch)
Olivenöl
Kürbiskernöl
etwas Ingwer

KÜRBISSUPPE
FÜR 3-4 PERSONEN*

1   Den Kürbis mit Schale etwa 15 Minuten kochen. Dann schälen, die Kerne mit einem Löffel entfernen und das Fleisch in Stücke schneiden. Um die Kürbiskerne rösten zu können, müssen sie zuerst von der Schale befreit werden. Anschließend einfach in einer Pfanne ohne Öl rösten.

2   Den Apfel schälen und in Stücke schneiden. Die Zwiebel schälen und klein schneiden. Die Kürbis- und Apfelstücke mit der Zwiebel in etwas Olivenöl schwenken. Zwei TL Koriander, etwas Ingwer und Pfeffer ebenfalls mitbraten. Mit Gemüsebrühe aufgießen und etwa 15 Minuten weich kochen.
Mit einem Pürierstab pürieren, mit Salz, Zitronensaft, etwas Kürbiskernöl, einem Schuss Balsamico und nach Wunsch etwas Sojamilch abschmecken. Mit den gerösteten Kürbiskernen garnieren.

½ TL Zimt
1 TL Piment
3 Lorbeerblätter
weißer Pfeffer
Salz

500 g Maronen
(Esskastanien)
2 kleine Zwiebeln
Weißwein
neutrales Öl
1 TL Nussmus
Sojamilch

MARONENSUPPE
FÜR 4 PERSONEN*

Am einfachsten ist es, bereits geschälte Maronen zu kaufen. Wer sich die Mühe machen will, schlitzt die Maronen mit einem Messer an und kocht sie ca. 15 Minuten in Wasser. Danach zügig schälen, da sie sich nur in warmem Zustand aus der Schale lösen lassen.
1   Die klein geschnittenen Zwiebeln in Öl leicht anbraten und dabei mit dem Piment, dem Zimt, etwas Pfeffer und Salz würzen. Die Maronen zugeben und kurz mitbraten. Mit ca. 800 ml Wasser aufgießen und in einem hohen Gefäß pürieren. Mit Weißwein abschmecken, die Lorbeerblätter zugeben und ca. 10 Minuten köcheln lassen. Die Lorbeerblätter wieder entfernen.
2   Aus dem Nussmus und etwas Sojamilch eine Sahne herstellen und in die Suppe rühren.

RUSSISCHER BORSCHTSCH
FÜR 3-4 PERSONEN***

400 g Weißkohl
400 g Rote Beete
400 g Kartoffeln
400 g Tomaten (bzw. Tomatensauce)
2 mittlere Karotten
1 große Zwiebel
4 Knoblauchzehen
4 EL Essig
Öl
evtl. etwas Speisestärke
etwas frische Petersilie
1 Zitrone
1 EL Nussmus
etwas Sojamilch

4 Lorbeerblätter
1 EL Dill
2 EL Gemüsebrühe
2 EL süßes Paprikagewürz
Pfeffer, gemahlen
Rohzucker
Salz

1. Rote Beete lässt sich mit einem Kartoffelschäler schälen. Je kleiner man sie schneidet, desto schneller ist sie gar. Nach etwa 10 Minuten ist Rote Beete bissfest gekocht. Ist die Knolle sehr groß und die Haut zu dick zum Schälen, kann man sie auch mit Haut kochen, bis sich diese zu lösen beginnt.

2 In die Unterseite der Tomaten ein Kreuz ritzen. Den Tomatenstrunk keilförmig herausschneiden. Die Tomaten kurz in Wasser kochen, bis sich die Haut löst. Die Tomaten abschrecken, die Haut abziehen und die Tomaten klein schneiden.

3 Die Zwiebel und den Knoblauch schälen und klein schneiden. Den Weißkohl hobeln bzw. in der Küchenmaschine klein häckseln. Die Karotten schälen und hobeln. Die Kartoffeln schälen und in kleine Würfel schneiden.

4 Die Zwiebel, den Kohl und die Karotten in Öl andünsten. Als letztes noch den Knoblauch zugeben, der nicht braun werden darf. Dann alles mit Brühe aufgießen, 3-4 EL Essig, 4 Lorbeerblätter, 2 EL Paprikapulver, 1 EL Dill, etwas Salz und Pfeffer sowie die Kartoffelwürfel zugeben und gute 10 Minuten köcheln lassen.

5 Nun die Tomaten bzw. Tomatensauce zugeben, die klein geschnittene Rote Beete, einen guten Schuss Öl und etwas gehackte Petersilie und nochmals abschmecken. Eventuell eine Prise Zucker zum Abrunden des Geschmacks zufügen.

Den Borschtsch mindestens 1 Stunde auf niedriger Flamme köcheln lassen, damit sich der Geschmack der Zutaten entfalten kann. Sollte der Hunger schon zu groß, die Suppe aber noch nicht eingekocht sein, kann man mit etwas (ca. 1 EL) in Wasser gelöster Stärke nachhelfen. Diese einfach in den Borschtsch geben und mitköcheln.
Um die Suppe schnell sämig zu bekommen, kann man aber auch einfach einen kleinen Teil mit dem Pürierstab pürieren.

Aus 1 EL Nussmus und etwas Sojamilch mit dem Pürierstab eine süße Sahne herstellen.
Kurz vor dem Servieren noch etwas Zitronensaft in den Borschtsch geben und mit einem Schuss Sahne und etwas Brot servieren.

Auch etwas Feuer in Form von Chili oder Chilisauce passt sehr gut in einen heißen, wärmenden Borschtsch.

500 g Spalterbsen
2 mittlere Kartoffeln
2 mittlere Zwiebeln
3 Knoblauchzehen
neutrales Öl
etwas frischer Zitronensaft

2 Lorbeerblätter
½ EL Majoran
2 EL Gemüsebrühe
etwas Chili
Pfeffer, gemahlen
Salz

nach Wunsch:
½ EL Nussmus,
etwas Sojamilch, Weizenfleisch-
würstchen

ERBSENSUPPE
FÜR 4 PERSONEN**

1   Die Erbsen eine gute Stunde einweichen und anschließend etwa 30 Minuten weich kochen.

2   Die Kartoffeln schälen und in kleine Würfel schneiden.

3   Das Kochwasser der Erbsen abgießen und frisches Wasser zugeben. Die Lorbeerblätter, etwas getrocknete Chili (oder Chili-Gewürz) und die Kartoffeln zugeben und aufkochen.

4   Die Zwiebeln und den Knoblauch schälen und klein schneiden. Die Zwiebeln in etwas Öl scharf anbraten. Gegen Ende noch den Knoblauch mitbraten, jedoch nicht braun werden lassen. Zwiebeln und Knoblauch großzügig mit Pfeffer würzen.

5   Dann in die Suppe geben und die Lorbeerblätter entfernen. Mit einem Pürierstab die Suppe nach Belieben pürieren, z.B. die Hälfte der Suppe.

6   Mit 1-2 EL Gemüsebrühe und ½ EL Majoran abschmecken. Kurz vor dem Servieren etwas frischen Zitronensaft einrühren.

Nach Wunsch noch das Cashew- oder Mandelmus mit etwas Sojamilch schaumig schlagen und etwas dieser süßen Sahne zugeben.

Auch geschnittene Weizenfleischwürstchen oder bei Glutenallergie Sojawürstchen passen ausgezeichnet in diese herzhafte Wintersuppe.

Brot jeder Art ist die ideale Ergänzung zu dicken, sämigen Suppen und Eintöpfen.

UNGARISCHE GULASCHSUPPE
FÜR 3 PERSONEN*

1 Falls Sie eine Einlage wie Seitan verwenden möchten, schneiden Sie diese in Stücke und legen sie einige Zeit lang in einem Sud aus Worcestershiresauce, einem kleinen Schuss Essig und süßem Paprikagewürz ein. Gekauftes, in Sojasauce eingelegtes Seitan hat oft einen starken Eigengeschmack und bietet sich daher nicht so gut an wie selbst gemachtes Seitan. Das Gulasch schmeckt aber auch ohne Weizenfleischeinlage rund.

2 Die Zwiebeln schälen und klein schneiden. Die Paprika von den Kernen befreien, in dünne Streifen schneiden und diese dritteln. Die Kartoffeln schälen und in kleine Würfel schneiden.

3 Den Knoblauch schälen und pressen. Etwas geriebene, ungespritzte Zitronenschale darüber reiben. Zwei TL Kümmel und 2 TL Majoran zum Knoblauch geben.

4 Ein Glas mit Wasser und einem Schuss Essig bereitstellen.

5 Etwas Olivenöl erhitzen.
Die Zwiebeln, die Kartoffeln (und das Seitan) kross anbraten. Dann mit etwas Salz, Pfeffer und einem gehäuften EL Paprikagewürz würzen. Nur ein paar Sekunden braten und anschließend **sofort** mit dem Essigwasser ablöschen. Brät das Paprikagewürz zu lange mit, verbreitet es einen bitteren Geschmack.

6 Nun die Knoblauchmischung zugeben. Warten, bis die Flüssigkeit verdampft ist und alles nochmals kurz anbraten.
Dann großzügig mit Rotwein ablöschen, erneut verdampfen und anbraten lassen.

7 Mit gerade so viel Brühe ablöschen, dass alles bedeckt ist. Die Paprika und das Tomatenpüree unterrühren. Schmoren lassen, bis die Paprika weich ist. Auch hier gilt, je länger das Gulasch köchelt, desto besser entfaltet sich der Geschmack.
Nach Wunsch noch einen Schuss Sahne einrühren. Dazu Bandnudeln oder Weißbrot.

2 mittlere Zwiebeln
2 rote Paprika
2 kleine Kartoffeln
4 Knoblauchzehen
frische rote Chilischoten
ca. 200 ml Tomatenpüree
etwas Zitronenschale (ungespritzt)
Olivenöl
etwas Essig
Rotwein
1-2 EL Paprikagewürz
2 TL Gemüsebrühe
2 TL gemahlener Kümmel
2 TL Majoran
gemahlener Pfeffer & Salz
nach Wunsch: 150 g Seitan, etwas Worcestershiresauce, ½ EL Nussmus, etwas Sojamilch

400 g Tofu
300 g Jasminreis
1 Dose Kokosmilch (ca. 300 ml)
4 Knoblauchzehen
1 mittlere Zwiebel
2 mittlere Karotten
1 kleine Zucchini
1 rote Paprika
3 Chilis (je nach Schärfe)
Bambussprossen aus der Dose

Sesamöl
1 EL gelbe Currypaste
(bzw. selbstgemachte Paste)
Zitronengras
1 Hand voll frisches Basilikum
(am besten Thai-Basilikum)
helle Sojasauce

THAI-CURRY
FÜR 3 PERSONEN*

1   Den Tofu würfeln, in Öl kross anbraten und mit Sojasauce würzen, dann beiseite stellen.

2   Den Reis in einem Topf leicht in Öl andünsten und sofort gerade so viel Wasser zugeben, dass dieses etwa daumendick über der Reisoberfläche steht. Mit leicht geöffnetem Deckel kochen, bis das Wasser verkocht ist, dann den Deckel schließen und beiseite stellen. Den Reis im restlichen Wasserdampf noch 10-15 Minuten ziehen lassen.

3   Die Karotten schälen und in kleine Streifen schneiden. Die Zwiebel schälen und in mittelgroße, mundgerechte Stücke schneiden. Den Knoblauch schälen und in dünne Scheiben schneiden. Die Paprika entkernen und in mittelgroße Stücke schneiden. Die Zucchini in dicke, kurze Streifen schneiden.

4   Die Zwiebel und den EL Currypaste in etwas Sesamöl etwa 2 Minuten anbraten. Dann mit der Kokosmilch aufgießen, etwas Wasser zum verdünnen und einen Schuss Sojasauce dazu. Eine Minute kochen lassen.

5   Nun das Gemüse, die Bambussprossen, die geschnittenen Chilis und etwas Zitronengras zugeben und kurz kochen, bis das Gemüse bissfest, nicht jedoch zu weich gekocht ist.

6   Kurz vor dem Servieren das Zitronengras wieder herausnehmen und den Tofu und das Basilikum dazugeben.
Mit dem Reis servieren.

In der gelben Currypaste befindet sich im Gegensatz zur grünen und roten keine Garnelenpaste. Die Pasten lassen sich auch gut selbst zubereiten und sind im Kühlschrank recht lange haltbar (siehe Seite 61).

An Gemüse eignet sich alles, was Ihnen einfällt: Pilze, kleine Maiskölbchen, Kartoffeln, Blumenkohl, grüne Bohnen, etc.

AUS ALLER WELT

1 Zitrone oder Limette	400 g Seitan
2 TL Currypaste	2 EL helle Sojasauce
3 EL Erdnussöl	
Chili (frisch oder getrocknet)	140 g Erdnüsse (geröstet & gesalzen)
3 EL süße Sojasauce	1 Knoblauchzehe
2 EL Rohzucker	200 ml Kokosmilch
1 TL Zitronengraspulver	2 TL frischer Ingwer

SATÉ-SPIESSE & ERDNUSSPASTE
FÜR 2-3 PERSONEN***

1   Muss die Erdnusspaste frisch hergestellt werden, ist das Gericht zeitaufwändiger (siehe Seite 59). Fertige, dünne Seitanschnitzel in lange Streifen reißen/schneiden und wellenförmig auf Spieße stecken (Seitan Seite 51/52).

2   Seitan in 2 EL heller Sojasauce, 2 EL süßer Sojasauce, 1 EL Erdnussöl und etwa 1 TL zerdrücktem Ingwer marinieren. In Folie eingepackt über Nacht ziehen lassen. Wird das Seitan aus Glutenpulver frisch hergestellt, kann man den Teig gleich in der Marinade aufkochen und spart sich so das Einlegen. Die Spieße dann in Erdnussöl knusprig braten und mit der Paste und frischem Salat servieren.
Achtung: Gericht gewöhnungsbedürftig, da sehr fleischähnlich.

Reis (z.B. Jasmin- oder Basmatireis)	4 Paprika (2 gelb, 1 rot, 1 grün)
	4 mittlere Karotten
1½ EL Kurkuma	2 große Zwiebeln
Currypulver	1 Dose Ananas (350 g Abtropfgewicht)
Salz	
1 EL Zucker	neutrales Öl
Gemüsebrühe	1½ EL Maisstärke

KURKUMAGEMÜSE
FÜR 3-4 PERSONEN*

1   Reis für 3-4 Personen kochen.

2   Die Paprika entkernen und in kleine Streifen oder Stücke schneiden. Die Karotten in dicke Scheiben schneiden. Die Zwiebel schälen und in mittelgroße Stücke schneiden. Alles in heißem Öl schwenken und mit ca. 1½ EL Kurkuma würzen (Vorsicht! Kurkuma färbt vom Löffel bis zur Kleidung alles gelb ein!). Mit Wasser aufgießen und kurz köcheln, bis das Gemüse bissfest ist. Mit etwas Gemüsebrühe, etwas Currypulver und 1 EL Zucker abschmecken. Etwa 1½ EL Maisstärke in Wasser lösen, unterrühren und zum Eindicken kurz aufkochen. Mit Reis servieren.

CHINESISCH SÜSS-SAUER
FÜR 3-4 PERSONEN**

400 g Tofu
2-3 Paprika (bunt)
3 mittlere Zwiebeln
4 Knoblauchzehen
1 Dose Ananas (350 g Abtropfgewicht)
800 ml Tomatensauce (aus ca. 1 kg frischen Tomaten)
1-2 Handvoll Sojasprossen
6-8 EL Reissirup (wahlweise Zucker)
Reis- oder Weißwein
Reis- oder weißer Essig
Kichererbsenmehl
Soja- oder Sesamöl
Maisstärke
Klebreis
2 EL chinesisches Fünfgewürz (Anis, Fenchel, Pfeffer, Zimt, Ingwer)
Sojasauce

1   Den Tofu in kleine Würfel schneiden und in einer Marinade aus Sojasauce, Reiswein und etwas Fünfgewürz mindesestens eine halbe Stunde einlegen.

2   Eine cremig-flüssige Panade aus Kichererbsenmehl und Maisstärke (2:1), etwas Zucker und etwas Wasser herstellen.

3   Ausreichend Öl erhitzen, die Tofuwürfel in der Panade wälzen und knusprig frittieren. Auf einem Küchenpapier oder in einem Sieb abtropfen lassen und mit 3 EL Reissirup vermischen. Beiseite stellen.

4   Die Paprika und die Zwiebeln in mittelgroße, mundgerechte Stücke schneiden. Den Knoblauch schälen und in dünne Scheiben schneiden.

5   Klebreis nach Anleitung für 3-4 Personen zubereiten. Er ist sehr sättigend, daher braucht man etwas weniger als bei anderen Reissorten. Klebreis ist gut für das Essen mit Stäbchen geeignet.

6   Jetzt das Gemüse mit 1 großem EL Fünfgewürz bei mittlerer Hitze in Öl braten. Der Knoblauch darf nicht braun werden! Dann die Ananas mit dem Saft und die Tomatensauce zugeben. Mit etwas Sojasauce, ca. 4-5 EL Reissirup, einem Schuss Weißwein und etwas Essig abschmecken. Kurz köcheln lassen, bis das Gemüse zart ist.

7   Schließlich 2 EL Maisstärke in etwas Wasser auflösen und unterrühren. Den Tofu ebenfalls zugeben. Nach Belieben nachwürzen und gegebenenfalls noch etwas Öl mit einkochen lassen.

Sobald die Sauce sämig eingedickt ist, die Sojasprossen untermischen und kurz mitkochen.

Mit dem Klebreis servieren.

300 g Reis
2 mittlere Karotten
2 mittlere Zwiebeln
100 g Pilze (z.B. Champignons, Austernpilze)
100 g Sojasprossen
150 g Zuckerschoten
½ Zucchini

Maiskölbchen im Glas
frischer Ingwer
Sesamkörner
3 EL süße Sojasauce
2 EL helle Sojasauce
2 TL Zitronengraspulver
Chilisauce
Öl

ASIATISCHES GEMÜSE
FÜR 2 PERSONEN*

1   Die Karotten in dünne Scheiben schneiden. Die Zwiebeln und Zucchini in mittelgroße Stücke, die Pilze in Scheiben schneiden. Die Enden der Zuckerschoten abschneiden und je nach Länge halbieren.

2   Reis für 2 Personen zubereiten.

3   Zunächst die Karotten auf mittlerer Hitze in Öl braten, dann das restliche Gemüse und die Maiskolben zugeben und mitbraten. Mit 3 EL süßer, 1-2 EL heller Sojasauce, 2 TL Zitronengraspulver und 1-2 TL geriebenem Ingwer würzen. Gegen Ende noch die Sprossen mitbraten und 2 EL Sesam untermengen. Mit dem Reis und Chilisauce servieren.

Röstzwiebeln
(zum Garnieren)
½ Zitrone
Öl
helle Sojasauce
Chilisauce

200 g Tofu
300 g Reis
200 g rote oder gelbe Linsen (schnellkochend)
3 mittlere Karotten
8 Frühlingszwiebeln
1 Handvoll Koriandergrün

SCHNELLER GEBRATENER REIS
FÜR 2-3 PERSONEN*

1   Reis vom Vortag nehmen oder frischen zubereiten.
Die Linsen gute 20 Minuten weich kochen. Die Karotten in dünne Scheiben, die Frühlingszwiebeln in Ringe und den Tofu in kleine Würfel schneiden.

2   Tofu in Öl goldgelb braten. Dann die Karotten zugeben. Nach 1-2 Minuten Linsen und Reis unterrühren und ebenfalls braten. Am Schluss noch die Frühlingszwiebeln und den Koriander zugeben und kurz mitbraten. Mit Sojasauce ablöschen. Vor dem Servieren noch einen Spritzer frischen Zitronensaft einrühren, das verbessert die Aufnahme des Eisens und verleiht eine angenehme Frische. Dazu Chilisauce.

AUS ALLER WELT

250 g Klebreis
200 g Tofu
1 Paprika
4 Frühlingszwiebeln
1 mittlere Karotte
2 Knoblauchzehen
80 g Sojasprossen
2 Handvoll frisches Koriandergrün
2 EL Minze
2 EL (Thai-) Basilikum
2 Limetten
etwas Weißkohl
etwas grüner Salat/Eisbergsalat
ca. 400 ml Kokosmilch
200 g Erdnüsse
(geröstet und gesalzen)
2 TL Currypaste
2 EL Erdnussöl
frischer Ingwer
2 frische Chilischoten
1 EL süße Sojasauce
1 EL helle Sojasauce
2 TL Zitronengraspulver
6 EL Rohzucker
6 EL weißer Balsamico
(heller, milder Essig)
1 TL Salz

VIETNAMESISCHES CURRY
FÜR 3 PERSONEN***

1 Da für dieses Gericht die am besten selbst zubereitete Erdnusssauce unverzichtbar ist, ist der Zeitaufwand etwas größer. Es lohnt sich, gleich ein Glas voll herzustellen. Die Erdnusspaste sowie die vietnamesische Essigsauce zuerst zubereiten (siehe Seiten 59/60).

2 Klebreis für 3 Personen nach Anleitung zubereiten. Klebreis ist für Stäbchen geeignet.

3 Die Paprika in dünne Streifen schneiden und je nach Länge nochmals halbieren. Die Frühlingszwiebeln in dünne Ringe schneiden. Die Karotten in möglichst dünne, kurze Streifen schneiden. Eine Knoblauchzehe zerdrücken.
Die Kräuter (Koriandergrün, Minze und Basilikum) grob zerreißen bzw. grob hacken.
Etwas Weißkohl und grünen Salat bzw. Eisbergsalat in dünne Streifen schneiden.

Eine Handvoll Erdnüsse ebenfalls hacken.

4 Den Tofu in Würfel schneiden und in Öl goldbraun frittieren. Abtropfen lassen und salzen oder mit etwas heller Sojasauce würzen.

5 Die Sojasprossen kurz blanchieren, da sie nicht roh verzehrt werden sollten.

6 Etwa 450-500 ml vietnamesische Sauce mit 8 EL Erdnusspaste verrühren und erwärmen. Nach Belieben noch etwas Kokosmilch unterrühren.

7 Die warme Sauce auf drei Schalen verteilen, den warmen Reis dazugeben. Dann das gesamte Gemüse, die Kräuter, die Sojasprossen und den Tofu aufteilen. Einen Spritzer frischen Limettensaft über das Gemüse geben und mit gehackten Erdnüssen garnieren.

350 g Tofu
300 g Basmati-Reis
100 g Kichererbsen
3 mittlere Zwiebeln
4 EL Erbsen
1 rote, 1 grüne Paprika
1 Zucchini
3 Knoblauchzehen
etwas frischer Ingwer
ca. 80 g Cashewkerne
ca. 40 g Mandelscheiben
ca. 60 g Rosinen
4 Zitronen
Sojamilch
Koriandergrün
Minze
neutrales Öl
Tamarinden-Sauce
Mango-Chutney
Indische Chapatis oder Naan (Fladenbrot)

Kardamom-Kapseln
2 TL Kardamom, gemahlen
1 TL Kurkuma
2 TL Chiligewürz
1 TL Piment (bzw. Nelken und Zimt)
Salz

Für den Salat:
1 Eisbergsalat oder etwas Weißkohl
2 Karotten
weißer Essig
neutrales Öl
Zucker

INDISCHES BIRYANI
FÜR 3-4 PERSONEN***

1 Die Kichererbsen über Nacht einweichen und anschließend mindestens 30 Minuten weich kochen. Kichererbsen aus der Dose sind die zeitsparende Variante.

2 **Tofu & Marinade**
Den Tofu würfeln und in einer Marinade aus dem Saft zweier Zitronen, etwas Wasser und 1 TL gehackter Minzblätter mindestens 1 Stunde, besser über Nacht, einlegen.
(Viele indische Gerichte werden mit dem Indischen Käse „Paneer" zubereitet. Er wird genau wie Tofu hergestellt, nur aus Kuhmilch anstatt Sojamilch, und wird ebenso oft in Würfel geschnitten und angebraten.)

3 **Sojaghurt-Sauce**
Den Saft zweier Zitronen in eine Schüssel mit 300 ml Sojamilch träufeln, nicht umrühren. Mindestens 20 Minuten gerinnen lassen.

4 Reis

Die Zwiebeln schälen und in mittelgroße Stücke schneiden.

In einem Topf mit wenig Öl glasig anschwitzen lassen. Dann den Basmati-Reis zugeben und kurz mitbraten. Mit gerade so viel Wasser aufgießen, dass dieses daumendick über der Reisoberfläche steht. Nun 6 Kardamom-Kapseln, 4 Nelken, 1 TL Kurkuma und etwas Salz zufügen und mit leicht geöffnetem Deckel kochen. Sobald das gesamte Wasser verdunstet ist, den Topf von der Kochstelle nehmen und den Reis mit geschlossenem Deckel im restlichen Wasserdampf noch 10-15 Minuten ziehen lassen.

5 Die Cashewkerne in einer Pfanne anrösten. Beiseite stellen.

6 Nun den marinierten Tofu abtropfen lassen und in Öl leicht anbraten. Dabei salzen. Den Tofu, ½ TL Chiligewürz, etwas Salz, 1-2 EL fein gehackte Minze und reichlich Koriandergrün unter den Sojaghurt rühren.

7 Den Knoblauch zerdrücken.
Die Paprika entkernen, in Streifen schneiden und diese halbieren. Die Zucchini in kleine Stücke schneiden.

8 Eine Gewürzmischung aus 2 TL gemahlenem Kardamom, 2 TL geriebenem frischem Ingwer, 1 TL Kurkuma, 1 TL Piment (bzw. ½ TL Zimt und 3 Nelken), 1 TL Chiligewürz, ½ TL Salz herstellen. Vorsicht! Kurkuma färbt vom Löffel bis zur Kleidung alles gelb ein!

Die Gewürze bei mittlerer Hitze etwa 1 Minute unter Rühren in Öl braten.

Dann die Paprika, die Zucchini, die Erbsen, die Kichererbsen, den zerdrückten Knoblauch, die Cashewkerne und die Rosinen zugeben und gute 5 Minuten weiterbraten.
Schließlich den Reis und die Mandelscheiben unterrühren und kurz mitbraten. Zur Seite stellen und einen Salat zubereiten.
Dazu den Eisbergsalat in Streifen/klein schneiden. Die Karotten schälen und raspeln. Ein Dressing aus etwas Essig, neutralem Öl, etwas Zucker und einer Prise Salz herstellen.
Der süß-saure Geschmack ergänzt das Biryani auf angenehme Weise. Anstatt Salat eignet sich ebenso in dünne, kurze Streifen geschnittener, blanchierter Weißkohl. Das Biryani mit dem Tofu in Sojaghurt, dem Salat und den beiden Saucen servieren. Dazu wahlweise Chapatis.

KLEINE GEWÜRZKUNDE

Kurkuma (Gelbwurz)

Kurkuma wirkt durch das Anregen der Magensaftproduktion verdauungsfördernd. Auch Gallensteinen soll er vorbeugen sowie entzündungs- und krebshemmend wirken. Er wirkt beruhigend auf den Magen-Darmtrakt, beseitigt Blähungen und Völlegefühl nach schweren Mahlzeiten. Das Gewürzpulver besitzt eine gelb-orangene Farbe und hat eine stark färbende Wirkung.

Ingwer

Ingwer soll ähnlich wie Kurkuma die Magensaft- sowie die Gallensaftproduktion anregen und antiviral sowie antibakteriell wirken. Auch Appetitlosigkeit und Übelkeit soll er lindern können. Die Wurzel wird in gekochte Speisen gerieben, eingelegt oder zur Herstellung heißer und kalter Getränke verwendet.

Kardamom

Auch Kardamom wird eine krampflösende, verdauungsstimulierende, schleimlösende und antibakterielle Wirkung nachgesagt. Ebenso wirkt er gegen Blähungen, Appetitlosigkeit und Pilzinfektionen.
Kardamomkapseln haben einen starken Eigengeschmack und werden erst bei Bedarf gemahlen oder als ganze Kapseln verwendet.

Zimt

Zimt, ein Teil der Rinde des Zimtbaumes, wird vorrangig wegen seines Aromas und seiner wärmenden Wirkung geschätzt. Der wertvolle Ceylon-Zimt ist dem in vielen Fertigprodukten verwendeten Cassia-Zimt (chinesischer Zimt) vorzuziehen, da Cassia-Zimt eine leberschädigende Wirkung nachgesagt wird.

400 g Kichererbsen
1 kg Tomaten
2 mittlere Zwiebeln
5 Knoblauchzehen
1 TL frischer Ingwer
Koriandergrün
1 Zitrone
ca. 450 g Reis
Öl/Margarine
1 TL Chilipulver
2 TL Kurkuma
1½ EL Cumin (Kreuzkümmel, gemahlen)
1½ EL Koriander, gemahlen
2 TL Garam Masala-Gewürzmischung
2 TL Kardamom, gemahlen
3 TL Mangopulver/Mango-Chutney
2 TL Salz
2 TL Zucker

CHANNA MASALA (INDISCHES KICHERERBSEN-CURRY)
FÜR 5 PERSONEN***

1 Kichererbsen über Nacht einweichen. Anschließend etwa 1 Stunde weich kochen. Kichererbsen aus der Dose sind ohne Einweichen sofort zu verarbeiten.

2 Den Strunk der Tomaten keilförmig herausschneiden. In die Unterseite der Tomaten ein Kreuz ritzen. Die Tomaten in Wasser kochen, bis sich die Haut löst. Diese dann entfernen und die Tomaten klein schneiden. Den Saft der Tomaten aufbewahren.

3 Die Zwiebeln schälen, halbieren und in Halbringe schneiden. Den Knoblauch schälen und zerdrücken.

4 Eine Gewürzmischung aus 1 TL Chilipulver, 2 TL Kurkuma, 2 TL Garam Masala, 2 TL Kardamom, 1 TL frisch geriebenem Ingwer, 1½ EL Cumin, 1½ EL Koriander und 2 TL Salz herstellen. (Vorsicht! Kurkuma färbt vom Löffel bis zur Kleidung alles gelb ein!).

Entweder zum fertigen Gericht Mango-Chutney servieren, oder 3 TL Mangopulver und 2 TL Zucker zur Gewürzmischung geben.

5 Die Gewürze 1 Minute in Öl/Margarine anbraten. Dann Zwiebeln und Knoblauch zugeben und 1 Minute weiterbraten, bis die Zwiebeln weich sind. Knoblauch und Zwiebeln sollen nicht braun werden.
Jetzt die Tomaten mit Saft, die Kichererbsen und gegebenenfalls noch etwas Öl zugeben. Alles mindestens 40 Minuten auf schwacher Hitze einkochen lassen. Je länger das Curry köchelt, desto besser schmeckt es.

6 Reis für 5 Personen zubereiten.

Vor dem Servieren noch gehacktes, frisches Koriandergrün und frischen Zitronensaft unterrühren.

Sehr gut passen Raita (siehe Seite 55) mit Koriandergrün oder Minze und Chapatis dazu.

AUS ALLER WELT

1 kleiner Kürbis (ca. 1 kg)
4 mittlere Kartoffeln
1 große Zwiebel
3 Knoblauchzehen
150 g Erbsen
400 ml Kokosmilch
5 EL Koriandergrün
1-2 trockene Chilis
Basmatireis

1½ EL Currygewürz
3 TL Cumin (Kreuzkümmel, gemahlen)
2 TL Koriander, gemahlen
2 TL Kurkuma
1 TL Garam Masala-Gewürzmischung
3 TL Salz

KÜRBIS-KARTOFFEL-CURRY
FÜR 4 PERSONEN**

1 Den Kürbis mit einem großen Messer in 3-4 Teile teilen und in einem großen Topf ca. 5 Minuten kochen, bis die Haut leicht abzuschälen ist.

2 Die Zwiebeln schälen und in mittelgroße, mundgerechte Stücke schneiden. Die Kartoffeln schälen und in kleine Würfel schneiden. Den Knoblauch schälen und zerdrücken.

3 Eine Gewürzmischung aus 1½ EL Currygewürz, 3 TL Cumin, 3 TL Salz, 2 TL Koriandergewürz, 2 TL Kurkuma und 1 TL Garam Masala herstellen.

4 Die Gewürze und die zerdrückten Chilis eine Minute in Öl braten.
Dann die Zwiebel, den Knoblauch und die Kartoffelstücke zugeben und eine weitere Minute braten. Zwiebel und Knoblauch dürfen nicht braun werden.

Jetzt mit etwas Wasser aufgießen, die Erbsen zugeben und 5 Minuten köcheln lassen. Erbsen gibt es tiefgefroren, so hat man jederzeit welche parat.

5 Die Kokosmilch wird nun in das Curry gerührt und dieses auf mittlerer Flamme weiter gekocht.

6 Den Kürbis schälen, in mundgerechte Stücke schneiden und zum Curry geben. Das Curry köcheln, bis die Kartoffeln und der Kürbis weich geworden sind.

7 Basmatireis für 4 Personen zubereiten.

Fünf EL frisches Koriandergrün unter das Curry mischen und nochmals abschmecken.

Mit dem Reis servieren.

250 g rote und/oder gelbe Linsen
Basmati Reis
1 mittlere Zwiebel
4 Knoblauchzehen
1 rote, frische Chilischote
3 große Tomaten
2 EL frischer Ingwer
2 EL Koriandergrün
1 Zitrone
Margarine
neutrales Öl
150 ml Sojamilch
4 EL Garam Masala-Gewürzmischung
Chilipulver
3 TL Kurkuma
Cumin (Kreuzkümmel, gemahlen)
etwas Kokosmilch
3 TL Salz

DAL (INDISCHES LINSENGERICHT)
FÜR 3-4 PERSONEN**

1 **Raita**
Zunächst 1 EL Zitronensaft in 100 ml Sojamilch träufeln. Etwa 20 Minuten stehen und gerinnen lassen.
Aus weiteren 50 ml Sojamilch, Öl und Zitronensaft eine feste Mayonnaise herstellen. Etwa ½ EL Zitronensaft zur Sojamilch geben und langsam unter Rühren mit dem Pürierstab oder Handmixer so viel Öl zufügen, bis eine feste Creme entstanden ist.
Mit der geronnenen Sojamilch vermischen, mit etwas Cumin, Salz und Chilipulver würzen und 2 EL frisches Koriandergrün einrühren.

2 **Dal**
Die Linsen weich kochen.
Den Strunk der Tomaten keilförmig herausschneiden. In die Unterseite der Tomaten ein Kreuz ritzen. Die Tomaten in Wasser kochen, bis sich die Haut löst. Diese dann entfernen und die Tomaten klein schneiden. Den Saft der Tomaten aufbewahren.

3 Die Zwiebel schälen und in Halbringe schneiden. Den Knoblauch schälen und zerdrücken. Die Chili entkernen und klein hacken. Die Menge nach Schärfe der Schote dosieren. Den Ingwer schälen und klein hacken.

4 Eine Gewürzmischung aus 4 EL Garam Masala, 3 TL Kurkuma und 3 TL Salz eine Minute in 3 EL Margarine braten. Dann die Zwiebel, die Chili und den Ingwer zugeben und 1-2 Minuten weiter braten.
Jetzt die Tomaten mit Saft, den Knoblauch sowie 2 EL Öl zugeben und auf mittlerer Hitze so lange weich kochen, bis die Linsen zerfallen und die meiste Flüssigkeit verkocht ist.
Auch hier gilt, je länger das Dal kocht, desto besser entfaltet sich der Geschmack.
Etwas Kokosmilch einrühren, so dass das Dal eine cremige Konsistenz erhält.

Auf dem Teller noch einen Spritzer frischen Zitronensaft unterrühren. Dazu Raita, Reis und Salat.

GNOCCHI VERDURE (ARABIATA)
FÜR 2-3 PERSONEN*

1 Für einen weitaus feineren Geschmack lohnt es sich, die Tomatensauce selbst herzustellen. Dazu etwa 800 g Tomaten überbrühen und pellen. Die Tomaten klein schneiden, den Saft aufbewahren.

2 Die Paprika von den Kernen befreien und in kurze, dünne Streifen schneiden. Ebenso die Karotten und die Zucchini. Die Knoblauchzehen schälen, wenn nötig vom Trieb befreien, sonst ganz lassen. Die frischen oder getrockneten Chilis klein hacken/bröseln.

3 Die Gnocchi 1-2 Minuten in Salzwasser kochen, bis sie an der Wasseroberfläche schwimmen. Es gibt sehr gute, fertige Gnocchi zu kaufen. Achten Sie jedoch immer darauf, dass sich kein Ei oder Molke im Teig befinden. Die Gnocchi selbst herzustellen steigert den Zeitaufwand für dieses Gericht enorm.

4 Das Gemüse kurz in heißem Olivenöl schwenken, dann die Tomatensauce und die Knoblauchzehen zugeben. Fünf Minuten köcheln und dabei gelegentlich umrühren.

5 Mit frischem, gehacktem Basilikum, Thymian, Oregano, Salz und reichlich Pfeffer abschmecken.

Die Gnocchi unterrühren und kurz ziehen lassen.

Nach Belieben die Knoblauchzehen vor dem Servieren wieder entfernen. Den Geschmack haben sie bereits abgegeben.

Die Gnocchi Verdure auf dem Teller mit gehacktem Rucola garnieren.

400 g Gnocchi
700 ml Tomatensauce
2 Paprika
4-6 Frühlingszwiebeln
4-6 Knoblauchzehen
1 Zucchini
2 große Karotten
etwas Rucola
Olivenöl

1-2 Chilis (frisch oder getrocknet)
Basilikum
Thymian
Oregano
Salz
Pfeffer, gemahlen

AUS ALLER WELT

GRÜNE TAGLIATELLE MIT SPINATRAHMSAUCE
FÜR 4 PERSONEN*

500 g grüne Tagliatelle
500 g frischen Spinat
8-10 Knoblauchzehen
140 g Cashewmus
½ Liter Sojamilch
4-6 TL Kapern
Weißwein
Margarine
3 EL gekörnte Gemüsebrühe
Pfeffer, gemahlen

1   Den Spinat waschen und von den Stilen befreien.
Den Knoblauch schälen, den Trieb entfernen und mit einer Gabel zerdrücken.

2   Etwas Margarine in einer Pfanne schmelzen. Den Knoblauch darin schwenken. Er darf nicht braun werden.
Mit 400 ml Gemüsebrühe (für 400 ml Wasser werden etwa 3 EL gekörnte Gemüsebrühe benötigt) aufgießen. Die Hälfte des Spinats zugeben und aufkochen. Anschließend mit dem Pürierstab pürieren.

Dann den restlichen Spinat und 4-6 TL Kapern zugeben und mitköcheln.

3   Das Nussmus mit 450 ml Sojamilch schaumig quirlen. Diese süße Sahne in den Spinat rühren und auf mittlerer Hitze einkochen lassen. Mit einem Schuss Weißwein, etwas Pfeffer und Salz abschmecken.

Wird die Spinatrahmsauce zu dickflüssig, einfach noch etwas Sojamilch nachgießen.

4   Die grünen Tagliatelle zubereiten.

Dazu einen frischen Salat, z.B. Rucola, servieren.

Ein sich hartnäckig haltendes Gerücht ist die angeblich große Menge an Eisen im Spinat. Nicht klar ist, ob diese weit verbreitete Annahme von einem Abschreibfehler herrührt oder ob sich die errechnete Eisenmenge auf getrockneten Spinat bezog. Frischer Spinat enthält im Vergleich zu getrocknetem eine unglaublich hohe Menge Wasser, was den Eisenanteil stark „verdünnt".

Dafür enthält Spinat eine nennenswerte Menge Vitamin A, welches unverzichtbar für unser Sehvermögen, unsere Haut und Schleimhäute sowie das Immunsystem ist.

250 g Spaghetti
50 g Basilikumblätter (1 Topf)
50 g Pinienkerne
3 Knoblauchzehen
3 EL frischer Zitronensaft
80 ml Olivenöl

Pfeffer, gemahlen
Salz
(nach Wunsch Hefeflocken)

SPAGHETTI MIT BASILIKUMPESTO
FÜR 2 PERSONEN*

1   Die Knoblauchzehen schälen und den Trieb entfernen. Gemeinsam mit den Basilikumblättern, den Pinienkernen, dem Öl und dem Zitronensaft mit dem Pürierstab oder einem Zwiebelhacker zerkleinern. Auch ein Mörser ist hierfür geeignet. Das Pesto mit Salz und Pfeffer abschmecken. Normalerweise wird Pesto mit italienischem Hartkäse zubereitet. Sein Fehlen fällt jedoch nicht wirklich auf. Wem die salzige Würze fehlt, der kann nach Wunsch Würzhefeflocken unterrühren. Das Pesto ist mit einer Schicht Olivenöl bedeckt einige Tage im Kühlschrank haltbar.

2   Die Spaghetti bissfest kochen und sofort mit dem Pesto vermengen. Servieren.

Oregano
Thymian
Majoran
Pfeffer, gemahlen
Salz

1 Kilo Tomaten (z.B. Fleischtomaten)
frischer Basilikum
5 Knoblauchzehen
schwarze Oliven
Kapern
Olivenöl
250-300 g Penne

PENNE MIT TOMATENSUGO
FÜR 2 PERSONEN**

1   Den Strunk der Tomaten keilförmig herausschneiden. In die Unterseite der Tomaten ein Kreuz ritzen. Die Tomaten in Wasser kochen, bis sich die Haut löst. Diese dann entfernen und die Tomaten klein schneiden. Mit ihrem Saft in einen Topf geben. Ein gutes Sugo gelingt mit hochwertigen Tomaten und frischen Kräutern, reichlich Basilikum und Oregano und etwas Thymian und Majoran. Diese zusammen mit dem Knoblauch und etwas Pfeffer und Salz mit einem Mörser in Olivenöl zerstoßen, bis das Öl den Geschmack angenommen hat. Das Kräuteröl sowie reichlich (insgesamt ca. 50 ml) Olivenöl zu den Tomaten geben und auf niedriger Flamme mindestens 1 Stunde köcheln lassen. Abschließend noch ein paar kleingeschnittene Oliven und Kapern einrühren und mit der Pasta vermengen.

500 ml passierte Tomaten
200 g Karotten
2 mittlere Zwiebeln
4 Knoblauchzehen
120 g Grünkern oder Sojageschnetzeltes
5 Knoblauchzehen
(80 g gefrorene Erbsen)
250 g Lasagneblätter
350 ml Sojamilch
Cornflakes (ungezuckert)
100 g Margrine
ca. 80 ml Olivenöl
ca. 50 g Mehl
Gemüsebrühe
Salz
Pfeffer, gemahlen
1 EL Thymian/Oregano/1 TL Rosmarin
frisches Basilikum

LASAGNE
FÜR 3-4 PERSONEN***

1 Die Zwiebeln schälen und klein hacken. In einer Pfanne in Olivenöl glasig schwenken. Dann den Grünkern zugeben, kurz mitbraten und mit etwa 300 ml Gemüsebrühe aufgießen. Die Flamme reduzieren. Ist das gesamte Wasser vom Grünkern aufgesogen, diesen mit den Zwiebeln noch einmal scharf anbraten.
Für einen noch authentischeren Bolognesegeschmack eignet sich Sojageschnetzeltes hervorragend. In Brühe einweichen und ebenfalls mit Zwiebeln scharf anbraten. Beiseite stellen.

2 Die Karotten schälen und in der Küchenmaschine klein häckseln. Ein paar Karotten in dünne Scheiben schneiden. Gemeinsam mit den Erbsen (wahlweise), dem zerdrückten Knoblauch und den passierten Tomaten zum Grünkern geben.
Reichlich Olivenöl und frisches Basilikum zugeben und mit 1 EL Thymian, 1 EL Oregano und 1 TL Rosmarin sowie 1 TL Salz und Pfeffer abschmecken. Eine Zeit lang köcheln lassen, damit sich der Geschmack entwickeln kann.

3 **Béchamelsauce**
Die Margarine schmelzen. Das Mehl zugeben und mit einem Schneebesen verrühren, so dass das gesamte Mehl gefettet ist. Von der Herdplatte nehmen und die **kalte** Sojamilch zugeben. Glatt rühren und unter Rühren kurz aufkochen. Je nach Konsistenz noch verdünnen.

4 Jetzt in einer Auflaufform zuerst die Sauce, dann die Lasagneplatten und die Bechamelsauce schichten, bis alle Zutaten aufgebraucht sind. Die letzte Schicht muss Béchamelsauce sein, die mit reichlich eingearbeiteten Cornflakes und Margarineflocken eine knusprige Kruste bildet.

Die Bolognesesauce darf noch recht flüssig sein, damit die Lasagneplatten saugen können und weich werden.
Bei 220 Grad im vorgeheizten Ofen ca. 40 Minuten backen. Wenn kaum noch kochende Flüssigkeit zu sehen ist, herausnehmen und abkühlen lassen. Die Lasagne festigt sich dadurch.

**200 g Pilze
(Pfifferlinge, Steinpilze etc.)
30 g Margarine
1 EL Mandelmus oder Cashewmus
3 Knoblauchzehen
100 ml Sojamilch
Weißwein
350-400 g Spaghetti**

**Kümmel, gemahlen
Pfeffer, gemahlen
Salz**

SPAGHETTI MIT PILZRAHMSAUCE
FÜR 2-3 PERSONEN*

1 Die Pilze nicht waschen. Einfach durch Abputzen von eventuell anhaftender Erde befreien. Nur im Notfall waschen, da sie sonst in der Pfanne zu viel Flüssigkeit abgeben und schwer anzubraten sind. Die Pilze in dünne, kleine Scheiben schneiden. Den Knoblauch schälen, den Trieb entfernen und zerdrücken.

2 Die Margarine in einer Pfanne zerlassen und die Pilze gut darin anbraten. Den Knoblauch anschließend kurz mitbraten. Er darf nicht braun werden, da er sonst einen bitteren Geschmack hinterlässt. Großzügig mit Kümmel, Salz und Pfeffer abschmecken. Kümmel hebt den Pilzgeschmack hervor. Mit einer ebenfalls großzügen Menge Weißwein ablöschen. Ein wenig Wasser zugießen und sämig einkochen lassen.

3 Einen EL Mandelmus oder Cashewmus mit 100 ml Sojamilch verquirlen. Die so entstandene „süße Sahne" in die Pilzsauce einrühren und auf niedriger Flamme köcheln, bis sie schön eingedickt ist. Im Handel ist ebenso Sojasahne erhältlich, die für alle Sahnesaucen, aber auch für die Herstellung von Schlagsahne geeignet ist. Die hier beschriebene „süße Sahne" ist schnell hergestellt und besitzt keinen starken Eigengeschmack.

4 Nudelwasser immer etwas salzen und wahlweise ein wenig Olivenöl zugeben. Das Wasser aufkochen und die Nudeln bissfest kochen.

Mit der Pilzrahmsauce vermengen.

> Achten Sie beim Kauf von Pasta jeder Art immer darauf, dass sie nach original Italienischem Rezept hergestellt wurde. Nur aus Hartweizen und Wasser - ohne Zusatz von Ei, wie es in einigen Ländern üblich ist.

125 g Sojageschnetzeltes
2 mittlere Zwiebeln
4 Knoblauchzehen
800 ml Tomatensauce
500 g Spaghetti
Olivenöl
2 EL Balsamico-Essig
ein paar Basilkumblätter

300 ml Gemüsebrühe
2 EL Thymian
2 EL Oregano
1 EL Majoran
1 TL Rosmarin
Zucker
(Worcestershiresauce)
Pfeffer, gemahlen
Salz

SPAGHETTI „BOLOGNESE"
FÜR 3-4 PERSONEN*

1   Der ideale Ersatz für Geschnetzeltes jeder Art (z.B. Chili sin carne, Bolognesesauce, Lasagne etc.) ist Sojageschnetzeltes bzw. Sojahack. Es hat den einzigen Nachteil, dass es durch den Herstellungsprozess bezüglich der Nährstoffe wertlos ist.
Ebenso eignet sich Grünkernschrot, der einen leicht rauchigen Geschmack mitbringt, oder kross angebratener, scharf gewürzter Tofu (Grünkern siehe Seite 117).
Das Sojageschnetzelte nach Anweisung zubereiten. (125 g in 300 ml heißer Gemüsebrühe mindestens 20 Minuten einweichen lassen.)

2   In einer Pfanne mit Olivenöl das abgetropfte Geschnetzelte (Brühe aufbewahren) mit den gehackten Zwiebeln kross anbraten. Dabei mit 2 EL Thymian, 2 EL Oregano, 1 EL Majoran und 1 TL Rosmarin würzen. Sobald es gut angebraten ist, etwas Worcestershiresauce und einen Teil der Tomatensauce zugeben und kurz weiterbraten. Wer sich nicht vor Amerikas Tomatensauce Nr. 1 fürchtet, kann dem Geschnetzelten ebenso mit etwas Ketchup zu Geschmack verhelfen.

3   Nun den Rest der Tomatensauce aufgießen und einen weiteren, großzügigen Schuss Olivenöl sowie die zerdrückten Knoblauchzehen zugeben.
Mit Salz und Pfeffer, 1-2 EL Balsamico-Essig und 2 TL Zucker abschmecken. Wer Ketchup benutzt, kann sich den Essig sowie den Zucker sparen, beides ist in Ketchup enthalten.
Nach Bedarf noch einen Teil der aufgehobenen Brühe zum Nachwürzen verwenden.

Die Bolognesesauce mindestens 20 Minuten einkochen lassen.

Währenddessen die Spaghetti al dente zubereiten.

Mit ein paar Basilikumblättern garnieren.

6-8 kleine Auberginen (wenig Kerne!)
8-10 Tomaten
5 Knoblauchzehen
3 Handvoll frischer Basilikum
1 Zitrone
½ Liter Sojamilch
3 EL Mehl
Olivenöl
Essig
Cornflakes ungesüßt

1 EL Thymian
½ EL Rosmarin
Chili (frisch, getrocknet oder gemahlen)
1 TL Rohzucker
Pfeffer, gemahlen
Salz
gekörnte Gemüsebrühe

MELANZANE (ITALIENISCHER AUBERGINENAUFLAUF)
FÜR 4-5 PERSONEN***

1 Die Auberginen der Länge nach in ca. 1 cm dicke Scheiben schneiden. Beidseitig salzen. In einem Sieb stapeln, beschweren und gute 20 Minuten abtropfen lassen.

2 Den Strunk der Tomaten keilförmig herausschneiden. In die Unterseite der Tomaten ein Kreuz ritzen. Die Tomaten in Wasser kochen, bis sich die Haut löst. Diese dann entfernen und die Tomaten klein schneiden.
Die Tomaten bei mittlerer Hitze mit großzügig Olivenöl, dem in dünne Scheiben geschnittenen Knoblauch, drei Händen voll frischem, geschnittenen Basilikum, etwa 1 EL Thymian, ½ EL Rosmarin, etwas Chili, etwas Salz und Pfeffer, 1 TL Rohzucker und einem kleinen Schuss Essig 20-30 Minuten einkochen lassen.

3 **Béchamelsauce**
In einem kleinen Topf ca. 4 EL Olivenöl erhitzen. Drei EL Mehl zugeben und mit einem Schneebesen verrühren, so dass das gesamte Mehl gefettet ist. Von der Herdplatte nehmen und die **kalte** Sojamilch zugeben. Glatt rühren und unter Weiterrühren kurz aufkochen. Je nach Konsistenz noch leicht verdünnen. Die Béchamelsauce mit gekörnter Gemüsebrühe und großzügig Pfeffer würzen. Den Saft einer Zitrone zugeben. Zur Seite stellen.

Den Ofen auf 200 Grad vorheizen.

4 Die Auberginen mit einem Küchenpapier abtrocknen, in Mehl wenden und in einer Pfanne mit Öl beidseitig knusprig braun anbraten. Abtropfen lassen.

5 In einer Auflaufform zunächst die Tomatensauce, dann eine Schicht Auberginen und darauf die Béchamelsauce verteilen. Diese Reihenfolge wiederholen. Die letzte Schicht muss Béchamelsauce sein, in die reichlich Cornflakes eingearbeitet werden. Mit etwas Olivenöl beträufeln und im Ofen 35-40 Minuten backen. Vor dem Verzehr etwas abkühlen lassen, damit der Auflauf fester wird. Dazu italienisches Weißbrot und Salat.

etwas glatte Petersilie
oder Rucola
Pfeffer, gemahlen
Salz

250 g Spaghetti
(½ Packung)
2 frische
Knoblauchzehen
1-2 scharfe rote
Chilischoten
Olivenöl

SPAGHETTI AGLIO OLIO
FÜR 2 PERSONEN*

1   Die Nudeln mit etwas Olivenöl und Salz bissfest kochen.

2   Die Knoblauchzehen schälen und die Triebe entfernen. Den Knoblauch zerdrücken. Die Chilischoten zerkleinern. Beides bei mittlerer Hitze in Olivenöl schwenken. Der Knoblauch darf nicht braun werden, da er sonst einen ungangenehmen, bitteren Geschmack hinterlässt.

3   Die abgetropften Spaghetti in das Knoblauch-Chili-Olivenöl-Gemisch rühren und kurz erhitzen. Sofort auf Tellern mit wahlweise geschnittenem, untergemengtem Rucola servieren. Mit Salz und Pfeffer abschmecken.

---

1 EL Mehl
etwas Sojamilch
Chilis
Oregano
Thymian
Pfeffer, gemahlen
Salz

450 g Penne
5 Knoblauchzehen
300 g frischer Spinat
6-8 getrocknete
Tomaten
1 Handvoll Pinienkerne
Olivenöl

PENNE MIT GETROCKNETEN TOMATEN & SPINAT
FÜR 3-4 PERSONEN*

1   Penne in gesalzenem Wasser bissfest kochen.
Den zerdrückten Knoblauch und die mit einer Schere klein geschnittenen getrockneten Tomaten (intensiver Geschmack!) in heißem Olivenöl schwenken. Den Spinat und ein wenig Wasser zugeben und kurz aufkochen lassen, so dass der Spinat zusammenfällt. Mit Salz, Pfeffer und etwas Chili würzen.

2   Mit 1-2 EL Olivenöl und 1 EL Mehl eine Béchamelsauce herstellen (siehe Melanzane) und diese mit Gemüsebrühe oder nur mit Salz würzen. Die Nudeln mit der Sauce, etwas Olivenöl, dem Spinat mit den Tomaten und 3 EL Pinienkernen vermengen. Mit etwas Oregano, Thymian und Pfeffer abschmecken.

PIZZA
FÜR 2 PERSONEN/2 PIZZEN**

300 g Mehl
30 g frische Hefe
250 g Spinat
1 kleine Zwiebel
6 Knoblauchzehen
6-8 Tomaten
grüne, mittelscharfe Peperoni
8 Champignons
schwarze Oliven entsteint
Kapern
frisches Basilikum
150 ml Sojamilch
Cornflakes
Olivenöl
Balsamico-Essig

Thymian
Oregano
Rosmarin
Gemüsebrühe
Pfeffer, gemahlen
Salz
Rohzucker

1 **Teig**
Das Mehl in eine Schüssel sieben, mit der Hand eine kleine Kuhle formen und die Hefe hineinbröseln. Eine Prise Rohzucker und 150 ml warmes Wasser auf die Hefe geben. An einem warmen Ort, z.B. einem kurz angeheizten Ofen, 15 Minuten gehen lassen. Dann 1 TL Salz und 3 EL Olivenöl zugeben und so lange kneten, bis sich der Teig vom Schüsselrand löst. Den Teig eine Stunde an einem warmen Ort aufgehen lassen.

2 **Tomatensauce**
Den Strunk der Tomaten keilförmig herausschneiden, die Tomaten kurz kochen und abschrecken. Die Haut entfernen und die Tomaten klein schneiden. Mit 1 EL Olivenöl, 3 zerdrückten Knoblauchzehen, etwas Thymian, Oregano, Rosmarin, Salz, etwas Rohzucker, ein paar Kapern und einem Schuss Balsamico abschmecken und eine Zeit lang einkochen lassen.

3 Den Teig nach einer Stunde nochmals durchkneten und dann, entweder am Stück oder in 2 runde Pizzen ca. 1 mm dünn auf einem gefetteten oder mit Backpapier ausgelegten Blech ausrollen. Die Oberfläche mit Mehl beschichten.

Das Tomatensugo auf dem Teig verteilen. Den Ofen auf 200 Grad vorheizen.

4 **Belag**
Die klein geschnittene Zwiebel mit 3 zerdrückten Knoblauchzehen in Olivenöl leicht anbraten, nicht braun werden lassen. Den Spinat kurz mitdünsten und mit ein wenig Wasser aufgießen. Kurz köcheln lassen, damit der Knoblauch seine Schärfe verliert. Mit Salz und Pfeffer würzen. Den Spinat auf den Pizzen verteilen. Die Pilze in dünne Scheiben schneiden und mit den Peperoni und den Oliven und nach Wunsch ein paar Kapern ebenfalls verteilen.
Oder doch lieber Artischockenherzen, getrocknete Tomaten oder gar Ananas und Zwiebelringe? Seien Sie beim Belag kreativ.

5 **Guss**
Zwei EL Margarine oder Olivenöl erhitzen, 1 EL Mehl einrühren. Von der Platte nehmen und 100-150 ml kalte Sojamilch glatt einrühren, dann kurz aufkochen lassen. Mit etwas Gemüsebrühe würzen. Ein paar Cornflakes untermengen und den Guss auf den Pizzen verteilen.
Bei 200 Grad ca. 25 Minuten backen. Sobald der Rand und der Guss knusprig und leicht bräunlich werden, Pizzen herausnehmen und kurz abkühlen lassen.

300 g Risotto Reis (Arborio-Reis, ersatzweise Milchreis)
300 g Champignons
100 g gefrorene Erbsen
4 Frühlingszwiebeln
5 Knoblauchzehen
1 rote Zwiebel
1-2 Handvoll glatter Petersilie
100-150 ml Weißwein
Olivenöl
2 EL Margarine

1 TL Kümmel, gemahlen
1 EL Thymian
2 EL gekörnte Gemüsebrühe
Pfeffer, gemahlen
Salz

RISOTTO
FÜR 3 PERSONEN*

1 In einem Topf 1 EL Olivenöl und 1 EL Margarine erhitzen. Den Reis kurz darin schwenken. Dann mit Wasser bis etwa daumendick über die Reisoberfläche aufgießen. Die Hälfte des Weißweins und 1 EL Gemüsebrühe zugeben und den Reis unter gelegentlichem Rühren weich kochen. Gegebenenfalls Wasser nachgießen.

2 Die Pilze in dünne Scheiben schneiden. Auch getrocknete Steinpilze bieten sich an, da sie sich leicht aufbewahren lassen und sie so immer vorrätig sind. Sie werden eingeweicht und das Einweichwasser wird später mit in das Risotto gemischt.

3 Die Zwiebeln schälen und klein schneiden, den Knoblauch schälen und zerdrücken.
Die Frühlingszwiebeln in kleine Ringe schneiden.

4 In einer Pfanne etwas Olivenöl und 1 EL Margarine erhitzen. Die Pilze mit den Zwiebeln und den Erbsen in einer Pfanne unter rühren braten.

Mit 1 TL Kümmel, 1 EL Thymian, 1 EL Gemüsebrühe und Pfeffer abschmecken. Dann den zerdrückten Knoblauch zugeben und eine weitere Minute mitbraten. Der Knoblauch darf nicht braun werden.
Schließlich noch die Frühlingszwiebeln und die gehackte Petersilie zugeben und kurz braten.

Anschließend sofort mit dem restlichen Weißwein ablöschen.

5 Jetzt den fertigen Risottoreis einrühren. Risotto mit frischem Salat als Beilage servieren.

> Risotto gehört zu jenen Gerichten, die pflanzliche Eiweiße (aus 2 der 3 Gruppen) kombinieren und dem Körper die Eiweißversorgung damit erleichtern. Die 3 Gruppen sind Nüsse und Samen, Hülsenfrüchte und Getreide (siehe Proteine S. 25/26).

200 g Reis (Naturreis oder Risottoreis)
200 g schwarze oder rote Bohnen
2 mittlere Zwiebeln
8 Frühlingszwiebeln
1 rote Paprika
1 Bund Koriandergrün
4 Tomaten
½ Salatgurke
Eisbergsalat
frische Zitrone
100 ml Sojamilch
neutrales Öl (z.B. Maiskeimöl)
Essig
2 frische Chilischoten
Tomate-Chili-Salsa
Salsa Lizano oder Worcestershiresauce
etwas Gemüsebrühe
Salz und Pfeffer, gemahlen

GALLO PINTO-VARIATION (COSTA RICA)
FÜR 3 PERSONEN*

1 Die Bohnen über Nacht 12 Stunden einweichen. Dann 30-45 Minuten weich kochen. Das Kochwasser abgießen. Bohnen aus der Dose sind die zeitsparende Variante, allerdings sind die meisten Bohnensorten nicht vorgekocht erhältlich.

2 **Reis**
Eine Zwiebel schälen und klein hacken. Etwas Öl in einen Topf geben und die Zwiebel darin kurz anbraten. Dann den Reis zugeben und kurz weiterbraten. Jetzt mit Wasser aufgießen, bis etwa daumendick Wasser über dem Reis steht. Einen TL Salz dazu und den Reis kochen, bis das Wasser verdampft ist. Den Reis dann von der Kochstelle nehmen und mit geschlossenem Deckel ziehen lassen. Naturreis braucht länger, bis er durch ist, als geschälter Reis.

3 **Dip**
Aus 100 ml Sojamilch, etwas weniger Öl und dem Saft einer Zitrone eine Mayonnaise herstellen (siehe Seite 54). Zwei klein geschnittene Frühlingszwiebeln, etwas Brühe und Salz dazugeben. Im Kühlschrank nachhärten lassen.

4 Die Paprika halbieren, entkernen und klein schneiden. Die restlichen Frühlingszwiebeln klein schneiden. Die Chilis in kleine Scheibchen schneiden.

5 **Salat**
Einen Salat aus gewürfelten Tomaten und Gurke, Eisbergsalat und Zwiebelringen mit einem Dressing aus Essig, Öl, Salz und Pfeffer herstellen. Etwas Koriandergrün untermischen.

6 Paprika, Chilis und Frühlingszwiebeln in heißem Öl schwenken. Den Reis und die Bohnen zugeben und alles anbraten. Mit Salsa Lizano, ersatzweise Worcestershiresauce, abschmecken. Zum Schluss den restlichen Bund Koriander untermischen. Frischer Koriander ist oft schwer zu finden, macht aber den typischen Geschmack des Gerichts aus. Bohnen-Reis mit Salat, Dip und Tomatensalsa auf einem Teller servieren.

350 g Kidney-, Pinto-, oder schwarze Bohnen
100 g Grünkernschrot
100 g Sojageschnetzeltes
1 kg Fleischtomaten
2 große Zwiebeln
5 Knoblauchzehen
2-4 frische Chilischoten
1 Bund frischer Koriander (2-3 Tassen)
neutrales Öl (z.B. Maiskeimöl)
Worcestershiresauce
Paprikagewürz
Cayennepfeffer
2 EL Cumin (Kreuzkümmel, gemahlen)
Gemüsebrühe
Pfeffer, gemahlen
Salz
(6 Tomaten und 4 Frühlingszwiebeln)

CHILI SIN CARNE
FÜR 6-8 PERSONEN**

Für das Chili eignet sich eine Mischung aus Grünkernschrot und Sojageschnetzeltem hervorragend. Aber auch andere Varianten, z.B. mit zerbröseltem Tofu, bieten sich als Alternative an.

1 Die Bohnen über Nacht einweichen und dann 30-40 Minuten weich kochen.

2 Den Strunk der Tomaten keilförmig herausschneiden. In die Unterseite der Tomaten ein Kreuz ritzen. Die Tomaten in Wasser kochen, bis sich die Haut löst. Diese dann entfernen und die Tomaten klein schneiden. Fast den gesamten Koriander klein geschnitten zugeben und beiseite stellen.

3 Das Sojageschnetzelte nach Packungsangabe zubereiten, d.h. mit Gemüsebrühe aufgießen und ziehen lassen.

4 Den Grünkernschrot kurz in Öl anbraten, dann mit 400 ml Brühe aufgießen. Kurz aufkochen lassen und dann so lange ziehen lassen, bis das Wasser restlos aufgesogen und der Grünkern weich ist. Beiseite stellen.

5 Die Zwiebeln klein schneiden und mit dem Sojageschnetzelten (bzw. zerbröseltem Tofu) scharf anbraten. Mit Worcestershiresauce (gegebenenfalls zusätzlich Sojasauce) und etwas Paprikapulver würzen. Anschließend den Grünkern zugeben und ebenfalls anbraten. Schließlich noch kurz die entkernten und klein geschnittenen Chilis sowie den zerdrückten Knoblauch mitbraten.

6 Das „Hack" mit den Bohnen und der Tomaten-Koriandermischung vermengen, 2 EL Cumin, etwas Cayennepfeffer, Pfeffer und Salz zugeben und kurz köcheln lassen. Nach Bedarf nachwürzen und etwas Öl zugeben (Öl ist ein guter Geschmacksträger). Am Schluss den Rest des Koriandergrüns zugeben.
Eine frische Ergänzung sind kurz vor dem Servieren beigemischte Tomatenwürfel und Frühlingszwiebeln.

AUS ALLER WELT

MEXIKANISCHE BURRITOS
FÜR 6 PERSONEN**

1 **Bohnenpaste**
Bohnen über Nacht einweichen. Abspülen. Sechs Knoblauchzehen und 2 der Zwiebeln klein schneiden und in Öl weich braten. Dabei mit Salz und Cayennepfeffer würzen. Die Bohnen und Wasser zugeben und weich kochen. Sind die Bohnen weich gekocht, werden sie mit dem Pürierstab oder einer Gabel zu einer Paste verarbeitet.

2 **Tortillas**
Das Mehl in einer Schüssel mit 6 EL Öl und 1 TL Salz verkneten. Langsam 120-160 ml Wasser einkneten. Der Teig soll sich vom Schüsselrand lösen.
Etwa 12 dünne Tortillas auf einer bemehlten Arbeitsfläche ausrollen. In einer ungefetteten, beschichteten Pfanne auf mittlerer Hitze braten. Sobald sich Bläschen bilden, die Tortilla wenden. Eher frühzeitig aus der Pfanne nehmen, da sie sonst zu trocken werden und beim Einrollen leicht brechen können.

3 **Chili-Tomate-Salsa**
Die Chilis der Länge nach aufschneiden, die Kerne entfernen und klein schneiden. Die restlichen Zwiebeln und die Tomaten klein schneiden. Alle Zutaten mit dem Koriandergrün vermengen, etwas Cumin und Limetten-/Zitronensaft zugeben und mit Salz und Pfeffer abschmecken. Mit einem Pürierstab das Salsa leicht anpürieren.

4 **Guacamole** (Avocadopaste)
Aus dem Avocadofleisch und dem Saft einer Limette/Zitrone sowie zwei zerdrückten Knoblauchzehen eine cremige Paste rühren. Mit Pfeffer, Salz, Paprikapulver und etwas Cumin abschmecken.

5 **Soja-Joghurtsauce** (siehe Seite 55)
Nach Grundrezept zubereiten und mit etwas Cumin, Salz und Chilipulver würzen.

Alle Zutaten, inklusive klein geschnittenem Salat, auf einer Tortilla verteilen, diese einrollen und an einem Ende schließen.

**600 g Kidney-, Pinto-, oder schwarze Bohnen
4 große Zwiebeln
8 Knoblauchzehen
8 Tomaten
2-4 frische Chilischoten (je nach Schärfe)
1-2 Bund Koriandergrün
knackiger Salat (am besten Eisbergsalat)
4 weiche Avocados
500 g Weizenmehl
neutrales Öl (z.B. Maiskeimöl)
ca. 300 ml Sojamilch
2 Zitronen/Limetten
Cayenne-Pfeffer
Paprikapulver
Cumin (Kreuzkümmel, gemahlen)
Pfeffer, gemahlen
Salz**

133

100 g Hirse
1 große rote Zwiebel
5 Knoblauchzehen
2 rote Chilischoten
1 rote Paprika
2 große Karotten
1 kleine Zucchini
1 Zitrone, unbedingt ungespritzt
frisches Koriandergrün
Olivenöl

3 TL Piment
Zimt
1 Nelke
Pfeffer, gemahlen
Salz

KARIBISCHE HIRSEPFANNE (VARIATION)
FÜR 2-3 PERSONEN*

1   Die Zwiebeln in Ringe schneiden. Den Knoblauch zerdrücken. Die Chilischoten der Länge nach aufschneiden, von den Kernen befreien und klein schneiden. Die Paprika ebenso von den Kernen befreien, in dünne Streifen schneiden und diese dann halbieren.
Die Zucchini in dünne Scheiben schneiden.

2   Die Hirse mit heißem Wasser abspülen. Die Karotten schälen und in Scheiben schneiden. In Olivenöl kurz anbraten, dann die Hirse zugeben. Sofort salzen und mit ca. 200 ml Wasser aufgießen. Auf mittlerer Hitze köcheln lassen, bis das Wasser aufgesogen ist. Von der Platte nehmen und mit geschlossenem Deckel warm halten.

3   Die Zwiebeln, den Knoblauch, die Chilis, die Paprika und die Zucchinischeiben mit 3 TL Piment, etwas Zimt, 1 Nelke, etwas geriebener Zitronenschale, sowie etwas Pfeffer und Salz ein paar Minuten in Öl anbraten. Der Knoblauch darf nicht braun werden.

Jetzt die Nelke entfernen und alles unter die Karotten mit Hirse mischen. Ein paar Spritzer frischen Zitronensaft und etwa 2 Hände voll gehacktem Koriandergrün zugeben.

Hirse ist in unseren Breiten leider weitgehend in Vergessenheit geraten. Bis heute gilt sie als das Hauptnahrungsmittel der Armen und war dies auch jahrhundertelang für die Armen der westlichen Welt. Hirse ist eines der, wenn nicht das nährstoffreichste Getreide der Erde. Ihr Eisengehalt übersteigt den der gängigen Getreidesorten um ein Vielfaches und speziell der Kieselsäuregehalt ist bemerkenswert. Kieselsäure benötigt unser Körper für straffe Haut, feste Nägel, gesundes Haar. Aber auch bei entzündlichen Knochenbeschwerden wie Arthrosen sollen die Mineralien der Hirse helfen. Gemahlen passt sie gut ins morgendliche Müsli.

AUS ALLER WELT

1 kg Kartoffeln
2-3 Stangen Lauch
6-8 rote Zwiebeln
½ Liter Sojamilch
150 g Margarine
Olivenöl
4 EL Weißmehl
Cornflakes (ungezuckert)
Semmelbrösel
Dunkler Essig (Balsamico, Rotweinessig)
Weißwein

gekörnte Gemüsebrühe
Rohzucker
Pfeffer, gemahlen
Salz

KARTOFFELGRATIN & KARAMELLISIERTE ZWIEBELN
FÜR 3-4 PERSONEN**

Den Ofen auf 200 Grad vorheizen.

1   Die Kartoffeln schälen und in dünne Scheiben schneiden. Den Lauch in dicke Ringe schneiden.

2   **Béchamelsauce**
Die Margarine schmelzen, dann 4 EL Weißmehl mit dem Schneebesen einrühren. Wenn das Mehl durchfettet ist, ½ Liter **kalte** Sojamilch glatt einrühren und unter Rühren kurz aufkochen lassen. Mit etwas gekörnter Gemüsebrühe, Pfeffer und Weißwein abschmecken. Von der Herdplatte nehmen.

3   Eine Auflaufform mit Olivenöl bestreichen. Die Hälfte der Kartoffelscheiben darin auslegen. Darüber die Hälfte der Béchamelsauce verteilen. Ist die Sauce zu dickflüssig, sollte sie nachträglich mit etwas Sojamilch verdünnt werden. Anschließend alle Lauchringe verteilen. Darauf folgt die zweite Hälfte der Kartoffelscheiben. Zuletzt den Rest der Béchamelsauce darüber geben, so dass alle Kartoffeln bedeckt sind. Mit Cornflakes und Semmelbröseln bestreuen und diese etwas in die Béchamelsauce einarbeiten. So entsteht im Ofen eine knusprige Kruste. Abschließend mit Salz und Pfeffer und, falls vorhanden, mit Gewürzhefeflocken würzen, einen Schuss Olivenöl über das Gratin träufeln und gute 60 Minuten im Ofen backen. Es muss genug Flüssigkeit für die Kartoffeln vorhanden sein, damit diese garen können. Gegebenenfalls etwas Sojamilch oder Wasser nachgießen. Nach etwa 10 Minuten beginnt die Flüssigkeit des Gratins zu kochen.

4   Die Zwiebeln schälen und achteln. In einer Pfanne bei mittlerer Hitze in Olivenöl braten, bis sie glasig werden. Jetzt einen Spritzer roten Essig und etwa 4 EL Zucker zugeben und die Zwiebelstücke unter Wenden karamellisieren.
Ofenvariante: Etwas Öl, Essig und Zucker verrühren, bis sich der Zucker löst. Die Zwiebeln in einer Auflaufform mit geschlossenem Deckel bei 200 Grad weich garen. Dann ohne Deckel weitere 20 Minuten backen, bis sie karamellisiert sind. Gratin und Zwiebeln mit Salat servieren.

12 mittlere Seitanschnitzel
1,4 kg Kartoffeln (festkochend)
1 mittlere Zwiebel
2-3 mittlere Essiggurken
5 EL Balsamico-Essig, hell
2 EL Rapsöl
Frittieröl
4-6 EL Sojamehl (Ei-Ersatz)
Weißmehl
Semmelbrösel (Paniermehl)
3 Zitronen
Wildpreiselbeeren aus dem Glas

1 TL Gemüsebrühe
5 TL Rohzucker
1 TL Pfeffer, gemahlen
4 TL Salz

SEITAN-SCHNITZEL MIT KARTOFFELSALAT
FÜR 5-6 PERSONEN**

1 Seitan
Das Seitan am Abend zuvor vorbereiten, dann auswaschen und aufkochen (siehe Seite 51/52). Am besten jedoch fertiges Seitanpulver anrühren und aufkochen. Flache Schnitzel schneiden.

2 Kartoffelsalat
Den Kartoffelsalat idealerweise ebenso am Vortag bzw. frühzeitig vorbereiten, damit er noch ziehen kann.
Die Kartoffeln schälen, in mitteldicke Scheiben schneiden und in Wasser weich kochen. Dann das Wasser abgießen und die Kartoffeln vor dem Weiterverabeiten etwas auskühlen lassen, da sie sonst leicht zerfallen.

3 Die Zwiebel und die Essiggurken klein schneiden und vorsichtig unter die Kartoffeln mischen. Einen TL Gemüsebrühe, 5 EL Balsamico-Essig, 5 TL Rohzucker, 3 TL Salz und 1 TL Pfeffer in 400 ml heißes Wasser rühren und dann mit den Kartoffeln vermengen. Vor dem Servieren noch 2 EL Rapsöl unterrühren.

4 Das Sojamehl mit etwas Wasser anrühren, so dass eine cremig-flüssige Masse entsteht. Sie ersetzt beim **Panieren** die aufgeschlagenen, rohen Eier.
Es wird in drei Schritten paniert. Zunächst ein Seitanschnitzel beidseitig gut bemehlen. Danach im Ei-Ersatz wälzen. Dann in den Semmelbröseln/Paniermehl wenden. Die Semmelbrösel fest an das Schnitzel drücken, damit die Panade beim Frittieren nicht abfällt und im Öl verbrennt. Nach Belieben nochmals im Ei-Ersatz schwenken und eine zweite Schicht Semmelbrösel andrücken. Die Schnitzel in heißem Öl herausbacken.
Im Ofen warm halten, bis alle Schnitzel paniert sind.

Die Seitanschnitzel mit dem Kartoffelsalat, einem Scheibchen Zitrone und Wildpreiselbeeren servieren.

GRÜNKERN-BRATLINGE & KAROTTENGEMÜSE
FÜR 2 PERSONEN (4 BRATLINGE)*

1 Die Kartoffeln schälen, in dicke Scheiben schneiden und weich kochen.

2 Den Grünkernschrot in einer Pfanne mit Öl anbraten. Mit Worcestershiresauce oder Sojasauce ablöschen und mit 500 ml Brühe aufgießen. Auf schwacher Hitze ziehen lassen, bis die Brühe aufgesogen ist.
Drei EL Sojamehl mit wenig Wasser cremig anrühren und zum Grünkernschrot geben. Ebenso 2 EL Paniermehl. Die Masse gut durchmengen, sie darf nicht bröselig sein. Erkalten lassen.

3 Die Karotten schälen und in dünne Scheiben schneiden. In etwas Margarine oder Öl leicht anbraten, mit einer dünnen Brühe aufgießen und weich kochen.

4 Nun eine Béchamelsauce herstellen. Einen EL Margarine/Öl erhitzen und 1 EL Mehl mit dem Schneebesen einrühren. Dann mit etwas **kalter** Sojamilch aufgießen und glatt rühren. Unter Rühren kurz aufkochen. Nach Bedarf noch Milch nachgießen. Sobald die Karotten weich (aber nicht verkocht) sind, die Béchamelsauce unterrühren. Das Karottengemüse nach Bedarf mit Salz, Pfeffer und Gemüsebrühe nachwürzen.

5 Die Zwiebel schälen und klein hacken und mit den Kartoffelschalen anbraten. Mit Salz, Pfeffer und süßem Paprikagewürz abschmecken.

6 Schließlich dicke Burger formen und mit feuchten Händen glatt streichen. In einer Pfanne mit Öl herausbraten. Nach dem ersten Wenden langsam flacher drücken, bis die gewünschte Dicke erreicht ist. Nach Möglichkeit keine zu dünnen Burger herstellen, da diese leicht brechen können. Möglichst wenig wenden.

200 g Grünkernschrot
5 mittlere Kartoffeln
1 mittlere Zwiebel
6-8 mittlere Karotten
Öl/Margarine
2 EL Paniermehl
3 EL Sojamehl
Mehl
Sojamilch

Worcestershiresauce
gekörnte Gemüsebrühe
Paprikagewürz
Pfeffer, gemahlen
Salz

SEMMELKNÖDEL MIT PILZRAHMSAUCE
FÜR 2-3 PERSONEN**

5 Semmeln (Weißbrot)
250 g Champignons
(oder Pilze nach Wahl)
2 mittlere Zwiebeln
reichlich frische
Petersilie (3-4 Handvoll)
8 EL Margarine
Weißwein
½ Liter Sojamilch
5 EL Mehl
3 EL Sojamehl oder 1 TL
Guarkernmehl
(Bindemittel/Ei-Ersatz)
(1-2 TL Nussmus
für Sahne)

3 TL Kümmel gemahlen
gekörnte Gemüsebrühe
Pfeffer, gemahlen
Salz

1 **Semmelknödel**
Eine mittlere Zwiebel und zwei große Hände voll Petersilie klein schneiden. In einer Pfanne mit etwa 2 EL Margarine anschwitzen, bis die Zwiebeln glasig sind. Beiseite stellen.

Fünf Semmeln (Brötchen) oder ca. 500 g Weißbrot (mit Rinde) klein rupfen. Das Brot darf gerne 1-2 Tage alt sein.
Drei gehäufte EL Sojamehl mit etwas Wasser anrühren. Diesen Ei-Ersatz mit 2 EL Margarine, ¼ Liter Sojamilch und etwas Salz mit einem Schneebesen gut verrühren. Als Bindemittel eignet sich ebenso ein gestrichener TL Guarkernmehl. Die Semmelstücke und das Petersilie-Zwiebel-Gemisch zugeben und alles verkneten. Die Knödelmasse 10 Minuten ruhen lassen. Einige Male durchkneten. Dann mit 2-3 EL Mehl binden, die Masse soll von fester und klebriger Konsistenz sein.
Vier große Knödel formen und in **leicht** kochendes, gesalzenes Wasser legen. Mit fast geschlossenem Deckel (einen Kochlöffel unter den Topfdeckel legen) 20-30 Minuten ziehen lassen, bis sie an der Oberfläche schwimmen. Dann mit einem Sieb o.ä. herausnehmen, leicht abkühlen lassen und sofort servieren.

2 **Pilzrahmsauce**
Eine mittlere Zwiebel und 1-2 Handvoll Petersilie klein schneiden. Die Pilze nicht waschen (sonst lassen sie sich schlecht anbraten), vom Stil befreien, in Scheiben schneiden und je nach Größe nochmal halbieren. Alles in 3 EL Margarine unter Rühren braten, bis die Zwiebeln glasig sind. Mit 2-3 TL gemahlenem Kümmel, etwas Pfeffer und Salz würzen.
Mit Weißwein ablöschen.
Etwas Gemüsebrühe aufgießen und köcheln lassen.

Eine kleine Menge Béchamelsauce herstellen. Einen EL Margarine in einem Topf schmelzen und 1 gehäuften EL Mehl mit einem Schneebesen einrühren. Ein wenig kalte Sojamilch zugeben, glatt rühren und kurz aufkochen. Beiseite stellen.
Nach Wunsch etwas süße Sahne vorbereiten. Dazu 1-2 TL Nussmus (Mandel- oder Cashewmus) mit etwas Sojamilch schaumig verquirlen.
Sobald die Pilzsauce sämig eingekocht ist, die Béchamelsauce langsam einrühren. Nach Wunsch noch den Schuss süße Sahne zugeben.

Die Knödel auf dem Teller zerrupfen, nicht schneiden, so saugen sie am besten. Mit Petersilie garniert servieren.

600 g Austernpilze (möglichst groß)
6 mittlere Äpfel
6 mittlere Zwiebeln
1 kg Kartoffeln
Mehl
200 ml Sojamilch
neutrales Öl
2-3 EL Margarine

Muskatnuss
süßes Paprikagewürz
Pfeffer, gemahlen
Salz

AUSTERNPILZE MIT APFEL-ZWIEBEL-RINGEN & KARTOFFELPÜREE („FALSCHE LEBER")
FÜR 4 PERSONEN*

1 Die Kartoffeln schälen und kochen.

2 Die Austernpilze vorsichtig platt drücken und in Mehl schwenken. Die Pilze nicht waschen, da das Anbraten sonst fast unmöglich ist.

3 Die Äpfel schälen und in dicke Ringe bzw. Scheiben schneiden. Es gibt spezielle Gehäuseentferner mit denen sich das Gehäuse komplett aus dem Apfel holen lässt. Ohne diesen einfach die Ringe einzeln aushöhlen.
Die Zwiebeln schälen und in Ringe schneiden.

Vorzugsweise mit zwei Pfannen parallel arbeiten. In einer Pfanne auf mittlerer Hitze die bemehlten Austernpilze langsam anbraten und dabei mit Paprikagewürz und Salz würzen. Sie sollten nicht braun werden, da sie sonst leicht trocken und angebrannt schmecken.

In der zweiten Pfanne die Apfelringe und die Zwiebelringe langsam weich braten und dann leicht anbraten.

4 Zeitgleich die Kartoffeln stampfen und mit 2-3 EL Margarine sowie 180 ml Sojamilch vermengen. Mit Pfeffer, Salz und etwas Muskatnuss abschmecken. Bei Bedarf noch etwas Milch einrühren.

Sehr gut passt hier ein Salat mit Meerrettich-Dressing (siehe Seite 56).

> Die Muskatnuss ist ein Gewürz, das in der Küche aufgrund seines intensiven Geschmacks sehr sparsam verwendet wird. Muskatnuss soll den Appetit anregen und verdauungsfördernd wirken. Sie wirkt aber auch halluzinogen und kann in größeren Mengen Rauschzustände, aber auch starke Vergiftungserscheinungen hervorrufen.

AUS ALLER WELT

2 kg weißer Spargel
1 kg Kartoffeln
frischer Schnittlauch
Margarine
250 ml Sojamilch
3 EL frischer Zitronensaft
1 TL Senf, mittelscharf

1 TL Kümmelkörner
Kurkuma
Rohzucker
Pfeffer, gemahlen
Salz

SPARGEL MIT SALZKARTOFFELN
FÜR 4 PERSONEN*

1 **Salzkartoffeln**
Die Kartoffeln schälen und je nach Größe halbieren oder vierteln. In gesalzenem Wasser mit ½-1 TL Kümmelkörnern weich kochen.

2 **Spargel**
Den Spargel großzügig von der Spitze zum Ende hin schälen. Es ist ratsam, lieber etwas mehr zu schälen, damit der Spargel beim Verzehr nicht faserig oder holzig schmeckt. Etwa 2 cm der Enden abschneiden. Wasser kochen und sowohl salzen als auch zuckern. Den Spargel darin zart weich kochen. Der Zucker nimmt dem Spargel die Bitterstoffe.

3 **Spargelsauce**
Vier großzügige EL Margarine bei mittlerer Hitze schmelzen. Mit einem Schneebesen 2 EL Mehl einrühren. Den Topf vom Herd nehmen, 250 ml kalte Sojamilch einrühren und glatt rühren.
Kurz aufkochen und die Hitze sofort stark reduzieren.
Zwei TL Zucker, 1 TL Kurkuma, 1 TL Senf, etwas Salz und Pfeffer und 3 EL frischen Zitronensaft zugeben und mit dem Schneebesen locker aufschlagen. Jetzt 200-250 ml Wasser zufügen und nochmals schaumig aufschlagen.

Den Spargel mit der Sauce, den Kartoffeln und frisch gehacktem Schnittlauch servieren.

In ein feuchtes Geschirrtuch eingewickelt hält sich Spargel im Kühlschrank 2-3 Tage frisch.

> Spargel wird eine entschlackende und entgiftende Wirkung über die Harnausscheidung nachgesagt. Von viel größerer Bedeutung sind jedoch sein beachtlicher Folsäuregehalt sowie die enthaltenen Mineralien und Vitamine, allen voran Vitamin E. Er ist kalorienarm und reich an Nahrungsfasern. Da Spargel Purine enthält, ist er für Menschen mit Neigung zu Gicht und Nierensteinen weniger geeignet.

AUS ALLER WELT

GEFÜLLTE CHAMPIGNONS MIT RÖSTI & SAUCE
FÜR 3 PERSONEN***

300 g große Champignons
800 g Kartoffeln
80 g Grünkernschrot
3-4 Zwiebeln
1 große Karotte
1 Stange Lauch
1 Bund krause Petersilie
1 EL Nussmus (Cashew- oder Mandelmus)
ca. 100 ml Sojamilch
2 Scheiben dunkles Brot oder ½ Soßenlebkuchen
Rotwein
neutrales Öl (z.B. Rapsöl)
Margarine
Kartoffelstärke
2-3 EL gekörnte Gemüsebrühe
1-2 EL Paprikagewürz
Kümmel, gemahlen
Worcestershiresauce
Sojasauce
Pfeffer, gemahlen
Salz

1 **Sauce**
Zwei Scheiben dunkles Brot (kein Weißbrot) oder ½ Soßenlebkuchen in etwas Rotwein einlegen.
Eine große Zwiebel klein schneiden. Die Karotte schälen und klein schneiden. Die Hälfte der Lauchstange klein schneiden.
Die Zwiebel in Öl scharf anbraten. Die Karotte und den Lauch dazugeben und ebenfalls leicht braten. Mit Wasser aufgießen und weich kochen lassen. Mit 2 TL Gemüsebrühe würzen.
Sobald das Gemüse weich gekocht ist, das eingelegte Brot zugeben, alles mit dem Pürierstab pürieren und weiter köcheln lassen.
Einen EL Margarine in einem Topf schmelzen. Etwa 1-2 EL Paprikagewürz einige Sekunden lang darin braten. Sofort 2 EL Mehl mit einem Schneebesen einrühren. Nun mit etwas Rotwein aufgießen und glatt rühren. Kurz eindicken lassen.
In das pürierte Gemüse rühren.
Aus 1 EL Nussmus und ca. 100 ml Sojamilch mit dem Pürierstab/Mixer eine süße Sahne herstellen und ebenfalls in die Sauce rühren.
Abschließend die Sauce mit Worcestershiresauce, Salz, Pfeffer, Rotwein und Gemüsebrühe abschmecken.

2 **Füllung**
Den Grünkernschrot in Öl anbraten, mit der anderthalbfachen Volumenmenge Brühe aufgießen, vom Herd nehmen und ziehen lassen.
Die Stile der Pilze entfernen und klein schneiden. Eine Zwiebel schälen und klein hacken. Die andere Lauchhälfte klein schneiden. Grünkernschrot, Pilzstücke, Lauch und Zwiebeln in Öl anbraten. Mit Worcestershiresauce und etwas Kümmel würzen. Gegen Ende des Bratvorgangs etwas geschnittene Petersilie beimengen. Die ausgehöhlten Pilze mit der Füllung füllen und im Ofen bei 180 Grad ca. 15-20 Minuten backen.

3 **Rösti**
Kartoffeln schälen und mittelfein hobeln. Durch ein Küchentuch den Saft herauspressen und auffangen. Stehen lassen, nach einer Weile den Saft abgießen und die abgesetzte Stärke bzw. 2 EL gekaufte Kartoffelstärke wieder unter die Kartoffeln mischen. Mit einer klein geschnittenen Zwiebel und einer Prise Salz vermengen. Mittelgroße Kugeln formen und in heißes Öl legen. Langsam platt drücken, so zerfallen die Rösti nicht. Beidseitig goldbraun braten.

Rösti, auch Kartoffelpuffer, Reibekuchen oder Reiberdatschi, schmecken ebenso vorzüglich als Süßspeise mit Apfelmus. Einfach ohne Zwiebeln zubereiten.

SERVIETTENKLOSS MIT APFELROTKOHL & SAUCE
FÜR 3 PERSONEN***

500 g Weißbrot (5-6 Brötchen/Semmeln)
4 Zwiebeln
600 g Rotkohl
2 große Äpfel
2 Karotten
1 kleine Stange Lauch
100 g Margarine
neutrales Öl
300 ml Sojamilch
1 große Handvoll krauser Petersilie
3 EL Sojamehl ode 1 TL Guarkernmehl (Bindemittel/Ei-Ersatz)
Mehl
Rotweinessig
Rotwein
1 Scheibe dunkles Brot
Johannisbeergelee (oder das Gelee einer anderen roten Frucht)
Wildpreiselbeeren/ Cranberries aus dem Glas

Rohzucker
12 Wacholderbeeren
3 Nelken
3 Lorbeerblätter
Zimt
Pfeffer, gemahlen
Salz

1 **Sauerbratensauce**
Die Sauerbratensauce zuerst vorbereiten. Wegen des Aufwandes am Besten eine größere Menge Bratensauce herstellen und portionsweise einfrieren.
Sauerbratensauce siehe Seite 63.

2 **Apfelrotkohl/Blaukraut**
Den Rotkohl vom Strunk befreien und hobeln bzw. in kurze, dünne Streifen schneiden. Eine Zwiebel schälen und klein schneiden. Die Äpfel schälen, das Gehäuse entfernen und ebenfalls klein schneiden.
Die Zwiebel in 3 EL Öl glasig braten, dann 3 TL Rohzucker und die Äpfel zugeben und kurz weiterbraten. Jetzt 3 EL Rotweinessig, 4 EL Rotwein und den Kohl zugeben und kurz weiterbraten.
Mit etwas Wasser aufgießen, 6 Wacholderbeeren, 3 Nelken, 2 TL Salz, etwas Pfeffer und 1 EL Margarine zugeben und gute 40 Minuten mit geschlossenem Deckel auf mittlerer Flamme weich kochen.

3 **Serviettenkloß**
Eine kleine Zwiebel schälen und klein schneiden. Mit der Petersilie und 2-3 EL Margarine anschwitzen, bis die Zwiebel glasig ist.
Das Weißbrot oder die Semmeln/Brötchen mit Rinde klein rupfen. Das Weißbrot muss nicht frisch, darf also auch 1-2 Tage alt sein.
Drei gehäufte EL Sojamehl mit etwas Wasser cremig/flüssig anrühren. Dieses eiweißhaltige Bindemittel mit 2 EL Margarine, 250 ml Sojamilch und einer Prise Salz mit einem Schneebesen ordentlich verrühren. Als Ei-Ersatz eignet sich ebenso ein gestrichener TL Guarkernmehl. Mit dem Petersilie-Zwiebelgemisch und dem gerupften Brot verkneten. Einige Male durchkneten. Dann mit 2-3 EL Mehl binden, die Masse soll von fester und klebriger Konsistenz sein.

In einem sauberen Geschirrtuch/Stoffserviette einen großen Laib aus dem Teig formen und die Enden des Tuchs mit mittlerem Druck auf die Kloßmasse verknoten. Das Bündel an einen Kochlöffel hängen, den Kloß in **leicht** kochendes, gesalzenes Wasser hängen und gute 30 Minuten ziehen lassen. Dann vorsichtig aus dem Wasser nehmen und vor dem Auspacken erst leicht auskühlen lassen, da der Serviettenkloß sonst brechen kann. Für eine größere Runde Gäste empfiehlt es sich, mehrere Klöße dieser Größenordnung herzustellen, anstatt einen sehr großen zu versuchen.
Den Kloß wie einen Kuchen schneiden. Mit dem Apfelrotkohl, der Sauerbratensauce und den Preiselbeeren servieren.
Dazu Salat. Das Festmahl kann beginnen.

500 g festkochende Kartoffeln
2 Fenchel (ca. 300 g)
2 x 400 g Gemüsetofu oder
Räuchertofu
50 g Margarine
Olivenöl
Weißwein
1-2 EL Maisstärke

gekörnte Gemüsebrühe
Worcestershire oder
helle Sojasauce
Pfeffer, gemahlen
Salz

KARTOFFEL-FENCHEL-GEMÜSE MIT GEMÜSETOFU
FÜR 3-4 PERSONEN*

1 Den Fenchel von den Stilen befreien. Die Fenchelschichten in mundgroße Stücke schneiden. Das Fenchelkraut aufbewahren.
Die Kartoffeln schälen und in eher dünne Scheiben schneiden.

2 Den Fenchel in der Margarine und etwas Olivenöl auf mittlerer Hitze weich braten. Er darf nicht braun werden. Dann mit einem großzügigen Schuss Weißwein ablöschen und mit ca. 600 ml Gemüsebrühe aufgießen und zum kochen bringen.
Die Kartoffelscheiben zugeben und alles etwa 25 Minuten auf mittlerer Hitze köcheln lassen, bis der Fenchel weich ist und die Kartoffeln durch sind. Mit Salz, Pfeffer und gegebenenfalls noch etwas Weißwein abschmecken. Bei Bedarf noch ein wenig Wasser nachgießen. Zum Schluss 1 gehäuften EL Maisstärke in wenig Wasser auflösen und zum Gemüse geben. Kurz aufkochen, damit die Sauce eindickt und sämig wird.

3 Der Tofu sollte eingelegt und würzig sein. Es gibt verschiedene Würztofus im Angebot. Gemüsetofu und Räuchertofu eignen sich hervorragend. Aber auch Basilikumtofu, Tofu Rosso oder andere lassen sich als würziges Bratstück zum Gemüse kombinieren.

Den Tofu in maximal 1 cm dicke Scheiben schneiden, mit Worcestershire- oder Sojasauce würzen und beidseitig kross anbraten.

Tofu und Gemüse mit dem gewaschenen Fenchelgrün garnieren. Mit Salat anrichten.

Fenchel eignet sich roh zu Salaten, gekocht als Gemüsebeilage oder mit schweren Saucen. Fenchel ist reich an Vitamin E und Calcium. Seine Samen helfen gegen Blähungen und Völlegefühl und beseitigen lästigen Mundgeruch.

AUS ALLER WELT

8 Blätterteigquadrate à 50 g (400 g)
40 g Margarine
20 g Mehl
2-3 Knoblauchzehen
2 mittlere Zwiebeln
ca. 500 g Spinat
400 g Tofu
600 ml Sojamilch
Zitrone
Öl
Weißwein
Worcestershire- oder Sojasauce
gekörnte Gemüsebrühe
Pfeffer, gemahlen
Salz

BLÄTTERTEIGTASCHEN MIT SPINAT-TOFU-FÜLLUNG
FÜR 4 PERSONEN* (16 TÄSCHCHEN)

1 Den Blätterteig aus dem Gefrierschrank nehmen. Den Spinat von den Stilen befreien, waschen, abtropfen lassen und grob zerkleinern. Babyspinat muss nicht zerkleinert werden.
Die Zwiebeln schälen und klein schneiden. In einer Pfanne mit dem zerbröseltem Tofu kross anbraten. Dabei mit Salz, Pfeffer und etwas Soja-, oder Worcestershiresauce würzen.
Den Knoblauch schälen und zerdrücken. Am Ende des Bratvorgangs den Knoblauch und 400 g des Spinat zugeben und kurz mitbraten, bis der Spinat zusammenfällt. Von der Herdplatte nehmen.

2 Den Ofen auf 200 Grad vorheizen.
Die Blätterteigquadrate halbieren, so dass Dreiecke entstehen. Diese vorsichtig langziehen, so dass sie nicht reißen. Mit einem Esslöffel die Tofufüllung auf den Dreiecken verteilen und so zusammenfalten, dass kleine Taschen entstehen.

Auf einem gefetteten oder mit Backpapier ausgelegten Backblech verteilen, mit etwas Fett bestreichen und bei 200 Grad ca. 20 Minuten backen, bis sie leicht bräunlich werden.

3 Eine grüne Spinat-Béchamelsauce herstellen. Dazu die Margarine schmelzen. Das Mehl mit einem Schneebesen einrühren. Von der Herdplatte nehmen, die Hälfte der **kalten** Sojamilch glatt einrühren und kurz aufkochen. Etwas Zitronensaft zugeben, so wird die Sauce fest und cremig und erhält eine frische Note. Den restlichen Spinat mit etwas Sojamilch pürieren und ebenfalls in die Sauce rühren. Mit etwas Weißwein, Salz, Pfeffer und gegebenenfalls etwas Gemüsebrühe abschmecken. Je nach gewünschter Konsistenz noch mit der restlichen Sojamilch verdünnen.

Die Sauce über den Teigtäschchen verteilen und mit Salat servieren.

8 mittlere Schwarzwurzeln
1 große Süßkartoffel
3 mittlere Kartoffeln
3 mittlere Karotten
1 Lauchstange
200 ml Kokosmilch
4 EL Sojamehl
Weizenmehl
Paniermehl/Semmelbrösel
(evtl. etwas Sojamilch)
1 EL Speisestärke
Öl zum Panieren

Sojasauce
1 TL Currypaste
(siehe Seite 61)

PANIERTE SCHWARZWURZELN MIT SÜSSKARTOFFELN
FÜR 3 PERSONEN*

1 Die Schwarzwurzeln schälen, dritteln und in kochendem Salzwasser 10-15 Minuten weich kochen. Die fertigen Schwarzwurzeln gut abtropfen lassen.

2 Die Süßkartoffel ungeschält in ca. 5 mm dicke Scheiben schneiden.
Die Kartoffeln schälen und in mittelgroße Würfel schneiden.
Die Karotten schälen und in Scheiben schneiden.
Den Lauch in mittlere Ringe schneiden.

Die Süßkartoffelscheiben, die Kartoffeln und die Karotten in leicht gesalzenem Wasser ca. 15 Minuten kochen. Dann den Lauch zugeben und nochmals maximal 5 Minuten kochen. Das Wasser abgießen.

3 Vier EL Sojamehl mit etwas Wasser zu einer cremig-flüssigen Masse verrühren. Mit etwas Salz würzen. Die Schwarzwurzeln in Mehl wenden, so dass sie rund herum bedeckt und trocken sind. Öl erhitzen.
Die Wurzeln nun einzeln im Ei-Ersatz und anschließend in Semmelbröseln wälzen, so dass sie in einen dicken Panade-Mantel eingehüllt sind. Knusprig frittieren.

4 **Sauce**
Einen TL Currypaste in 1 EL Öl kurz anbraten. Mit der Kokosmilch aufgießen und mit heller Sojasauce abschmecken. Eine EL Stärke in etwas Wasser lösen und zur Sauce geben. Einkochen lassen, bis die Sauce sämig wird. Je nach gewünschter Konsistenz eventuell nachträglich mit etwas Sojamilch verdünnen.
Ebenso gut eignet sich helle Curry-Sahne-Sauce (Seite 61), die ohne Kokosmilch zubereitet wird.

Die Schwarzwurzeln mit dem heißen Gemüse und der hellen Currysauce anrichten.

SEITANSTEAK MIT GRÜNEN KNOBLAUCHBOHNEN & ROSMARINKARTOFFELN
FÜR 2 PERSONEN*

1   Den Ofen auf 200 Grad vorheizen.
Die Kartoffeln abwaschen und ungeschält bissfest vorkochen.

2   Die Knoblauchzehen schälen und zerdrücken. Die Enden der Bohnen abschneiden. Die Bohnen dann, je nach Länge, halbieren und 1-2 Minuten vorkochen.

3   Den Rosmarin (auch delikat: Salbei) mit einem Mörser in etwas Olivenöl zerdrücken, Salz zugeben. Die Kartoffeln mehrfach anritzen oder wahlweise vierteln und auf einem Backblech im Rosmarinöl schwenken. Knusprig braun backen.

4   Den Knoblauch mit etwas Salz und Olivenöl vermengen. Die Bohnen ebenfalls auf einem Backblech darin schwenken und backen, bis sie weich sind.

5   Die vorbereiteten, flachen Seitanschnitzel mit etwas Tomatenmark in Olivenöl knusprig anbraten. Mit Rotwein ablöschen und mit Worcestershiresauce abschmecken. Von gekauftem, eingelegtem Seitan wird hier ausdrücklich abgeraten, da der Eigengeschmack zu groß und sehr gewöhnungsbedürftig ist.

6   **Senfsauce**
Zwei EL Essig mit 2-3 EL mittelscharfem Senf, 1 EL Rohzucker und 100 ml neutralem Öl mit einem Schneebesen verquirlen. Mit 1 EL Estragon und etwas weißem Pfeffer würzen. Vorsichtig erhitzen und gerade so viel Sojamilch einrühren, dass eine dickflüssige, cremige Senfsauce entsteht.

Seitan mit Kartoffeln, Bohnen und etwas Sauce servieren.

2 dünne Seitansteaks
300 g grüne Bohnen
8 kleine Kartoffeln
2-3 Knoblauchzehen
Olivenöl
100 ml neutrales Öl
Rotwein
Tomatenmark
2-3 EL mittelscharfer Senf
2 EL weißer Essig
Sojamilch
Worcestershiresauce
Rosmarin
1 EL Rohzucker
1 EL Estragon
Pfefferkörner
weißer Pfeffer, gemahlen
Salz

900 g Kartoffeln
600 g Rotkohl
2 große Äpfel
4 mittlere Zwiebeln
3 EL Rotweinessig
4 EL Rotwein
1-2 Scheiben Toast/Kastenbrot
4-6 EL Margarine
neutrales Öl

6 Wacholderbeeren
3 Nelken
süßes Paprikagewürz
Worcestershiresauce
gekörnte Gemüsebrühe
Rohzucker
Pfeffer, gemahlen
Salz

KARTOFFELKNÖDEL MIT APFEL-ROTKOHL
FÜR 2-3 PERSONEN***

1 Apfel-Rotkohl
Den Rotkohl vom Strunk befeien und hobeln bzw. in kurze, dünne Streifen schneiden.
Eine Zwiebel schälen und klein schneiden.
Die Äpfel schälen, vom Gehäuse befreien und klein schneiden.

Die Zwiebel in 3 EL Öl anschwitzen. Dann 3 TL Zucker und die Äpfel zugeben und kurz weiterbraten.
Den Kohl, 3 EL Rotweinessig und 4 EL Rotwein dazugeben und ebenfalls kurz weiter braten.
Jetzt mit etwas Wasser aufgießen, 6 Wacholderbeeren, 3 Nelken, 2 TL Salz, etwas Pfeffer und 1 EL Margarine unter den Rotkohl mischen und gute 40 Minuten mit geschlossenem Deckel auf mittlerer Flamme weich kochen.

2
Die Knödelfüllung vorbereiten. Das Toastbrot in Würfel schneiden und in Margarine rösten. Leicht salzen und zur Seite stellen.
300 g der Kartoffeln schälen und weich kochen. Auskühlen lassen.

3 Bratensauce
Die übrigen 3 Zwiebeln schälen und klein schneiden. In 3 EL Margarine scharf anbraten. Großzügig mit süßem Paprikagewürz, gekörnter Gemüsebrühe und Pfeffer würzen. Mit Worcestershiresauce ablöschen und mit Wasser aufgießen. Kurz weich kochen lassen und dann mit dem Pürierstab pürieren. Weiter auf niedriger Flamme einkochen lassen. Reichlich neutrales Öl einrühren, so dass Fettaugen auf der Sauce schwimmen. Unter gelegentlichem Rühren sämig einkochen lassen und gegebenenfalls mit Worcestershiresauce, Gemüsebrühe und Salz nachwürzen. Es soll eine ölige, kräftige, bräunliche, dickflüssige Bratensauce entstehen.

4 Kartoffelknödel
Die Knödel müssen in einem zusammenhängenden Vorgang zubereitet werden, da die geriebenen Kartoffeln sehr schnell eine dunkle, unappetitlich aussehende Farbe annehmen. Wenn man die Knödel als letztes ohne Unterbrechung zubereitet, spart man sich chemische Aufheller.

In einem Topf für 4 große Knödel gesalzenes Wasser erhitzen, jedoch nicht kochen.
Die ausgekühlten Kartoffeln fein reiben.
Die restlichen 600 g rohe Kartoffeln schälen und in eine andere Schüssel reiben. Sofort in ein Küchentuch geben und die Flüssigkeit so gut es geht herausdrücken. Die Flüssigkeit auffangen. Die gekochten und die rohen geriebenen Kartoffeln vermengen.
Am Boden der aufgefangenen Flüssigkeit setzt sich schnell die Kartoffelstärke ab. Das Wasser abgießen und die Stärke erneut unter die Kartoffelmasse mischen.
Nun 4 große Knödel formen, in die maximal viele Brotstückchen eingeschlossen werden. Gerade so viele, dass die Knödel beim Kochvorgang nicht aufbrechen.
Die Knödel in das heiße Salzwasser legen und etwa 25 Minuten ziehen lassen.
Die Knödel schwimmen dann an der Oberfläche.

Die fertigen Knödel herausnehmen und kurz auskühlen lassen. Dann locker aufreißen und Sauce darüber gießen.

Dazu den Apfelrotkohl und einen Salat servieren. Möglichst die Nelken und die Wacholderbeeren aus dem Rotkohl entfernen.

Ein ganz besonderes Feiertagsmenü ist es, wenn man zwei verschiedene Sorten Knödel (Kartoffel- und Semmelknödel) sowie zwei unterschiedliche Bratensaucen (Sauerbratensauce, Bratensauce „Gans") zur Auswahl auftischt.

Wer aus psychologischen Gründen ein Stück „Fleisch" mit auf dem Teller braucht, brät sich ein Seitanstück und kocht es anschließend kurz in der Bratensauce auf, damit es den Geschmack der Sauce in die Poren aufsaugt. Mit einem Braten hat das allerdings wenig zu tun.

> Den sekundären Pflanzenwirkstoffen von Kohlgemüse wird eine antikanzerogene, also krebshemmende Wirkung zugeschrieben.

---

550 g Wirsing
200 g Reis
4 Knoblauchzehen
4 kleine Kartoffeln
2 mittlere Äpfel

150-200 ml Kokosmilch
neutrales Öl
gekörnte Gemüsebrühe
1 TL Kurkuma
1 TL Currypulver

1 TL geriebener Ingwer
1 TL Cumin
(Kreuzkümmelpulver)
1 kleine rote Chili
1 TL Salz

WIRSING-CURRY
FÜR 2-3 PERSONEN**

1   Den Wirsing klein schneiden. Die Kartoffeln und die Äpfel schälen und in kleine Würfel schneiden. Den Knoblauch schälen und zerdrücken.
Die Gewürze bei mittlerer Hitze etwa eine Minute in Öl anbraten. Den Wirsing, die Kartoffeln und den Knoblauch zugeben und unter ständigem Rühren weich braten. Der Knoblauch darf nicht braun werden. Hat der Wirsing sein Volumen um etwa die Hälfte reduziert, werden ca. 250 ml Gemüsebrühe zugegeben. Mit geschlossenem Deckel weich kochen.

2   Reis zubereiten.

3   Sobald der Wirsing und die Kartoffeln durch sind, die Kokosmilch und die Apfelstücke zugeben und kurz weiter einkochen. Je nach gewünschter Konsistenz noch etwas Wasser nachgießen.

GROSSER FALAFEL-TELLER
FÜR 3-4 PERSONEN***

650 g Kichererbsen
200 g Couscous oder Bulgur (grober Hartweizengrieß)
2 Zwiebeln
1 Aubergine
6 Tomaten
½ Salatgurke
2 Frühlingszwiebeln
6 Knoblauchzehen
3 Zitronen
2 Bund glatte Petersilie
1 Bund Koriandergrün
1 Bund Minze
1 Glas Sesampaste (Tahin)
Chilipaste (z.B. Sambal Olek)
Olivenöl
Frittieröl
Roter Essig (Branntwein- oder Rotweinessig)
etwas Mehl
1 TL Backpulver
Gemüsebrühe
Majoran
Cumin (Kreuzkümmel, gemahlen)
Pfeffer, gemahlen
Salz
Fladenbrot

1 **Falafel**
400 g Kichererbsen über Nacht einweichen. Das Wasser abgießen und die Kichererbsen mit 1 Zwiebel, 3 Knoblauchzehen, 1 Bund glatter Petersilie, 1 Bund Koriandergrün, 1 TL Backpulver pürieren, so dass eine geschmeidige und grünliche Masse entsteht. Sie sollte weder bröselig noch zu feucht sein. Eventuell noch etwas Wasser zugeben oder mit etwas Mehl binden. Großzügig mit Cumin, Pfeffer und Salz abschmecken. Kleine Bällchen formen und bei mittlerer Hitze gut durch frittieren.

2 **Hummus**
250 g Kichererbsen mindestens 4 Stunden bzw. über Nacht in Wasser einweichen. Das Wasser abgießen und mit frischem Wasser mindestens 40 Minuten weich kochen. Mit dem Saft einer Zitrone, 3 Knoblauchzehen, 120 g Tahin, 4 EL Olivenöl, 1 EL Cumin, Pfeffer und Salz im Mixer zu einer cremigen Masse verarbeiten. Gegebenenfalls Wasser zugeben.
Mit etwas Olivenöl und süßem Paprikapulver garniert servieren.

3 **Auberginenpaste**
Die Aubergine mit einer Gabel anstechen oder halbieren und so lange bei 200 Grad backen, bis sie richtig braun geworden ist. Sie kann auch in der Pfanne gebraten werden. Die Haut sollte dabei schön anbrennen, um einen rauchigen Geschmack zu erhalten. Die verbrannte Haut wird dann abgeschält. Das Auberginenfleisch mit etwas Petersilie oder Minze, 1 EL Olivenöl, 3 EL Zitronensaft, 3 Knoblauchzehen und 3 EL Tahin pürieren. Mit Salz und Pfeffer abschmecken. Mit Olivenöl beträufelt servieren.

4 **Taboulé**
Den Couscous in 400 ml Brühe kurz aufkochen. Dann beiseite stellen und ziehen lassen. Nach 5 Minuten 1 EL Olivenöl oder ein Stück Margarine unterrühren und den Couscous mit einer Gabel auflockern. Drei Tomaten würfeln, 2 Frühlingszwiebeln klein schneiden, 1 Bund Petersilie und 1 Bund Minze klein rupfen und alles mit dem Couscous vermengen. Mit frischem Zitronensaft, Salz und Pfeffer abschmecken.

5 **Sesamsauce**
4 EL Tahin mit etwas Wasser verrühren, bis eine cremig-flüssige Masse entsteht. Mit 2 EL Zitronensaft und Salz abschmecken (siehe Seite 62).

6 Einen Salat aus 1 Zwiebel, 3 Tomaten und der klein geschnittenen Gurke zubereiten, mit rotem Essig, etwas Öl, Salz, Pfeffer und Majoran abschmecken.
Alles zusammen mit Chilipaste und Fladenbrot anrichten.

300 g Couscous (Hartweizengrieß fein)
ca. 900 ml Tomatensauce
4 Knoblauchzehen
2 große Karotten
2 mittlere Kartoffeln
1 kleine Zucchini
1 große Zwiebel
150 g kleine Nudeln/Macaroni
50 g Kichererbsen
50 g schwarze oder braune Linsen
Röstzwiebeln
neutrales Öl
Essig
gekörnte Gemüsebrühe
1 TL Kurkuma
1 TL Kardamom
Chilis/Chilipulver
Pfeffer & Salz

GEMÜSE-COUSCOUS
FÜR 2-3 PERSONEN**

Dieses Gericht ist eine Mischung aus dem ägyptischen Gericht Koshari und Couscous mit Gemüse.

1 Die Kichererbsen über Nacht einweichen. Anschließend weich kochen. Kichererbsen aus der Dose sind die zeitsparende Variante.
Schnellkochende Linsen müssen nicht über Nacht eingeweicht werden. Die Packungsangabe beachten.
Die Kichererbsen und die Linsen in getrennten Töpfen weich kochen.

2 Die Knoblauchzehen schälen und zerdrücken. Die Tomatensauce mit dem Knoblauch, 1 EL Öl, ½ EL Essig, etwas Chilipulver sowie Pfeffer und Salz abschmecken und mindestens 25 Minuten einkochen lassen. Sie soll pikant schmecken.

Die Nudeln kochen.

3 Einen TL Kurkuma, 1 TL gemahlenen Kardamom und 1 EL Öl in 600 ml heiße Brühe geben und über dem Couscous verteilen. Verrühren und abgedeckt ziehen lassen.

4 Die Karotten schälen und in dünne Scheiben schneiden. Die Kartoffeln schälen und in kleine Würfel schneiden. Die Zucchini in mittlere Stücke schneiden.
Das Gemüse in einer Pfanne mit Öl bei mittlerer Hitze weich braten. Dann die Hitze herunter drehen, die Kichererbsen, die Linsen und die Nudeln zugeben, alles vermengen und mit Pfeffer und Salz abschmecken.

Den Couscous auf den Tellern aufbauen, das Gemüse mit den Hülsenfrüchten und Nudeln sowie die Tomatensauce darüber geben. Mit Röstzwiebeln garnieren.

Als erfrischende Beilage eignen sich Gurken und Tomaten.

AUS ALLER WELT

1 Aubergine
1-2 Zucchini
3 große Karotten
3 Paprika
5 Knoblauchzehen
ca. 600 g Tomaten
1 Zitrone
Olivenöl

gekörnte Gemüsebrühe
Kräuter der Provence (Rosamarin, Thymian, Estragon, Lavendel)
Pfeffer, gemahlen
Salz
Rohzucker

Weißbrot

RATATOUILLE
FÜR 3 PERSONEN*

1   Den Strunk der Tomaten keilförmig entfernen. Die Unterseite der Tomaten kreuzförmig einritzen und in heißem Wasser kochen, bis sich die Haut löst. Die Tomaten aus dem Wasser holen, schälen und klein schneiden.

2   Die Aubergine in mittlere Stücke schneiden und großzügig salzen. Kurz stehen lassen.
Die Karotten schälen und in Scheiben schneiden. Die Zwiebeln schälen und in mittelgroße Stücke schneiden. Die Zucchini längs vierteln und in mittlere Stücke schneiden. Den Knoblauch schälen und in dünne Scheiben schneiden. Die Paprika von den Kernen befreien und in mittelgroße Stücke schneiden.

3   Die Auberginenstücke in einer Pfanne mit Olivenöl bei mittlerer Hitze goldbraun anbraten. Es ist normal, dass die Aubergine reichlich Öl aufsaugt. Sie gibt es später wieder an das Ratatouille ab. Dann die Karotten und die Zwiebelstücke zugeben und ein paar Minuten unter Rühren mitbraten. Jetzt die Zucchini- und Paprikastücke, den Knoblauch und den Saft einer Zitrone sowie etwas Gemüsebrühe zugeben. Mit Pfeffer, Salz und den Kräutern der Provence abschmecken und unter Rühren ein paar Minuten weich braten.

Schließlich die klein geschnittenen, geschälten Tomaten und großzügig Olivenöl zugeben und mit halb geschlossenem Deckel bei schwacher bis mittlerer Hitze garen lassen. Nach Bedarf nachwürzen.

Nach 30-40 Minuten mit (französischem) Weißbrot servieren. Auch Nudeln passen sehr gut zum Ratatouille.

4 Lauchstangen
2 große rote Zwiebeln
400 g Tofu
800 g Seidentofu
300 g Mehl
180 g Margarine
1-2 EL Stärke
Cornflakes, ungesüßt
Weißwein
neutrales Öl

Worcestershire- oder Sojasauce
gekörnte Gemüsebrühe
Pfeffer, gemahlen
Salz

(Zutaten für die zweite Variante beachten)

LAUCH-ZWIEBEL-QUICHE
FÜR 6 PERSONEN**

1 Mürbteig
Das gesiebte Mehl mit einer Prise Salz und 180 g kalter, fester, in Flocken geschnittener Margarine verkneten. In Bioläden gibt es feste, von der Konsistenz Butter ähnliche Margarine als Block. Etwa 3-4 EL Eiswasser zugeben und weiterkneten. Nur gerade so viel, dass der Mürbteig zusammenhält. Den Teig in Folie wickeln und im Kühlschrank mindestens 30 Minuten ruhen lassen.

2 Den Tofu zerbröselt in einer Pfanne mit Öl kross anbraten. Mit Worcestershire- oder Sojasauce großzügig würzen. Beiseite stellen.

Den Ofen auf 200 Grad vorheizen.

3 Die Zwiebeln klein schneiden und den Lauch in Ringe schneiden. Beides leicht in Öl anbraten und dabei mit Salz, Pfeffer und etwas gekörnter Gemüsebrühe würzen. Mit Weißwein löschen.

4 Den gekühlten Teig glattrollen und in einer gefetteten Springform auslegen. Den Rand vorsichtig hochziehen und andrücken. Den Boden mehrmals mit einer Gabel anstechen.
Jetzt die Lauchringe, die Zwiebeln und den Tofu mit dem gut abgetropften Seidentofu und 1 EL Stärke vermengen und in die Springform füllen.

VARIANTE
Wer seine Quiche mächtiger, mit süßer Sahne bevorzugt: Einen halben Liter Sojamilch mit 80 ml Cashewmus verquirlen. Zwei TL Agar Agar, 1 EL Rohzucker und einen Schuss Weißwein zugeben und kurz aufkochen. Solange der Guss noch weich genug ist, mit dem Tofu und dem Gemüse in der Springform vermengen und verteilen.

5 Zum Überbacken ein paar Cornflakes einarbeiten. Die Quiche 25-35 Minuten bei 200 Grad backen, nach 15 Minuten noch ein paar Margarineflocken auf der Oberfläche verteilen.
Vor dem Anschneiden kurz abkühlen lassen, so wird die Quiche fester.

SEITAN-GYROS (GRIECHENLAND)
FÜR 2 PERSONEN*

1 Tsatsiki
Es wird in gleichen Teilen Soja-Joghurt und Mayonnaise hergestellt und anschließend vermengt.
Für den Soja-Joghurt 100 ml Sojamilch mit 3 TL Zitronensaft ohne Umrühren mindestens 15 Minuten gerinnen lassen.

Die nicht geronnene Milch vorsichtig abgießen und mit einer Messerspitze voll Guarkernmehl, 1 TL Zitronensaft, 2 geschälten Knoblauchzehen und etwas Olivenöl mit dem Pürierstab cremig schlagen.
Nun die restlichen 100 ml Sojamilch zufügen und unter kontinuierlichem Mixen langsam das Rapsöl unterschlagen. Sobald die Masse fester wird, kein weiteres Öl mehr zugeben.

Die so hergestellte Mayonnaise mit dem vorbereiteten Soja-Joghurt verrühren. Mit Salz und Pfeffer abschmecken und ein paar Gurkenwürfel zugeben. Die Gurke zuvor entkernen, damit sie nicht so viel Wasser an das Tsatsiki abgibt.

2
Aus dem grünen Salat, den Tomaten und der Salatgurke einen Salat zubereiten. Mit einem einfachen Dressing aus Olivenöl, Essig, Salz, Pfeffer und Thymian.

3
Das vorbereitete Seitan (Seite 51/52) mit der Schere in kleine Schnetzel schneiden. Die Zwiebel schälen und klein schneiden. Die restlichen 2 Knoblauchzehen schälen und zerdrücken.
Nun das Seitan und die Zwiebel in Öl kross anbraten. Dabei mit Paprikapulver, Majoran, Thymian, Salz und Pfeffer abschmecken. Kurz vor Ende des Bratvorgangs noch den zerdrückten Knoblauch zugeben und weichbraten. Der Knoblauch darf nicht braun werden.

Seitan-Gyros mit Salat, Fladenbrot und Tsatsiki servieren oder im Brot als Sandwich verzehren.

Seitan für 2 Personen
4 Knoblauchzehen
1 Zwiebel
1 Zitrone
grüner Salat
2 Tomaten
Salatgurke
Olivenöl
Rapsöl
Essig
200 ml Sojamilch
1 Fladenbrot
Guarkernmehl
Paprikapulver
Majoran
Thymian
Pfeffer & Salz
Rohzucker

GRIECHISCHE MOUSSAKA
FÜR 5 PERSONEN***

3 kleine bis mittlere Auberginen
1-2 Zucchini
10 Tomaten
500 g Kartoffeln
1 große Zwiebel
6 Knoblauchzehen
100 g Grünkern (wahlweise Sojageschnetzeltes)
Olivenöl
Margarine
Sojamilch
3-4 EL Sojamehl
Mehl
Semmelbrösel (Paniermehl)
Cornflakes, ungesüßt
Weißwein
15 Salbeiblätter
2 EL frisch gehackter Rosmarin
gekörnte Gemüsebrühe
2 EL Oregano
Worcestershiresauce
Pfeffer, gemahlen
Salz

1   Die Auberginen in 1 cm dicke Scheiben schneiden und beidseitig salzen. Beiseite stellen.

2   **Tomaten-Hack-Sauce**
Den Grünkern in einer Pfanne andünsten, mit Worcestershiresauce ablöschen und mit etwas Gemüsebrühe aufgießen. Von der Herdplatte nehmen und quellen lassen. Wahlweise Sojageschnetzeltes nach Packungsangabe zubereiten.
In die Unterseite der Tomaten ein Kreuz ritzen, den Strunk keilförmig herausschneiden. Kurz in Wasser kochen, bis sich die Haut löst. Die Tomaten abschrecken, die Haut entfernen und klein schneiden. Die Zwiebel und den Knoblauch ebenfalls schälen und klein schneiden.
Sobald der Grünkern das Wasser aufgesogen hat, wird er mit den Zwiebeln scharf angebraten. Dabei mit etwas Salz und Pfeffer sowie 2 EL Oregano würzen. Mit etwas Weißwein ablöschen.
Die Flamme anschließend herunterdrehen und die geschnittenen Tomaten zugeben. Großzügig Olivenöl, den Knoblauch, 2 EL frisch gehackten Rosmarin und 15 gehackte Salbeiblätter unterrühren und einkochen lassen.
Eine Auflaufform vorbereiten. Mit Margarine auspinseln und mit Semmelbröseln bestreuen.

3   **Gemüse**
Die Kartoffeln schälen und in dünne Scheiben schneiden. Die Zucchini ebenfalls in mittlere Scheiben schneiden. Die gesalzenen und entwässerten Auberginenscheiben gut abtrocknen. Die Kartoffel- und die Zucchinischeiben etwas salzen. Das Gemüse nacheinander in einer Pfanne golden anbraten.
In der Auflaufform zunächst die Kartoffelscheiben auslegen. Das Tomatenhack darauf verteilen. Dann die Zucchini- und zuletzt die Auberginenscheiben schichten.

Den Ofen auf 200 Grad vorheizen.

4   **Guss zum Überbacken**
Drei gehäufte EL Sojamehl mit etwas Wasser cremig anrühren.
Zwei EL Olivenöl oder Margarine in einem Topf schmelzen. Drei EL Mehl einrühren. Von der Herdplatte nehmen, mit etwa 200 ml **kalter** Sojamilch aufgießen und glatt rühren. Dann unter gelegentlichem Rühren nochmals kurz aufkochen. Nach Bedarf mit etwas Sojamilch weiter verdünnen. Mit gekörnter Gemüsebrühe würzen. Den Sojamehl-Ei-Ersatz einrühren. Den Guss auf der Moussaka verteilen. Großzügig ungesüßte Cornflakes einarbeiten und abschließend Semmelbrösel darüberstreuen. Ein paar Spritzer Olivenöl oder ein paar Margarineflocken auf der Moussaka verteilen und 40-50 Minuten im Ofen bei 200 Grad backen.

200 g Grünkernschrot
200 g Reis
7 mittlere rote oder grüne Paprika
6 große Fleischtomaten
2 Zwiebeln
4 Frühlingszwiebeln
8 Knoblauchzehen
1 Tasse glatte Petersilie
4 EL Rosinen
1 EL Sonnenblumenkerne
neutrales Öl
Essig
Semmelbrösel/Paniermehl

Worcestershiresauce
gekörnte Gemüsebrühe
Paprikapulver
Thymian
frischer Dill (bzw. Dillspitzen)
Rohzucker

GEFÜLLTE PAPRIKA
FÜR 2-3 PERSONEN***

1 Tomatensauce
Den Strunk der Tomaten keilförmig herausschneiden. Drei Paprika entkernen, vier Knoblauchzehen schälen und grob zerkleinern. Alles in Öl ca. 2 Minuten leicht anbraten. Dann mit etwas Wasser aufgießen und einkochen lassen.
Anschließend pürieren. Mit etwas Essig, Öl, gekörnter Gemüsebrühe und Thymian sowie 3-4 EL Zucker abschmecken. Weiter köcheln lassen.

2 Reis
Eine Zwiebel hacken und glasig braten. Den Reis zugeben, kurz mit im Öl schwenken, dann bis etwa daumendick über der Reisoberfläche Wasser aufgießen. Salzen, den Deckel schließen und den Reis weich kochen, bis das Wasser verkocht ist. Von der Kochstelle nehmen und mit geschlossenem Deckel ziehen lassen.

3 Füllung
Vier Knoblauchzehen schälen und zerdrücken. Eine der Zwiebeln schälen, klein schneiden und anbraten. Dann den Knoblauch und den Grünkernschrot zugeben und etwa eine Minute mitbraten. Mit 300 ml Wasser aufgießen. Die Rosinen, etwas gekörnte Gemüsebrühe und Worcestershiresauce, 1 EL Paprikapulver und etwas Pfeffer zugeben. Die Pfanne von der Flamme nehmen und das Wasser vom Grünkernschrot aufsaugen lassen.
Den oberen Teil von vier Paprikaschoten abschneiden und die Kerne entfernen. Den Ofen auf ca. 200 Grad vorheizen.
Nun die Grünkernmasse anbraten. Die Frühlingszwiebeln, die Petersilie und die Sonnenblumenkerne zugeben und gegebenenfalls nachwürzen. Ein wenig Wasser zur Füllung geben und ca. 4 EL Semmelbrösel einrühren, so dass eine streichfähige Masse entsteht.
Mit dem Reis vermengen.

4
Die Sauce in einer tiefen Auflaufform verteilen. Die Paprika randvoll mit der Grünkern-Reis-Mischung füllen, den Paprikadeckel aufsetzen und sie dann in die Sauce stellen. Mit geschlossenem Deckel ca. 30-40 Minuten weich garen.

AUS ALLER WELT

4 Seitansteaks
4-8 Burger Buns länglicher Form
Essiggurken (1-2 pro Burger)

6 EL Tomatenmark
4 EL Rotweinessig
4 EL Worcestershiresauce
2 EL Gerstenmalz
2 TL Zuckerrübensirup
6 Knoblauchzehen
2 mittlere Zwiebeln
3 EL Limettensaft
2 EL neutrales Öl
2 TL Salz
2 TL Pfeffer
2 TL brauner Rohzucker
Chili

BARBECUE-SEITAN-BURGER
FÜR 4 PERSONEN*

1 Zuerst wird eine Barbecue-Sauce hergestellt. Keine gekaufte Sauce kann eine selbst hergestellte BBQ-Sauce ersetzen. Alle Saucenzutaten bis auf die Steaks, die Buns, die Zwiebeln, den Knoblauch und die Essiggurken mit 500 ml Wasser verrühren und einkochen lassen. Eine Zwiebel schälen und klein schneiden, den Knoblauch zerdrücken. Zusammen mit ein paar klein geschnittenen Essiggurken in die Sauce geben und weiterkochen, bis die Sauce eine dickflüssige Konsistenz angenommen hat.

Das fertige Seitan (Seite 51/52) mit in der Barbecue-Sauce köcheln, da es so den Geschmack in seine Poren aufnimmt.

Sobald die Zwiebeln und die Essiggurkenstücke weich gekocht sind, ist die Sauce fertig.

2 Das Seitan aus der Sauce holen und in einer Pfanne gut anbraten. Dabei ein wenig Barbecue-Sauce zugeben und das Bratstück darin wälzen.

Die Burger Buns aufschneiden und toasten.

3 Die zweite Zwiebel schälen und in Ringe schneiden. Ein paar Essiggurken klein schneiden. Das Seitan im Brot mit reichlich Barbecue-Sauce, Zwiebelringen und Essiggurkenstücken servieren.

Dazu passt Salat.

Ein echtes Barbecue mit Fleisch wird stundenlang über Holzfeuer erhitzt. Diesen rauchigen Geschmack kann man in der Küche nicht erzielen. Es gibt zwar flüssigen Rauch zu kaufen, er ist jedoch schwer zu finden. Eine selbst hergestellte Sauce schmeckt aber auch ohne künstlichen Rauch authentisch lecker.

500 g weiße Bohnen (dick oder normal)
500 g Tomatensugo (bzw. 1 kg Tomaten)
4 große Fleischtomaten
400 g Tofu
500 g Pilze
3 Zwiebeln
1 Bund Petersilie
etwas Schnittlauch
2-3 Zitronen
Chilischoten (frisch oder getrocknet)
300 ml neutrales Öl
Essig
Maisstärke
Worcestershiresauce
wahlweise etwas Ketchup
Kurkuma
Kümmel, gemahlen
2-3 EL Zucker
1 EL Paprikapulver
etwas Ingwer
etwas gekörnte Gemüsebrühe
Pfeffer, gemahlen
Salz

ENGLISH BREAKFAST
FÜR 4 PERSONEN**

Es handelt sich um eine gesunde, vegane Variante des English Breakfast. Zunächst werden die weißen Bohnen in Tomatensauce, die sogenannten „Baked Beans", selbst hergestellt. Aus Zeitgründen bereitet man sie am Besten am Vortag vor. Muss es schnell gehen, lässt sich auch auf gekaufte Bohnen aus der Dose zurückgreifen.

1 **Bohnen**
Die Bohnen mehrere Stunden einweichen. Je länger die Einweichzeit, desto kürzer die Kochzeit. Die Bohnen dann in frischem Wasser ca. 40 Minuten weich kochen.

Wer frische Tomaten verwenden möchte, entfernt den Strunk durch einen keilförmigen Schnitt, ritzt sie auf der Unterseite ein und kocht sie, bis sich die Haut zu lösen beginnt. Die Tomaten mit kaltem Wasser abschrecken, schälen und klein schneiden.

Eine klein geschnittene Zwiebel mit etwas Chili anbraten. Das Tomatensugo zugeben und auf schwacher bis mittlerer Flamme einkochen lassen. Die Bohnen ebenfalls zugeben.
Den Zucker, das Paprikapulver und einen Schuss Essig zugeben. Mit Salz, Pfeffer und etwas Gemüsebrühe abschmecken. 250 ml neutrales Öl, z.B. Rapsöl, einrühren und weiter einkochen.
Geriebener, frischer Ingwer macht die Bohnen bekömmlicher. Gerade so viel reiben, dass man ihn nicht herausschmecken kann. Nach Belieben mit einem kleinen Schuss Ketchup abschmecken. Mindestens eine Stunde einkochen lassen.
Ist die Tomatensauce dann noch zu dünnflüssig, kann man sie mit etwas Maisstärke eindicken. Die Maisstärke, etwa 1 Teelöffel, zuvor in Wasser anrühren. Dann einrühren und kurz aufkochen.

Die Bohnen vor dem Servieren mit frischem Zitronensaft abschmecken. Das Vitamin C verbessert die Aufnahme des Eisens aus den Bohnen.

Da Vitamin C hitzeempfindlich ist, empfiehlt es sich, es erst direkt vor dem Servieren hinzuzugeben.

2   Die Pilze in dünne Scheiben schneiden. Die restlichen 2 Zwiebeln schälen und klein schneiden. Die 4 großen Fleischtomaten vom Strunk befreien und halbieren. Die Petersilie rupfen. Den Schnittlauch klein hacken.

3   Die Pilze kross anbraten. Mit gemahlenem Kümmel und Pfeffer abschmecken. Mit Worcestershiresauce ablöschen. Von der Herdplatte nehmen. Etwas Zitronensaft und die Petersilie zugeben.

4   Den Tofu abtropfen lassen und grob zerbröseln. In einer zweiten Pfanne die Zwiebeln anbraten, bis sie glasig geworden sind. Dann den Tofu zugeben und gut anbraten. Mir reichlich Kurkuma, etwas Pfeffer und Salz abschmecken. (Vorsicht: Kurkuma hat eine stark färbende Wirkung, weder Kleidung noch Arbeitsplatte oder Holzkochlöffel sind sicher).

Zum Schluß den geschnitten Schnittlauch unter das Rührtofu mengen.

5   Jetzt müssen noch die Tomatenhälften beidseitig in Öl angebraten und mit Salz und Pfeffer gewürzt werden.

Schlußendlich wird alles gemeinsam auf einem Teller serviert. Die Kunst ist es, alles warm zu halten. Dazu Vollkorntoastscheiben reichen.

> English Breakfast ist ein sehr gehaltvolles Frühstück. Die Bohnen und der Rührtofu liefern eine ansehnliche Menge Eiweiß, die Bohnen zusätzlich Eisen, der Toast Energie in Form von Kohlenhydraten, die Pilze wertvolles und für die Calciumaufnahme wichtiges Vitamin D und die Petersilie schließlich die Abwehrkräfte förderndes Vitamin C.

---

250 g Zuckerschoten (wahlweise grüne Bohnen)
6 Tomaten
Olivenöl
½ EL Estragon
2 TL Piment
1 TL Zucker
Pfeffer, gemahlen
Salz

ZUCKERSCHOTEN IN TOMATENSAUCE
FÜR 2 PERSONEN*

1   In die Unterseite der Tomaten ein Kreuz ritzen, den Strunk keilförmig herausschneiden. Kurz in Wasser kochen, bis sich die Haut löst. Die Tomaten abschrecken, die Haut entfernen und klein schneiden.

2   Die Zuckerschoten waschen und gegebenenfalls die Stile abschneiden. (Bei langen grünen Bohnen die Stiele auf jeden Fall entfernen und die Bohnen halbieren). In Olivenöl mit 1 TL Zucker 5 Minuten weich braten, so dass der Zucker leicht karamellisiert.

3   Jetzt die Tomaten zugeben und mit ½ EL Estragon, 2 TL Piment, sowie Pfeffer und Salz abschmecken. Einen großzügigen Schuss Olivenöl zugeben und 20 Minuten köcheln lassen, bis die Tomatensauce eindickt und die Bohnen weich geworden sind.
Dazu passt Couscous oder Weißbrot und Salat.

20 g Grünkernschrot
400 g Biokartoffeln (Schale)
1 große Zwiebel
Röstzwiebeln
2 Fleischtomaten
etwas Blattsalat
4 große Hamburgersemmeln
Gurken-Relish
Mayonnaise/Remoulade
Senf
Ketchup
Worcestershiresauce
gekörnte Gemüsebrühe
Semmelbrösel/Paniermehl
Sojamehl (Bindemittel)

GRÜNKERN-BURGER MIT WEDGES
FÜR 4 BURGER/2-3 PERSONEN*

Selbst hergestellte Burger verlangen geradezu nach selbst hergestellter Mayonnaise (siehe Seite 54) und leckerem Gurken-Relish (siehe Seite 57). Diese Saucen zuerst zubereiten.

1 Den Grünkernschrot in einer Pfanne mit Öl anbraten. Mit Worcestershiresauce (oder Sojasauce) ablöschen, mit ca. 500 ml Gemüsebrühe aufgießen und bei schwacher Hitze unter gelegentlichem Rühren ziehen lassen, bis die Brühe aufgesogen ist.
Drei EL Sojamehl in wenig Wasser cremig anrühren. Diesen Ei-Ersatz sowie 2 EL Paniermehl unter den Grünkernschrot mengen. Die Masse darf nicht bröselig sein. Erkalten lassen.

2 Möglichst kleine bis mittlere Kartoffeln der Länge nach vierteln bis achteln. Nicht schälen. Es sollen halbmondartige Stückchen entstehen.
Diese in frittierfähigem Öl frittieren, bis sie goldbraun werden. Da die Schale mit verzehrt wird, sollten Kartoffeln aus biologischem Anbau verwendet werden.

3 Öl mittelstark erhitzen. Aus der Burgermasse mittelgroße Kugeln formen und diese mit feuchten Händen glatt streichen. In das Öl legen und lagsam platt drücken. Sobald die eine Seite knusprig golden angebraten ist, die Burger wenden und von der anderen Seite weiter flach andrücken. So zerfallen die Burger nicht. Möglichst nur 1-2 mal wenden.

Die frittierten Kartoffel-Wedges abtropfen lassen und salzen.

Die Tomaten in dünne Scheiben schneiden. Die Zwiebeln in Ringe schneiden.
Tomaten und Zwiebeln mit dem vorbereiteten Gurken-Relish, der Mayonnaise, dem Ketchup und dem Senf sowie reichlich Salatblättern auf dem Burger verteilen.

Aus übrig gebliebenem Salat einen Beilagensalat zubereiten und den Burger mit den Wegdes servieren.

AUS ALLER WELT

TUTTI FRITTI (FRITTIERTES ALLERLEI)
FÜR 3 PERSONEN*

1 Das Tofu abtropfen lassen, würfeln und mit Sojasauce beträufeln.
Die Zwiebeln schälen und in dicke Ringe schneiden.
Die Zucchini in mittlere Scheiben schneiden.
(Auch Champignons passen sehr gut in das Tutti Fritti).

2 Nach Gefühl Kichererbsenmehl mit gerade so viel Wasser anrühren, dass eine cremig-flüssige Masse entsteht. Mit etwas Sojasauce würzen.

3 Frittieröl erhitzen. Die Tofuwürfel, die Zwiebelringe und die Zucchinischeiben in der Panade wälzen und bei mittlerer Hitze frittieren. Abtropfen lassen.
Mit frischem Zitronensaft beträufeln.

Dazu einen gemischten Salat, z.B. mit Mais in Cocktailsauce (siehe Seite 54) und eine Variation an Saucen anbieten.

Zu den Zwiebelringen schmeckt Barbecuesauce hervorragend.
(Oder Tomatensalsa, Steaksauce, Pflaumensauce, Chilisauce, Remoulade, Chutneys etc.)

FÜR LIEBHABER GRIECHISCHEN SAGANAKIS:

Geschmolzener und frittierter Käse lässt sich nicht ersetzen. Eine dem Saganaki ähnliche und sehr leckere frittierte Speise kann man jedoch mit Tofu herstellen. Das Tofu dazu ebenfalls in kleine Würfel schneiden und in Schnitzelpanade (siehe Seite 130), nicht in Kichererbsenmehl, panieren. Abtropfen lassen und großzügig mit frischem Zitronensaft beträufeln.

Dazu einen griechischen Salat (siehe Seite 69) und zuvor hergestelltes, griechisches Tsatsiki (siehe Seite 55) servieren.

400 g Tofu
2 große Zwiebeln
1 Zucchini
(Champignons)
1 Zitrone
grüner Salat
Mais aus dem Glas

Kichererbsenmehl
helle Sojasauce
Remoulade
Barbecuesauce
Tomatensalsa
Cocktailsauce

TOFU-ANANAS-CURRY MIT BANDNUDELN
FÜR 4 PERSONEN*

400 g Tofu
400 g Bandnudeln
300 g Erbsen
300 g Ananasstücke
ca. 150 ml Ananassaft
400 ml Sojamilch
80 g Mandel- oder Cashewmus

Worcestershiresauce
3-4 EL Currypulver
3 TL Kurkuma
3 TL Paprikapulver
Salz

1 Den Tofu in schmale Streifen schneiden und diese halbieren, so dass kleine, längliche Tofustreifen entstehen. In Ananassaft mit 2 TL Currypulver mindestens eine Stunde, besser über Nacht einlegen.

2 Die Sojamilch mit einem Handmixgerät mit dem Nussmus verquirlen. Eine schaumige süße Sahne soll entstehen.

3 Die Bandnudeln bissfest kochen.

4 Das Tofu abtropfen lassen, den Ananassaft aufheben. Tofu in Öl goldgelb anbraten. Dabei mit etwas süßem Paprikapulver, Worcestershiresauce und Salz würzen.
Jetzt mit ca. 150 ml Ananassaft und etwas Wasser aufgießen. Die Ananasstücke und die Erbsen ebenfalls zufügen. Mit 2 EL Currypulver, 2 gehäuften TL Kurkuma, 2 TL Paprikapulver und Salz abschmecken. Alles kurz einkochen lassen.
Nun bei schwacher Hitze die süße Sahne zugeben und kurz einkochen lassen, bis die Sauce eingedickt ist. Nach Bedarf noch etwas Wasser zum Verdünnen zugeben.

Zum Schluss die Bandnudeln untermengen.

Dieses Gericht ist eine frei interpretierte Variante des Putengeschnetzelten meiner Mutter.

„Curry" bezeichnet im Indischen ein vollständiges Gericht aus Gemüse und/oder Fisch und Fleisch, das zumeist mit Reis oder Fladenbroten gereicht wird. Berühmt für die indische Küche sind die vielfältigen Gewürzmischungen, die sich von Region zu Region, Dorf zu Dorf, ja Haus zu Haus unterscheiden. Hierin liegt die Kunst der indischen Küche. In Deutschland wurden fertige Gewürzmischungen unter dem Begriff „Curry" bekannt. Besonders eine, die in jedem Supermarkt erhältlich ist und die der berühmten Currywurst ihren typischen Geschmack verleiht, gilt als Inbegriff des Curry. Enthalten sind in dieser Mischung meist Koriander, Kurkuma, Cumin (Kreuzkümmel), Bockshornklee, Fenchel, Lorbeer, Senfmehl, Chilis und Salz. Der stark gelb färbende Kurkuma verleiht dem Currygewürz seine typisch gelbliche Färbung.

KAISERSCHMARRN
FÜR 2-3 PERSONEN*

**200 g Weißmehl
250 ml Soja-, Reis- oder Hafermilch
½ TL Weinsteinbackpulver
150 ml Mineralwasser
3 EL Sojamehl als Ei- Ersatz
Margarine
eine Handvoll Rosinen
(Mandelblättchen)
Apfelmus oder Kirschen aus dem Glas
1 EL Rohzucker
Puderzucker
eine Prise Salz**

1   Das Sojamehl mit etwas Wasser schaumig anrühren. Diesen Ei-Ersatz (das Eiweiß des Sojamehls besitzt bindende Eigenschaften) mit dem gesiebten Weißmehl, der Milch, einem EL Rohzucker, einer Prise Salz und ½ TL Weinsteinbackpulver mit einem Schneebesen aufschlagen. Den Teig eine halbe Stunde quellen lassen.
Alle pflanzlichen Milchsorten eignen sich für Süßspeisen, da manche Milchsorten, wie z.B. Mandelmilch oder auch Reismilch, bereits natürliche Süße besitzen.

2   Eine Handvoll Rosinen und wahlweise ein paar Mandelblättchen unter den Teig rühren.
Eine Pfanne mit geschmolzener Margarine vorbereiten.
Jetzt ca. 100 ml Mineralwasser zum Teig geben, so dass er schön schaumig wird.
Den gesamten Teig sofort in die Pfanne gießen und durch Schwenken der Pfanne gleichmäßig verteilen. Auf schwacher bis mittlerer Hitze langsam fest werden lassen. Sobald der Teig an der Oberfläche fest geworden und die Unterseite leicht angebräunt ist, wird der dicke Pfannkuchen gewendet. Ist die andere Seite ebenfalls angebräunt, wird der Teig grob zerrupft und weitergebraten. Sind alle Teigstücke goldgelb angebraten, ist der Kaiserschmarrn fertig.

Manchmal ergibt es sich aus der Konsistenz des Teigs und dem Bratvorgang, dass der Kaiserschmarrn innen noch etwas zu teigig ist. Hier kann man Abhilfe schaffen, indem man ihn im vorgeheizten Ofen ca. 10 Minuten bei 150-200 Grad knusprig ausbackt.

Den Kaiserschmarrn mit gesiebtem Puderzucker bestäuben und sofort servieren.

Als Obstbeilage eignen sich heiße Kirschen oder Apfelmus.

Apfelkompott
Apfelkompott lässt sich schnell und einfach selbst herstellen. Schälen Sie dazu einfach 3-5 Äpfel, entfernen das Gehäuse und schneiden sie klein. Mit etwas Wasser, Zimt und Zucker und wahlweise einem Spritzer Zitrone ein paar Minuten köcheln, bis die Äpfel weich sind und der Saft durch den Zucker eindickt. Zusätzlich kann man sie noch pürieren.

200 g Weißmehl
250 ml Soja-, Reis- oder Hafermilch
½ TL Weinsteinbackpulver
150 ml Mineralwasser
Margarine
1 EL Rohzucker
Puderzucker
eine Prise Salz

DAZU WAHLWEISE:
Apfelmus/Äpfel
Blaubeeren etc.
Ahornsirup
Marmelade
Schokoladensauce

PFANNKUCHEN / CRÊPES
FÜR 2-3 PERSONEN (4-5 PFANNKUCHEN)*

1 Das Mehl sieben und mit der Milch, einem EL Rohzucker, einer Prise Salz und ½ TL Backpulver mit einem Schneebesen verquirlen. Den Teig eine halbe Stunde quellen lassen.
Alle pflanzlichen Milchsorten eignen sich für Süßspeisen, da manche Milchsorten wie z.B. Mandelmilch oder auch Reismilch bereits natürliche Süße besitzen.

2 Etwa 100-150 ml Mineralwasser in den Teig gießen, so dass er relativ flüssig und schaumig wird. Wahlweise Speisenatron verwenden und etwas Wasser oder Sojamilch zufügen.
In einer Pfanne etwas Margarine schmelzen und den Teig sofort mit einem mittelgroßen Schöpflöffel in die Mitte der Pfanne füllen. Die Pfanne schwenken, so dass der Teig sich rund und dünn in der Pfanne verteilt.
Ist der Teig an der Oberfläche nicht mehr flüssig und die Unterseite leicht angebräunt, den Pfannkuchen vorsichtig und schnell wenden.

Bei Blaubeer- oder Apfelpfannkuchen mehr Teig pro Pfannkuchen verwenden. Die Blaubeeren oder die flachen Apfelstücke in den noch flüssigen Teig in der Pfanne legen und mit einbraten. Vorsicht beim Wenden.

ANREGUNGEN :
mit Blaubeeren, geschmolzener Margarine und Sirup
mit Marmelade
mit Apfelmus und Zimt
mit Fruchtmus (z.B. Kirsche) und Puderzucker
mit gekauftem Soja-Joghurt (z.B. Vanillejoghurt, Blaubeerjoghurt, etc.) und wahlweise Obstsalat
mit geschmolzener Margarine und Ahornsirup
mit Schokoladensauce

TEIG-VARIANTE:
Crêpes für 4 Personen, ohne Backpulver hergestellt. Einfach 200 g Mehl sieben und mit 60 g geschmolzener Margarine, 6 EL mit Wasser schaumig gerührtem Sojamehl und ½ Liter Milch anrühren und 1 Stunde ruhen lassen. Dann mit 1 TL Fett pro Crêpe braten.

SÜSSES & DESSERTS

**6 Aprikosen
(wahlweise Pflaumen)
250 g griffiges Mehl
380 g Kartoffeln
2 EL Sojamilch
4 EL Margarine
1 EL neutrales Öl
3 EL Semmelbrösel

2 EL Puderzucker
6 TL Rohzucker
Salz**

MARILLENKNÖDEL
FÜR 2-3 PERSONEN*

Marillenknödel sind eine typisch österreichische Süßspeise. Anstatt der Aprikosen (Marillen), können auch Zwetschgen (Pflaumen) verwendet werden.

1 Die Kartoffeln schälen und weich kochen. Das Mehl sieben. Kartoffeln und Mehl mit dem EL Öl, der Sojamilch und ½ TL Salz zu einem gleichmäßigen Teig verkneten.

Den Teig in 6 gleiche Teile teilen. Flachdrücken und mit einem TL Rohzucker bestreuen.
Die Aprikosen entkernen.

2 Wasser zum Kochen bringen und leicht salzen. Nun mit feuchten Händen glatte Knödel formen. Pro Knödel eine Aprikose. Es dürfen keine Risse in der Oberfläche entstehen, da sonst beim Kochen Wasser eindringen kann.
Die Knödel müssen im Wasser schwimmen, da sie sonst am heißen Topfboden kleben bleiben. Die Marillenknödel etwa 20 Minuten kochen lassen.

3 Die Margarine in einer Pfanne schmelzen und die Semmelbrösel darin rösten. In die flüssige Margarine zusätzlich einen EL Puderzucker rühren.
Über den Knödeln verteilen und nochmals Puderzucker darüber sieben.

> Vor allem getrocknete Aprikosen sind, genau wie Karotten, unglaublich reich an Beta-Carotin, einer Vorstufe von Vitamin A. Auch ihr Kalium- und Magnesiumwert ist erstaunlich hoch.

180 g Milchreis
1 Liter Sojamilch
5-6 Pfirsiche aus dem Glas
(wahlweise Williamsbirnen)
2 Zitronen
4 EL Rohzucker
1 EL Mehl
Mandelscheiben
½ TL Agar Agar
Zimt

> Agar Agar ist ein aus Meeresalgen gewonnenes Bindemittel. Seine Geliereigenschaften übertreffen sogar die von tierischer, aus Knochen und Haut extrahierter Gelatine. Es ist geschmacksneutral und benötigt keinen Zucker zum Ersteifen. Daher ist es z.B. für Tortengüsse bestens geeignet.

MILCHREISAUFLAUF MIT PFIRSICH
FÜR 6-8 PERSONEN**

1 Sechs EL Zitronensaft in 300 ml Sojamilch träufeln. Nicht umrühren und mindestens 20 Minuten stocken lassen.

2 Den Milchreis in 700 ml Sojamilch leicht erwärmen und auf schwacher Hitze 25 Minuten quellen lassen. Es eignet sich ebenso jeder andere pflanzliche Milchsorte. Den Milchreis mit 4 EL Rohzucker und 1 TL Zimt verrühren. Wird bereits süßliche Reismilch verwendet, etwas weniger Rohzucker zufügen. Sobald der Milchreis schön weich geworden ist, wird er von der Herdplatte genommen und 1 EL Mehl eingerührt.

Den Ofen auf 220 Grad vorheizen.

3 In den gestockten Soja-Joghurt ½ TL Agar Agar einrühren und kurz stark erhitzen.

4 In eine gefettete Auflaufform zunächst eine Schicht Milchreis verteilen. Dann die geviertelten Pfirsichstücke in den Milchreis eindrücken.
Natürlich eignen sich auch frische Pfirsiche. Diese sollten auf jeden Fall reif und süß sein. Auch Williamsbirnen oder anderes Obst passen sehr gut für den Milchreisauflauf.

Auf den Pfirsichen den Soja-Joghurt verteilen. Als letzte Schicht wird der restliche Milchreis über allem verteilt und mit Mandelscheiben bestreut.

Den Auflauf 30-40 Minuten backen, bis er an der Oberfläche leicht bräunlich wird und die Flüssigkeit weitgehend verdampft ist.
Kurz auskühlen lassen.

SÜSSES & DESSERTS

20 g Mehl
100 g Rohzucker
Puderzucker
750 g Kirschen
(z.B. aus dem Glas)
150 g Grieß
200 ml Sojamilch
400 g Seidentofu
50 g feste Margarine

KIRSCH-GRIESSAUFLAUF
FÜR 6-8 PERSONEN*

Die Zuckermenge variiert, je nachdem ob Sie gesüßte Kirschen aus dem Glas oder frische Kirschen verwenden. Die Kirschen müssen entkernt werden.

1   Die Margarine zerlassen. Mit dem Grieß, dem Rohzucker, der Sojamilch und dem Mehl vermengen. Den Seidentofu locker unterheben. Seidentofu ist von der Konsistenz Pudding sehr ähnlich und eignet sich daher sehr gut für Dessertspeisen. Den Ofen auf 200 Grad vorheizen.

2   In einer gefetteten Auflaufform zunächst die Kirschen verteilen. Den Teig darüber verteilen. Im Ofen bei 200 Grad 40-50 Minuten backen. Kurz abkühlen lassen und mit Puderzucker bestreuen.

---

100 g Rohzucker
100 g weiche Margarine
100 g Haferflocken
80 g Mehl
4 Nektarinen
(wahlweise Äpfel etc.)
Puderzucker

FRUIT CRUMBLE
FÜR 5 PERSONEN*

Fruit Crumble ist ein einfaches amerikanisches Dessert aus einer Auswahl an Obst mit Butterstreuseln.

1   Fünf kleine Schälchen oder Tassen mit Margarine auspinseln. Die klein geschnittenen Nektarinen darin verteilen (weniger süße Obstsorten leicht zuckern). Den Ofen auf 180 Grad vorheizen.

2   Den Rohzucker mit der Margarine, den Haferflocken und dem Mehl zu einer Masse verkneten. Diese auf den Früchten verteilen. Den Crumble im Ofen bei 180 Grad 25-30 Minuten backen. Mit Puderzucker bestreuen und warm servieren.

850 g saure Äpfel
350 g griffiges Mehl
1 EL Sojamehl
1 Zitrone
4 EL Mandelsplitter
4 EL Rosinen
4 EL Rohzucker
1 TL Zimt
6 EL Semmelbrösel/Paniermehl
4 EL Margarine
neutrales Öl
Puderzucker
eine Prise Salz

1 Päckchen Bio-Vanillesauce
(oder selbst gemachte,
siehe Seite 182)

APFELSTRUDEL
FÜR 6-8 GROSSE STÜCKE (EINE LANGE STRUDELROLLE)***

1 Teig
Den EL Sojamehl mit etwas Wasser cremig anrühren. 300 g des Mehls sieben. Beides mit 1 EL Öl, einer Prise Salz und 125 ml Wasser verkneten. Den Teigklumpen mit Öl bepinseln und 1 Stunde ruhen lassen.

2 Füllung
Kurz bevor der Teig fertig ist, werden die Äpfel geschält, in kleine und dünne Würfel geschnitten und mit dem Saft der Zitrone beträufelt. Die Apfelstücke mit 4 EL Rosinen, 4 EL Mandelsplittern, 4 EL Rohzucker und einem TL Zimt vermengen.

Die Semmelbrösel in einer Pfanne ohne Fett rösten. Den Ofen auf 220 Grad vorheizen.

3 Ein großes Tuch auf einem Tisch ausbreiten und bemehlen. Den Teig darauf hauchdünn, fast durchsichtig und quadratisch ausrollen. Den gesamten Teig mit 2 EL zerlassener Margarine auspinseln und die gerösteten Semmelbrösel darauf verteilen. Anschließend die Apfelmischung verteilen. Dabei darauf achten, dass an den zwei gegenüberliegenden Seiten links und rechts, den Enden, etwa 4 cm freigelassen werden. Am Kopfende kaum etwas freilassen und „unten" etwa 10 cm.

Man nimmt nun das Tuch von der Kopfseite her und rollt den Teig vorsichtig ein. Die 10 cm Teigende dienen zum Überkleben, sollte der dünne Teig beim Rollen gerissen sein und Äpfel herauszufallen drohen. Die Enden verkleben. Die Rolle vorsichtig auf ein Backblech mit Backpapier rollen.

Den Strudel mit den übrigen 2 EL Margarine bepinseln und im vorgeheizten Ofen bei 200-220 Grad 40-50 Minuten backen. Er darf ruhig eine leicht bräunliche Oberfläche erhalten, damit auch die Teigschichten im Inneren des Strudels gut durchgebacken sind.
Etwas auskühlen lassen.

Dazu passt Vanillesauce.

SÜSSES & DESSERTS

750 g saure Äpfel
300 g Mehl
6 EL Rohzucker
190 g feste, kalte Margarine
½ Zitrone
1 EL Maisstärke

Puderzucker
1 TL Zimt
eine Prise Salz

AMERIKANISCHER APPLE PIE
FÜR 6 PERSONEN***

1 **Mürbteig**
Das Mehl mit einer Prise Salz, 3 EL Rohzucker und 180 g kalter, fester, in Flocken geschnittener Margarine verkneten. Dann etwa 4 EL **Eis**wasser zugeben und weiter kneten. Gerade so viel, dass der Mürbteig zusammenhält.
Den Teig in Folie wickeln und im Kühlschrank mindestens 30 Minuten ruhen lassen.

2 **Füllung**
Die Äpfel schälen, in kleine, dünne Scheiben schneiden und leicht vorkochen. So verhindert man, dass sie nicht erst im Apple Pie ihr Volumen reduzieren. Nach dem Abtropfen mit dem Saft einer halben Zitrone beträufeln, damit sie nicht braun werden.
Die Äpfel dann mit 1 EL Margarine, 1 EL Maisstärke, 1 TL Zimt, 3 EL Rohzucker und einer Prise Salz vermengen.

3 Den Teig in einen etwas größeren und einen etwas kleineren Klumpen teilen. Auf einer gut bemehlten Arbeitsfläche beide Stücke rund und gerade so dünn, dass sie nicht reißen, ausrollen. Das Nudelholz ebenfalls bemehlen.

Den Ofen auf 200 Grad vorheizen.

Eine Pie-Form bzw. runde Auflaufform fetten.
Die größere Teigplatte hineinlegen und die Ränder schön andrücken. Mit einer Gabel Löcher in den Boden stechen.
Dann die Äpfel zugeben. Einen in der Mitte leicht erhöhten Haufen formen.
Die kleinere Teigplatte drauflegen und die Ränder zusammendrücken. Aus übrig gebliebenem Teig Formen zum Verzieren ausstechen und drauflegen. Von oben ebenfalls leicht mit einer Gabel anstechen.

Im vorgeheizten Ofen bei 200 Grad ungefähr 45 Minuten backen. Damit der Rand nicht braun wird, kann man einen Alufolie-Kreis zum Schutz über die Ränder drücken.
Anschließend kurz auskühlen lassen und mit Puderzucker bestreuen.

5 Bananen
100 g Weizenmehl
100 g Maisstärke
1 EL Rohzucker
2 TL Weinstein-
backpulver

250 ml Wasser
Frittieröl
etwas Sesam
Sirup (z.B. Reis-, Ahorn-,
Agavensirup)

GEBACKENE BANANE
FÜR 5 PERSONEN*

1   Für die Panade das Mehl, die Stärke, den Rohzucker, das Weinsteinbackpulver und das Wasser gut verrühren. Etwa 20 Minuten ruhen lassen.

Die Bananen am besten in der Mitte teilen oder gar dritteln.

2   Das Öl erhitzen. Die Bananenstücke im Teig schwenken und dann goldbraun frittieren. Auf Küchenpapier abtropfen lassen.

Sesam darüber streuen und mit einem Sirup servieren.

---

3 Äpfel (mehlig)
4 EL Mandelscheiben
2 EL Margarine
2-3 EL Rum

2 EL Rohzucker
3 EL Semmelbrösel/
Paniermehl
1 Vanilleschote
etwas Zimt

1 Päckchen Bio-Vanille-
sauce (oder selbst ge-
machte, siehe Seite 182)
oder Sirup
(z.B. Ahornsirup)

BRATÄPFEL
FÜR 2 PERSONEN*

1   Die ungespritzten Äpfel gründlich abwaschen. Das Kerngehäuse so herausschneiden, dass die Äpfel nicht brechen. Den Ofen auf 180 Grad vorheizen.

2   Aus den Mandelscheiben, 1,5 EL Margarine, dem Rohzucker, den Semmelbröseln, etwas Mark einer Vanilleschote (wahlweise Vanillezucker) und dem Rum eine Füllung herstellen.

3   Die Äpfel auf ein gefettetes oder mit Backpapier ausgelegtes Blech legen und mit der Füllung füllen. Von außen mit Margarine einreiben und auf das Loch ein kleines Stück Margarine legen. Im vorgeheizten Ofen bei 180 Grad ungefähr 45 Minuten backen, bis die Haut schön aufplatzt. Dann herausnehmen und mit etwas Zimt bestreuen.
Dazu passt Vanillesauce oder einfach Sirup wie z.B. Ahornsirup, Reissirup, Agavensirup etc.

3 Äpfel
200 g Mehl
700 ml Sojamilch
3 EL Sojamehl
neutrales Öl
1 Päckchen Vanillezucker
½ Päckchen Weinsteinpackpulver
2 EL Rohzucker
Brandy oder Amaretto
Puderzucker

1 Päckchen Bio-Vanillesauce
(oder selbst gemachte,
siehe Seite 182)

APFELRINGE IM TEIGMANTEL
FÜR 3 PERSONEN*

1   Die Äpfel schälen und in nicht zu dünne Ringe schneiden, damit sie nicht zerbrechen. Das Gehäuse aus jedem Ring entfernen. Es gibt auch ein Spezialmesser, mit dem man das Gehäuse vor dem Schneiden kreisförmig herausstechen kann.

2   Das Mehl mit dem Backpulver in eine Schüssel sieben.
Drei gehäufte EL Sojamehl mit etwas Wasser vermischen und mit einem Schneebesen schaumig schlagen.
Mehl, Ei-Ersatz, Vanillezucker, Zucker, 1 TL Öl, 180 ml Sojamilch und einen Schuss Brandy oder Amaretto zu einem cremigen Teig vermengen. Anstatt des Vanillezuckers kann man auch etwas Mark einer Vanilleschote und zusätzlich 1 EL Rohzucker zugeben.

3   Öl erhitzen.
Die Apfelringe in den Teig tauchen, abtropfen lassen und bei mittlerer Hitze goldbraun frittieren.

Anschließend auf ein Küchenpapier legen, das überschüssiges Frittierfett aufsaugt. Puderzucker über die Apfelringe sieben.

Dazu passt warme Vanillesauce. Für ein Päckchen Vanillesauce wird in der Regel ½ Liter Soja- oder andere Milch benötigt. Achten Sie auf Vanillesauce ohne Milcheiweiß, Geschmacksverstärker etc. Oder stellen Sie sie am besten selbst her (siehe Seite 182).

Der Teig eignet sich auch für Bananen. Aufgrund ihrer Form benötigen diese allerdings eine Friteuse bzw. sehr viel Öl. Die Apfelringe lassen sich auch in einer Pfanne frittieren.

SÜSSES & DESSERTS

200 g dunkle Kuvertüre
110 g weiche Margarine
100 g Rohzucker
150 g Mehl
3 EL Sojamilch
3 EL Sojamehl
1 Päckchen Vanillezucker
1 EL Kakaopulver
(nicht entölt)
Weinsteinbackpulver
2 EL Puderzucker
eine Prise Salz

BROWNIES
FÜR 8 STÜCKE**

1   In einem Topf Wasser erhitzen, nicht kochen. Einen kleineren Topf in dieses Wasserbad hängen und darin die kleingebrochene Kuvertüre langsam schmelzen. Dabei gelegentlich umrühren. Ist die Schokolade weitgehend geschmolzen, den Rohzucker einrühren und lösen lassen.

Den Ofen auf 160 Grad vorheizen.

2   Das Mehl in eine Schüssel sieben und 1 TL Weinsteinbackpulver zugeben. Wer seine Brownies weniger luftig, sondern schokoladig fest mag, der nimmt maximal einen halben TL Backpulver.
Drei gehäufte EL Sojamehl mit etwas Wasser aufschäumen, so dass eine cremig-flüssige Masse entsteht. Diese mit der Margarine, dem Päckchen Vanillezucker, einer Prise Salz und etwa 2 EL Wasser zur Schokoladen-Zucker-Mischung geben und gründlich verrühren.
Nun mit möglichst wenig Rühren das Mehl mit dem Backpulver einrühren/unterheben.

3   Die Masse in eine gut gefettete oder mit Backpapier ausgelegte, flache Auflaufform füllen. Im vorgeheizten Ofen bei 160 Grad ca. 30 Minuten backen. Man kann mit einem Holzstäbchen in den Kuchen stechen und so prüfen, ob das innere noch zu teigig ist.

4   **Schokoladenguss**
Das Kakaopulver mit dem Puderzucker und der Sojamilch verrühren und dünn auf der Oberfläche verteilen. Der Guss härtet nach. Er lässt sich ebenso mit Wasser herstellen.

Wem das zu viel Schokolade ist, der kann die Brownies einfach mit gezuckertem Kakaopulver bestreuen.

Den Kuchen in Quadrate schneiden und am besten über Nacht im Kühlschrank ziehen lassen. Man kann fast sagen, dass Brownies mit jedem Tag im Kühlschrank saftiger und besser werden.

ZIMTSCHNECKEN
FÜR 12-16 SCHNECKEN/2 BLECHE

500 g Mehl
70 g feste Margarine
250 ml Sojamilch
60 g Rohzucker
2 EL Hagelzucker
15 EL Puderzucker
10 g Trockenhefe
(≈ 25 g Frischhefe)
5 EL frischer Zitronensaft
1 TL Kardamom
2 TL Zimt

1 Die Margarine langsam schmelzen und mit der lauwarmen Milch, dem Rohzucker und dem Kardamom verrühren. Für Süßspeisen eignen sich alle Arten pflanzlicher Milch. Dann die Trockenhefe und das gesiebte Mehl zufügen und gut verrühren. An einem warmen Ort zugedeckt 30 Minuten gehen lassen.

2 Den Teig auf einer gut bemehlten Arbeitsfläche etwa 3 mm dick quadratisch ausrollen.
Einen EL Margarine mit 2 TL Zimt und 2 EL Hagelzucker vermischen und gleichmäßig auf dem Teig verteilen. Den Teig dann zu einer langen Rolle zusammenrollen. Etwa 1 cm breite Stücke abschneiden.

Diese auf einem Backblech mit Backpapier mit ausreichend Abstand verteilen. Die Schnecken gehen fast auf das Doppelte auf.

Eine Stunde an einem warmen Ort gehen lassen. Dazu beispielsweise den Ofen kurz anheizen und in der warmen Luft gehen lassen.

Dann im vorgeheizten Ofen bei 220 Grad 5-8 Minuten backen.

Kurz abkühlen lassen.

Aus 4-5 EL Zitronensaft und dem Puderzucker einen Zuckerguss anrühren. Diesen auf den Zimtschnecken verteilen und auskühlen/fest werden lassen.

Eine weitere Variante sind Mohnschnecken. Einfach den Zimt durch Mohn ersetzen. Menge beliebig variieren.

Hefekulturen sind Pilze, die organische Verbindungen wie z.B. Zucker und Stärke verstoffwechseln. Es gibt verschiedene Hefen mit unterschiedlichen Gärungseigenschaften. Bei der Bäckerhefe entsteht durch den Verbrauch von Zucker Kohlendioxid, das den Teig aufgehen lässt. Die Entscheidung für Frisch- oder Trockenhefe ist Überzeugungssache. Vorteil der Trockenhefe ist die weitaus höhere Haltbarkeit. Das Verhältnis von Trockenhefe zu Frischhefe ist etwa 1:3. Also entsprechen 7-10 g Trockenhefe etwa 25 g Frischhefe und reichen für 500 g Mehl.

300 g Karotten
150 g gemahlene Haselnüsse
200 g Weizenvollkornmehl
100 g Rohzucker
50 g brauner Zucker
120 g Puderzucker
1 Päckchen Weinsteinbackpulver
2 EL Sojamehl
60 ml Rapsöl
1 Orange

1 TL Zimt
½ TL Salz

16 Marzipankarotten als Belag

KAROTTENKUCHEN
FÜR 1 KUCHEN (16 SCHMALE STÜCKE)**

1 Die Karotten schälen und fein raspeln. Das Mehl sieben und zu den Karottenraspeln geben.

Die Haselnüsse, den Rohzucker und den braunen Zucker, das Rapsöl, 4 TL des Weinsteinbackpulvers, 1 TL Zimt und ½ TL Salz untermischen.

Den Ofen auf 180 Grad vorheizen.

Zwei EL Sojamehl mit etwas Wasser cremig anrühren und diesen Ei-Ersatz ebenfalls in den Teig mischen.

2 Den Teig in einer gefetteten oder mit Backpapier ausgelegten Kuchenform oder einer Pfanne verteilen.
Im vorgeheizten Ofen bei 180 Grad 35 Minuten backen.

Anschließend auskühlen lassen und erst dann stürzen, damit der Kuchen dabei nicht bricht.

3 Für den Zuckerguss 100-120 g Puderzucker mit dem Saft einer halben bzw. 1/3 Orange anrühren. Er soll gerade so flüssig/streichfähig sein, dass man ihn auf dem Kuchen verteilen kann.
Den Rand des Kuchens mit Marzipankarotten dekorieren.

Der Guss härtet von selbst nach, zur Beschleunigung des Prozesses am besten in den Kühlschrank stellen.

ZWETSCHGENDATSCHI MIT HEFETEIG
FÜR EIN BLECH**

Für den Hefeteig:

500 g Mehl in eine Schüssel sieben. In eine Vertiefung in der Mitte die Hefe bröseln. Einen TL Zucker und die Hälfte der Sojamilch warm auf die Hefe geben. 15 Minuten an einem warmen Ort aufgehen lassen (z.B. den Ofen vorheizen und wieder ausstellen).
Zwei gehäufte EL Sojamehl mit etwas Wasser schaumig rühren. 60 g Margarine erwärmen und mit dem Ei-Ersatz, 60 g Zucker, der restlichen Milch und einer Prise Salz mit dem Teig verrühren. So lange rühren, bis sich der Teig vom Schüsselrand löst. Bleibt er zu klebrig, Mehl nachgeben.
Dann 1 Stunde an einem warmen Ort gehen lassen. Jetzt nochmals durchkneten und auf einem gefetteten Blech oder mit Backpapier nur ca. 1 mm dick ausrollen.
Die Pflaumen halbieren, entkernen und die Hälften nochmals von oben anschneiden. Auf dem Teig eng aneinanderliegend verteilen.

Den Ofen auf 180 Grad vorheizen.

Für die Streusel:

180 g Mehl mit 100 g Zucker und 100 g Margarine vermengen. Mit den Fingerspitzen über den Kuchen bröseln.

Bei 180 Grad ca. 40 Minuten backen. Wenn die Streusel leicht bräunlich werden, den Kuchen herausnehmen. Durch das Abkühlen trocknet er nochmals nach.

Mit Puderzucker bestreuen.
Im Reformhaus, in den meisten Bioläden sowie im Internet gibt es Schlagsahne aus Sojamilch, zum selbst Schlagen oder schon vorgeschlagen.

**ca. 1,5 Kilo Zwetschgen (= Pflaumen)
680 g Mehl
160 g Rohzucker
Puderzucker
10 g Trockenhefe
(≈ 25 g Frischhefe)
160 g Margarine
125 ml Sojamilch
2 EL Sojamehl
Salz**

HEFEZOPF
FÜR 1 GROSSEN HEFEZOPF***

500 g Mehl
80-100 g Rohzucker
80 g feste Margarine
220 ml Sojamilch
(wahlweise Reis-,
Mandelmilch etc.)
10 g Trockenhefe
(≈ 25 g Frischhefe)
1 EL Sojamehl (1 Ei)
wahlweise Hagelzucker

1   Als Milch eignen sich alle pflanzlichen Milchsorten. Bei den süßeren Sorten wie z.B. Reismilch einfach die Zuckermenge etwas reduzieren. Dazu den Teig abschmecken. Die Milch sollte lauwarm sein.
Das Mehl sieben. Eine Mulde formen und einen EL des Rohzuckers, die gesamte Trockenhefe und einen Teil der lauwarmen Milch hinein geben.
An einem warmen Ort 15 Minuten gehen lassen.

2   Den EL Sojamehl mit etwas Wasser cremig anrühren. Die Margarine langsam in einem leicht erhitzen Topf zerlassen. Beides zusammen mit dem restlichen Rohzucker und der restlichen Milch mit dem Mehl vermengen und zu einem Teig kneten. Nochmals eine Stunde an einem warmem Ort gehen lassen.

Den Ofen auf 180 Grad vorheizen.

3   Den aufgegangenen Teig erneut durchkneten und in drei gleiche Teile teilen. Dicke Rollen formen und diese zu einem Zopf flechten. Mit Milch bepinseln und nach Wunsch Hagelzucker drüberstreuen.
Nochmals ca. 25 Minuten gehen lassen.

4   Wahlweise Hagelzucker in die Oberfläche eindrücken. Jetzt wird der Hefezopf im vorgeheizten Ofen bei 180 Grad 40-50 Minuten goldbraun backen.

Kurz auskühlen lassen, in Scheiben schneiden und in Milch/Kaffee tunken oder zum Frühstück mit Margarine und Marmelade essen.

Butter kann beim Backen ohne Bedenken durch Margarine ersetzt werden. Margarine, einst ein „Butterersatz" für Arme, war durch die schädlichen Transfettsäuren, die beim Härtungsprozess entstehen können, in Verruf geraten. Heute finden sich Margarinesorten, die völlig frei von gehärteten Fetten sind. Bezieht man sie aus dem Bioladen, wird die Härtung außerdem so schonend vollzogen, dass keine Transfettsäuren entstehen. Margarine wird daneben auch mit von Natur aus harten Fetten wie Palm- oder Kokosfett hergestellt. Durch den geringen Anteil gesättigter Fettsäuren und den hohen Anteil wertvoller Pflanzenöle kann die heutige Margarine zweifellos mit Butter mithalten. Auch geschmacklich. Achten Sie auf Milchbestandteile, die leider oft beigemischt werden.

1 kg Äpfel (ungespritzt)
4-5 EL geriebener Ingwer
2 Zimtstangen
1 Zitrone (ungespritzt)
Agar Agar
500 g Gelierzucker mit Apfelpektin

FÜR ZITRONE-INGWER-GELEE:

anstatt der Äpfel
3-4 mittlere Zitronen (ungespritzt)

APFEL-INGWER GELEE & ZITRONE-INGWER-GELEE
FÜR JE 3 MITTLERE GLÄSCHEN**

APFEL-INGWER-GELEE

1 Die Äpfel waschen, vom Gehäuse befreien und klein schneiden. Die Schale nicht entfernen. In einen Topf geben und gerade soviel Wasser zufügen, dass sie nicht ganz damit bedeckt sind. Zum Kochen bringen.
Den Ingwer schälen und zerdrücken. Die Zimtstangen grob zerkleinern und mit dem Ingwer und 1 TL geriebener Zitronenschale zu den Äpfeln geben. Für einen stärkeren Ingwergeschmack 5 EL zugeben.
Auf schwacher Hitze 40-50 Minuten mit geschlossenem Deckel weich kochen.

2 Den Apfelbrei dann in ein sauberes Geschirrtuch füllen und dieses über einem Topf oder einer Schüssel aufhängen und den Apfelsaft durchlaufen lassen.
Am Ende den Rest gründlich ausdrücken. Es sollte etwa ein ¾ Liter Flüssigkeit vorhanden sein.

3 Nun den Gelierzucker in den Apfelsaft rühren und unter Rühren zum Kochen bringen. Packungsangaben beachten! Das Verhältnis des Gelierzuckers sollte etwa 330 g Zucker zu 166 g Apfelpektin sein.
Etwa 3 Minuten kochen, dann den Saft der Zitrone zufügen und weitere 3 Minuten kochen. Eventuell entstehenden Schaum absieben.

In abgekochte, trockene Gläser füllen und ca. 5 Minuten auf den Kopf stellen.

ZITRONE-INGWER-GELEE

1 Zitrone-Ingwer-Gelee schmeckt ebenfalls hervorragend. Für milden Zitronengeschmack 3 mittlere Zitronen auspressen, wer es etwas saurer mag, nimmt 4. Mit Wasser auf einen ¾ Liter aufgießen. 1 TL geriebene Zitronenschale (unbedingt von ungespritzten Früchten) und 3-4 EL gehackten Ingwer zugeben und kurz aufkochen.

2 Nun den Gelierzucker in den Zitronensaft rühren und unter Rühren zum Kochen bringen. Packungsbeilage beachten! Das Verhältnis des Gelierzuckers sollte etwa 330 g Zucker zu 166 g Apfelpektin sein. Etwa 3 Minuten kochen. Eventuell entstehenden Schaum absieben.

TIPP
Um ein festeres Gelee zu erhalten, gibt man auf einen ¾ Liter Saft noch einen TL Agar Agar hinzu. Oder zusätzlich Pektin, welches aber meist nur in Form von Gelierzucker (also gemischt) erhältlich ist und somit müsste man noch mehr Zucker zugeben, um ein festeres Gelee zu erhalten.

Für Diabetiker ist Agar Agar auch bestens geeignet. Man hat die Möglichkeit, mit Süßstoffen zu süßen und anschließend mit Agar Agar zu gelieren. Dazu die Packungsbeilage beachten und experimentierfreudig sein!

TIPP
Gibt man den Ingwer bereits beim Kochen dazu und siebt ihn später ab, so bekommt man nur eine schwache, indirekte Note Ingwergeschmack. Beim Apfelgelee also bereits beim ersten Kochen zugeben, beim Zitronengelee einfach etwas länger kochen und ihn dann vor dem Gelieren absieben. Wer es lieber etwas stärker mag, der gibt erst am Ende des Kochvorgangs 3 EL für mittleren und 4 EL gehackten Ingwer für stärkeren Ingwergeschmack hinzu und belässt die Stückchen im Gelee.

VARIANTE 1:
400 g Seidentofu
50 g Kakao (nicht entölt)
½ TL Vanille (aus der Schote)

30 g Rohzucker
30 g Nussmus nach Wahl

VARIANTE 2:
2 große Avocados (Hass)

3 EL Kakao (nicht entölt)
4 EL Agavensirup
½ TL Vanille (aus der Schote)
4 EL Hafersahne

SCHOKOLADENCREME
FÜR 2-3 PERSONEN*

VARIANTE 1:
Den nicht abgetropften Seidentofu zusammen mit den restlichen Zutaten mit einem Handmixgerät schlagen. Geben Sie zunächst die angegebene Menge für den Kakao und den Zucker hinzu und entscheiden Sie dann, ob Sie es noch süßer und noch dunkler/bitterer mögen. Sie können das Nussmus auch weglassen und den Kakaoanteil erhöhen. Die Creme wird dann weniger cremig und mächtiger. Kalt stellen.

VARIANTE 2:
Das Avocadofleisch mit den restlichen Zutaten mixen. Auch hier nach Bedarf noch mehr Kakaopulver oder Süße zugeben (wahlweise auch Rohzucker). Ebenfalls kalt stellen. Beide Schokoladencremes sind cremig-fest, die Variante 2 ist auf Grund des hohen Fettanteils von Avocados mächtiger.

VANILLEPUDDING:

1 Liter Sojamilch
4-5 EL Rohzucker
6 EL Maisstärke
½ TL Mark einer Vanilleschote

VANILLESOSSE :

500 ml Sojamilch
2-3 EL Rohzucker
1 EL Maisstärke
< ½ TL Vanillemark

VANILLEPUDDING & VANILLESOSSE
FÜR 4 PERSONEN*

VANILLEPUDDING

1 Die Vanilleschote mit einem scharfen Messer aufritzen und das Mark herauskratzen. Alle Zutaten verrühren und aufkochen. Etwa eine Minute bei mittlerer Hitze kochen lassen und dabei mit einem Schneebesen aufschlagen.

Das Vanillemark kann durch 2 Päckchen Vanillezucker ersetzt werden. Vegessen Sie dabei nicht, die Zuckermenge zu reduzieren.

2 In Schälchen füllen und im Kühlschrank abkühlen lassen.

Um eine Hautbildung zu vermeiden, beim Abkühlen regelmäßig umrühren.

VANILLESOSSE

1 In einem kleinen Teil der Sojamilch ½ EL Maisstärke auflösen. Wer seine Vanillesoße etwas dickflüssiger mag, nimmt einen ganzen EL Maisstärke. Mit der restlichen Sojamilch, 2-3 EL Rohzucker und etwas Vanillemark (weniger als ½ TL) verrühren und unter Rühren aufkochen.

Das Vanillemark kann durch 1 Päckchen Vanillezucker ersetzt werden (Zuckermenge reduzieren!).

Am besten warm servieren.
Passt hervorragend zu sämtlichen Apfelsüßspeisen wie Apfelstrudel, gebackene Apfelringe etc.

SÜSSES & DESSERTS

1 Liter Sojamilch
8 EL Rohzucker
6 EL Maisstärke

KARAMELPUDDING
FÜR 4 PERSONEN*

1   Den Rohzucker in einem Topf mit etwas Wasser schmelzen und aufkochen. Die Hitze reduzieren und weiterrühren, bis der Zucker karamellisiert. Er nimmt dann eine bräunliche Farbe an. Nicht zu lange karamellisieren lassen, da der Zucker dann schnell verbrennt und hart wird. Etwas von der Sojamilch zugeben und unter Rühren einkochen, bis sich ein schöner Karamelgeschmack entwickelt hat und die Masse bräunlich und dicklich ist.

2   Nun die Maisstärke in der restlichen Milch lösen, dazu geben und kurz aufkochen.
Den Pudding in Schälchen geben und abkühlen lassen.

---

ca. 200 ml Sojamilch
1 Zitrone
Sesam
Ahornsirup
Zimt

1 Banane
1 mittlerer Apfel
8 Erdbeeren
2 EL Blaubeeren
2 Kiwis

OBSTSALAT MIT SOJAGHURT
FÜR 2 PERSONEN*

1   Eine gewünschte Menge Sojamilch in zwei Schüsseln verteilen. Den Saft der Zitrone einträufeln, etwa 3 TL auf 100 ml Sojamilch. Die Milch nicht umrühren, sondern 10 Minuten stocken lassen.

2   Wählen Sie für den Obstsalat Ihre Lieblingsfrüchte. Die hier angegebenen Früchte sind lediglich eine Auswahl. Bananen eignen sich für Obstsalat, da sie ausreichend süßen und keine weitere Zugabe von Süßungsmitteln notwendig ist. Sehr Vitamin-C-haltige Früchte wie Kiwis lassen den Sojaghurt zusätzlich schön gerinnen. Nach Bedarf mit Sirup süßen, mit Zimt würzen und mit Sesamkörnern garnieren. Eignet sich als leichtes und gesundes Frühstück oder als Nachspeise nach einem schweren Essen.

**6 Stangen Rhabarber
max. 3 EL Rohzucker**

(nach Belieben noch Erdbeeren zum Verfeinern des Kompotts)

RHABARBERKOMPOTT
FÜR 2-3 PERSONEN*

1   Den Rhabarber schälen. Dazu mit einem scharfen Messer von oben ansetzen und in breiten Streifen abziehen. Anschließend in ca. 1 cm dicke Stücke schneiden.
In einem Topf eine geringe Menge Wasser zum Kochen bringen. Die Rhabarberstücke (und Erdbeeren) darin köcheln. Bei Bedarf etwas Wasser nachgießen.
Vorsicht! Rhabarber wird sehr schnell weich. Damit nicht alle Stücke komplett zu einem Mus zerfallen, muss man den richtigen Moment abpassen, um den Kochvorgang abzubrechen.

2   Am Ende noch nach Belieben unraffinierten Zucker zugeben. Rhabarber schmeckt sehr säuerlich, daher ist der Zuckerzusatz Geschmackssache. Heiß oder kalt servieren.

Um den originalen Geschmack gebrannter Mandeln zu erhalten, ist das Karamellisieren unumgänglich. Im Handel helfen dabei Maschinen, die die gezuckerten Mandeln bei kontrollierter Hitze permanent wenden und rühren.

**100 g ungeschälte Mandeln
4 EL Rohzucker
Zimt
Piment**

GEBRANNTE MANDELN
FÜR 2-3 PERSONEN*

1   Etwa 3 EL Wasser in einer beschichteten Pfanne zum Kochen bringen. Vier EL Zucker, etwas Zimt und Piment und die Mandeln zugeben und unter Rühren die Flüssigkeit verdunsten lassen.
Sobald das Wasser verdunstet ist, sind die Mandeln mit einer Zuckerschicht überzogen. Nun sind sie verzehrfertig.

2   Karamellisieren: Die schwierigere Variante beinhaltet das Karamellisieren von Zucker. Dazu die Hitze noch etwas reduzieren und unter Rühren die Zuckerkristalle zum Karamellisieren bringen. Aber Vorsicht: Ist der Zucker karamellisiert, ist der Schritt zum Verbrennen (bitterer Geschmack) nicht mehr weit. Zudem kleben die karamellisierten Mandeln zusammen. Sie müssen getrennt zum Auskühlen gelegt werden oder etwa 3 Minuten beim Auskühlen geschüttelt/bewegt werden. Es lohnt sich!

200 g dunkle Kuvertüre
90 g Rohzucker
3 EL Puderzucker
7 EL Kakao (nicht entölt)
40 g feste Margarine
100 g gemahlene Haselnüsse
30 g Mehl
20 g Maismehl
3 EL Sojamilch
1 EL Sojamehl
½ TL Guarkernmehl
4 EL Mineralwasser
1 Zitrone und/oder Orange (ungespritzt)
Weinsteinbackpulver
1 Päckchen Vanillezucker
Rum
Oblaten (Boden)

GRANATSPLITTER
FÜR 18 STÜCK**

Rum- und kakaohaltige Kalorienbombe

1 Biskuit-Teig
Zunächst wird ein Biskuit-Teig vorgebacken. Dazu 25 g der Margarine mit 3 EL Sojamilch vorsichtig schmelzen und warm halten, nicht kochen.

Den Ofen auf 180 Grad vorheizen.

Das Mehl und das Maismehl in eine Schüssel sieben und 1 TL Backpulver zugeben.
Einen EL Sojamehl und ½ TL Guarkernmehl mit wenig Wasser zu einer cremigen Masse anrühren. Den Zucker mit der Masse und 4 EL Mineralwasser mit dem Handmixer (oder Schneebesen) verquirlen. Einen TL geriebene Zitronen- und/oder Orangenschale von ungespritzten Früchten zufügen. Nun das Mehl und die geschmolzene Margarine in die Masse einrühren.

In eine mit Backpapier ausgelegte Form füllen und im vorgeheizten Ofen bei 180 Grad ca. 30 Minuten backen.

Der Teig muss leicht nachgeben, wenn man mit dem Finger darauf drückt.
Herausnehmen und etwas auskühlen lassen.

2 Granatsplittermasse
Den fertigen Biskuit-Teig in eine Schüssel bröseln. Gleichmäßig mit etwa 6-8 EL bzw. 4-6 cl Rum beträufeln. Dann 1 EL Margarine, den Kakao, den Vanillezucker, die gemahlenen Haselnüsse und den Puderzucker zugeben und alles zu einer Masse verkneten.
Die Oblaten sollten nicht größer als ein großes Geldstück sein. Gegebenenfalls die Oblaten mit einem spitzen Messer oder einer Schere in kleinere Kreise schneiden.
Aus der Masse kleine Berge formen und an die Oblaten drücken.

Die Kuvertüre in einem kleinen Topf in ein Wasserbad hängen und langsam bei geringer Hitze erwärmen und schmelzen.
Die Granatsplitter vorsichtig darin wälzen und auf ein Backpapier stellen und erhärten lassen.

**250 g doppelgriffiges
Mehl (Typ 1050)
100 g gemahlene Mandeln
200 g feste Margarine
130 g Puderzucker
3 Päckchen Vanillezucker
1 Vanilleschote
2-3 EL Sojamehl
1 Prise Salz**

VANILLEKIPFERL
FÜR 2 BLECHE**

Fast alle Süßspeisen, vor allem auch Plätzchen und die meisten Backwaren, werden mit Hilfe vieler tierischer Inhaltsstoffe hergestellt. Für Menschen, die ihren Verbrauch von Tieren drastisch senken wollen, ist es oft frustrierend, denn man muss lernen, Nein zu sagen. Aber mit ein bisschen Geschick und Übung bekommt man viele süße Dickmacher auch ohne tierische Inhaltsstoffe hin. Nicht aufgeben, sondern kreativ sein, heißt auch hier die Devise. Wo ein Wille, da auch ein Weg.

1   Zwei gehäufte EL Sojamehl mit wenig Wasser verrühren, so dass eine cremige Masse entsteht (Ei-Erstatz). Die Vanilleschote der Länge nach Aufritzen und das Mark herauskratzen.
Das Mehl in eine Schüssel sieben, den Ei-Ersatz, 80 g gesiebten Puderzucker, 1 Päckchen Vanillezucker, die gemahlenen Mandeln, das Mark der Vanilleschote und eine Prise Salz zugeben.
Dann die in kleine Flocken geschnittene Margarine zugeben und alles ordentlich zu einem Teig verkneten, der zugedeckt mindestens eine Stunde im Kühlschrank ruhen soll.
Zum Backen eignet sich am besten feste Margarine im Block, die mit z.T. gehärteten oder von Natur aus harten, pflanzlichen Fetten hergestellt wird.

2   Den Ofen auf 180 Grad vorheizen.
Jetzt mit bemehlten Händen und auf einer bemehlten Arbeitsfläche „Kipferl" (Halbringe mit eng zulaufenden Enden) formen und auf ein Backblech mit Backpapier legen.

Im vorgeheizten Ofen bei ca. 180 Grad ca. 10 Minuten backen. Nach 5 Minuten das Backblech drehen.
Sobald die Enden der Kipferl ganz leicht braun werden, sofort herausnehmen und vollständig auskühlen lassen, damit sie beim Anheben nicht brechen.
Erst nach dem Erkalten vorsichtig in einem Gemisch aus 50 g Puderzucker und 2 Päckchen Vanillezucker wälzen.

200 g Marzipan (Rohmasse)
50 g gemahlene Mandeln
40 g ganze Mandeln
50 g Puderzucker
1 EL Rosenwasser
1 TL Nussmus
2 TL Sojamehl
2 EL Sojamilch

BETHMÄNNCHEN
FÜR ETWA 25 STÜCK*

1 Die ganzen Mandeln 2 mal mit heißem Wasser überbrühen. Dann schälen und halbieren. Etwa 15 Minuten bei 50 Grad im Ofen trocknen.

2 Das Marzipan mit dem gesiebten Puderzucker, den gemahlenen Mandeln und 1 EL Rosenwasser verkneten. Etwa 25 Kugeln mit einem Durchmesser von ca. 2 cm formen. Den Ofen auf 220 Grad vorheizen.
Dann 1 TL Nussmus (Mandel oder Cashew) und 2 TL Sojamehl mit 2 EL Sojamilch verquirlen. Die Kugeln mit der flüssig-cremigen Masse bestreichen. Schließlich pro Kugel 3 Mandelhälften andrücken. Im vorgeheizten Ofen bei 220 Grad maximal 8 Minuten backen. Auskühlen lassen.

1-2 EL Sojamehl (Ei-Ersatz)
2 TL Zimt
25 g doppelgriffiges Mehl (Typ 1050)
80 g Rohzucker
250 g kernige, grobe Haferflocken
150 g feste Margarine

HAFERKEKSE
FÜR 1 BLECH*

1 Einen gehäuften EL Sojamehl mit wenig Wasser zu einem cremigen Ei-Ersatz verrühren.
Mit dem Rohzucker verrühren, so dass er sich durch die Feuchtigkeit etwas auflösen kann. Das Mehl sieben. Die Margarine in Flocken schneiden. Alle Zutaten ordentlich verkneten.

Den Ofen auf 180 Grad vorheizen.

2 Aus dem Teig kleine Kugeln rollen und zwischen den Handflächen flach drücken.
Die Taler auf ein Backpapier geben und im vorgeheizten Ofen bei 180 Grad ca. 20 Minuten backen. Nach 10 Minuten das Backblech drehen. Die Ränder sollten nicht braun werden. Vorher herausnehmen.

Die Haferkekse härten beim Auskühlen noch nach!

200 g feste Margarine
200 g doppelgriffiges Mehl (Typ 1050)
100 g Maisstärke
80 g Puderzucker
20 g Rohzucker
eine Prise Salz

SHORTBREAD
FÜR 16 STÜCKE/EIN RUNDES BLECH*

1   Das Mehl und den Puderzucker sieben. Mit der Maisstärke, dem Puderzucker und dem Rohzucker sowie einer Prise Salz zu einem Teig kneten.
Den Teig 30 Minuten ruhen lassen.

Den Ofen auf 160 Grad vorheizen.

2   Den Teig nun auf einem eingefetteten Backblech oder auf Backpapier rund ausrollen. Der runde Fladen sollte etwa 1 cm dick sein. Die Oberfläche mit einer Gabel anstechen. Etwa 16 Segmente anschneiden (etwa 1 mm tief). Den Rand durch Eindrücken der Finger schön formen. Mit etwas Rohzucker bestreuen.

Im vorgeheizten Ofen bei 160 Grad etwa 35-40 Minuten backen. Nach 20 Minuten das Backblech drehen.

Das Shortbread sollte insgesamt etwas dunkler werden, damit es auch von innen durch und nicht mehr teigig ist.

Direkt nach dem Herausholen mit einem Messer die Segmente/Schnitten schneiden.

Auskühlen lassen.

Shortbread ist ein schottisches Teegebäck, das vom Teig her eher sandig (Mürbteig) und geschmacklich sehr butterlastig ist. Durch den hohen Anteil fester Margarine bekommt man ebenso einen sehr schweren, fettigen Geschmack hin, der typische Buttergeschmack fehlt natürlich. Das tut der Eignung des Shortbread als leckeres Teegebäck jedoch keinen Abbruch.

300 g Vollkorn- oder Roggenmehl
200 g Weizenmehl
10 g Trockenhefe
(≈ 25 g Frischhefe)
5 EL Essig
etwas Bier
1 TL Rohzucker
1 TL gemahlener Kümmel
1 TL Salz
350 ml warmes Wasser

BAUERNBROT
FÜR 1 LAIB***

1   Das Weizenmehl in eine Schüssel geben und eine Mulde eindrücken. Die Hefe und 1 TL Zucker in die Mulde geben und einen Teil des Wassers dazugießen. An einem warmen Ort (z.B. einem kurz angeheizten Ofen) 20 Minuten zugedeckt stehen lassen. Die Hefe kann sich in dieser Zeit auflösen und zu quellen beginnen.

2   Dann das Vollkorn- oder Roggenmehl, 1 TL Salz, 1 TL gemahlenen Kümmel, 5 EL Essig und den Rest des warmen Wassers zugeben und alles gründlich verkneten. Mindestens eine weitere Stunde zugedeckt an einem warmen Ort quellen lassen.

3   Den Teig nochmals durchkneten. Ist er zu feucht und klebrig, noch etwas Mehl einkneten. Dann auf einer bemehlten Arbeitsfläche einen runden Laib formen. Diesen auf ein Backblech mit Backpapier legen. Mit Bier bepinseln. Die Oberfläche einschneiden und nochmals bemehlen.

Den Ofen auf 250 Grad vorheizen.

4   Wasser erhitzen. Eine flache Auflaufform aus Metall oder einen kleinen Topf mit dem heißen Wasser auf den Boden des Ofens stellen. Es soll Wasserdampf im Ofen entstehen.

Nun den Teig auf die mittlere Schiene schieben und zunächst ca. 10 Minuten bei 250 Grad backen.

Dann auf 220 Grad herunterdrehen und insgesamt ca. 40–50 Minuten backen. Achten Sie auf genügend Wasser für den Dampf.

Das Brot ist fertig, wenn es beim Klopfen auf die Unterseite hohl klingt.

Auskühlen lassen.

150 g Weizenschrot
300 g Dinkel- oder Roggenschrot
50 g Weizenvollkornmehl
10 g Trockenhefe
(≈ 25 g Frischhefe)
4 EL Rübenkrautsirup
3-4 EL gemahlene Leinsaat (Leinschrot)
3-4 EL Sonnenblumenkerne
2 EL Sesam
1 EL Salz
400 ml lauwarmes Wasser

SCHWARZBROT
FÜR 1 LAIB***

1   Zunächst den Weizenschrot mit dem Dinkel- oder Roggenschrot und dem Mehl vermengen. In der Mitte eine Mulde formen, den EL Rübenkrautsirup und die Hefe hineingeben. Etwas von dem lauwarmen Wasser auf die Hefe gießen und an einem warmen Ort (kurz angeheizter Ofen) etwa 20 Minuten stehen lassen. Die Hefe kann sich in dieser Zeit auflösen und zu quellen beginnen.

2   Dann das Salz, das restliche Wasser, die Sonnenblumenkerne, die Leinsaat und den Sesam mit untermischen und durchkneten. Wer keine Samen und Kerne zugibt, muss entsprechend weniger Wasser beimengen. Der Teig sollte schön feucht, jedoch nicht flüssig sein. Nochmals 1 Stunde gehen lassen.

3   Eine Brotform (Kastenform) mit Backpapier auslegen und den Teig darin verteilen.
In den kalten Ofen stellen und mit Backpapier abdecken, damit die Kruste nicht zu dunkel und trocken wird.

Den Ofen auf 170 Grad schalten und das Brot 2½ Stunden backen. Dann den Ofen abdrehen und nochmals 1 Stunde im Ofen auskühlen lassen.

Im Kühlschrank aufbewahren. Schmeckt auch einfach nur mit Margarine und etwas Salz.

> Schwarzbrot wird eigentlich mit Sauerteig hergestellt, der Einfachheit halber fehlt er in diesem Rezept. Aus gesundheitlichen Gründen ist Schwarzbrot dem Weißbrot immer vorzuziehen. Es enthält im Gegensatz zum Weißbrot das volle Korn mitsamt der Randschichten und daher viele Vitamine, Spurenelemente, Ballaststoffe und Eiweiße, die dem weißen Brot fehlen. Vor allem die Ballaststoffe sind für eine gut funktionierende Verdauung unerlässlich. Zusätzlich sättigt es um ein Vielfaches länger als Weißbrot.

500 g Weizenmehl
10 g Trockenhefe
(≈ 25 g Frischhefe)
3 EL Olivenöl
1 TL Rohzucker
2 TL Salz

(½ TL Rosmarin)

ITALIENISCHES CIABATTA-WEISSBROT
FÜR 2 LÄNGLICHE LAIBE***

1   Das Mehl in eine Schüssel geben und eine Mulde formen. Die Hefe und 1 TL Zucker in die Mulde geben. Einen Teil von insgesamt 350 ml warmem Wasser in die Mulde gießen. Etwa 5 Minuten warten, bis sich die Hefe aufgelöst und zu quellen begonnen hat. Dann mit dem restlichen Wasser zu einem Teig verkneten.

Diesen zugedeckt 1 Stunde an einem warmen Ort (z.B. einem kurz angeheizten Ofen) gehen lassen.

2   Dann 2 TL Salz, 3 EL Olivenöl und nach Wunsch Gewürze wie ½ TL Rosmarin einkneten. Der Teig sollte sich schön vom Schüsselrand und auch den Fingern lösen lassen. Gegebenenfalls noch etwas Mehl einkneten.

Zwei weitere Stunden gehen lassen.

3   Aus dem Teig nun auf einer bemehlten Arbeitsfläche zwei längliche Ciabatta-Laibe formen und auf ein Backblech mit Backpapier legen.

Die Oberflächen bemehlen. Im vorgeheizten Ofen bei 220 Grad 30-40 Minuten backen, bis die Brote eine etwas dunklere Farbe angenommen haben.

Ungewürztes Ciabatta schmeckt mit süßen Aufstrichen wie Marmelade sehr gut als Frühstücksbrot. Am besten jedoch eignet es sich gewürzt zu in Öl eingelegten Antipasti wie Oliven, gegrillten Paprika, Peperoni, Weinblättern etc.

BROTZEIT

**400 g Weizenmehl
½ TL Trockenhefe
1,5 TL Salz
etwas Weizenkleie
350 ml Wasser**

Auch wenn sie wirklich lecker schmecken, Vorsicht bei Weißmehlprodukten! Da die Zucker im Weißbrot für den Körper leicht zugänglich sind, steigt der Blutzuckerspiegel schnell an. Um den erhöhten Blutzuckerspiegel zu regulieren steigt auch die Insulinproduktion rasant an, der Zucker wird rasch verbraucht und der erhöhte Insulinspiegel wiederum verlangt nach mehr. Es entsteht Heißhunger, der uns weitaus mehr Essen lässt, als unser Körper bräuchte.

LUFTIG-LOCKERES WEISSBROT
FÜR 1 LAIB***

Den Teig am Abend des Vortages vorbereiten.

1 Das Mehl in eine Schüssel geben und eine Mulde formen. Die Hefe in die Mulde geben und etwas von dem lauwarmen Wasser darüber gießen. An einem warmen Ort (z.B. kurz angeheizter Ofen) etwa 15 Minuten ruhen lassen. So kann sich die Hefe auflösen und zu gären beginnen.

2 Jetzt das Salz und das restliche Wasser zugeben und den Teig kurz kneten. Es wird ein klebriger Teig entstehen, der sich nicht vom Schüsselrand löst. Gegebenenfalls noch ein klein wenig Wasser zugeben.

Die Schüssel mit Klarsichtfolie abdecken und 20 Stunden bei Raumtemperatur gären lassen. Wenn die Oberfläche des Teiges voller Blasen ist, ist er fertig.

3 Am nächsten Tag wird er auf eine gut bemehlte Arbeitsfläche gekippt und zweimal gefaltet/übereinander geschlagen. Abdecken und weitere 15 Minuten ruhen lassen.

4 Anschließend einen Laib formen und in Weizenkleie wälzen. Mangels Weizenkleie kann man ihn auch in normalem Mehl wälzen.
Den Laib in einer Schüssel mit einem Küchentuch abgedeckt nochmals 2 Stunden stehen lassen.

Den Ofen auf 250 Grad vorheizen.

Den Laib in eine gußeiserne Pfanne/Bräter geben und bei 230 Grad mit Deckel/abgedeckt 30 Minuten backen. Dann den Deckel entfernen und weitere 15-20 Minuten backen.

1 TL Cumin	Sojasauce	500 g braune Linsen
2 TL Gemüsebrühe	Semmelbrösel/	5 mittlere Zwiebeln
1 TL Paprikagewürz	Paniermehl	3 Knoblauchzehen
Pfeffer, gemahlen	etwas Margarine	½ EL Maisstärke
Worcestershiresauce	Öl zum Braten	etwas Mehl

KALTE BOULETTEN/BURGER
FÜR 4 PERSONEN***

Linsen über Nacht in Wasser einweichen. Je länger die Einweichzeit, desto kürzer die Kochzeit.

1   Das Einweichwasser abgießen und die Linsen in frischem Wasser etwa 45 Minuten weich kochen. Die Zwiebeln klein schneiden, den Knoblauch zerdrücken und in Margarine anschwitzen. Die Gewürze zugeben und mitbraten. Die Linsen spülen, mit den Zwiebeln vermengen und mit einem Pürierstab zu einer Masse pürieren. Mit etwas Worcestershire- und Sojasauce, evtl. etwas Ketchup abschmecken. Die Maisstärke in 1 EL Wasser lösen und zugeben (wahlweise ½-1 TL Guarkernmehl). Gerade so viele Semmelbrösel beimengen, bis die Masse schön fest ist. Die Masse auskühlen lassen.

2   Zunächst bemehlte Bällchen in das Öl legen und langsam platt drücken. Vorsichtig wenden. Auskühlen lassen. Erst nach dem Auskühlen werden sie fest und eignen sich perfekt für kalte Buffets und Brotzeiten. Linsenburger lassen sich ebenso gut im Ofen zubereiten.

Pfeffer, gemahlen	**Margarine**
Salz	**frische Kräuter**
(Knoblauch	**(Schnittlauch/**
Olivenöl)	**Basilikum/**
	Bärlauch etc.)
	1 kleine rote Zwiebel

KRÄUTER- & KNOBLAUCHBUTTER
NACH BEDARF*

1   **Kräuterbutter**
Nach Gefühl eine geringe Menge weiche Margarine in eine kleine Schüssel geben. Die frischen Kräuter hacken, die rote Zwiebel schälen und klein schneiden. Alles vermengen und mit etwas gemahlenem Pfeffer und Salz abschmecken.

2   **Knoblauchbutter**
Etwas Margarine mit etwas frischem und zerdrücktem Knoblauch vermengen. Mit Salz und Pfeffer abschmecken. Für Knoblauchbaguettes noch etwas Olivenöl unter die Margarine schlagen.

BROTZEIT

1,5 EL frischer Zitronensaft
3 Handvoll frisches Basilikum
12 mittelgroße getrocknete Tomaten
3 EL Pinienkerne
6 EL Olivenöl

GETROCKNETE TOMATEN PESTO
FÜR 1 KLEINES GLAS*

1   Die getrockneten Tomaten am Besten mit einer Schere in möglichst kleine Stückchen schneiden. Sie haben einen sehr starken Eigengeschmack. Das Basilikum klein rupfen oder schneiden. Zusammen mit den Pinienkernen, dem Olivenöl und dem frischen Zitronensaft in einem Mörser zerstoßen und zu einer Paste verarbeiten.

Das Pesto schmeckt sehr intensiv und sollte daher sparsam verwendet werden. Passt hervorragend als Brotaufstrich vor allem zu Weißbroten. Für zusätzliche Frische das Brot mit Salatgurke oder Tomate belegen. In einem kleinen Glas mit Verschluss lässt es sich gekühlt einige Zeit aufbewahren.

---

1 EL Sojamehl
Öl zum Braten
Salz
½ TL Cayennepfeffer
1 TL Kurkuma
1 Prise Cumin (Kreuzkümmel)
65 g braune Tellerlinsen
1 kleine Zwiebel
1 EL frischer Zitronensaft
1 EL Currygewürz

PIKANTE CURRY-LINSENPASTE
FÜR EIN MITTLERES GLAS*

1   Die Linsen nach Packungsangaben ca. 30 Minuten weich kochen. Abtropfen lassen.

2   Die Zwiebel schälen und klein schneiden. Die Zwiebel zusammen mit den Gewürzen in etwas Öl gut anbraten. Dann die Linsen zugeben und kurz mitbraten. Mit etwas Wasser aufgießen und in einem hohen Gefäß pürieren. Dann einkochen lassen, bis das Wasser verdampft ist. Von der Herdplatte nehmen.

3   Nach dem Erkalten den EL Sojamehl und 1 EL Zitronensaft untermischen.
In ein Glas füllen, verschließen und im Kühlschrank aufbewahren. Die Paste ist einige Tage gekühlt haltbar. Als Brotaufstrich oder als würzige Abwechslung in Salad-Wraps und anderen Sandwiches.

100 g Tofu
8-10 (2 EL) Steinpilze (getrocknet oder frisch)
½ kleine Zwiebel
2 EL feste Margarine
2 TL Zitronensaft frisch
½ EL Stärke

ca. ½ TL Kümmel (gemahlen)
(Worcestershiresauce)
Pfeffer, gemahlen
Salz

TOFU-STEINPILZ-AUFSTRICH
FÜR 1 KLEINES GLAS*

1   Die Pilze klein schneiden, getrocknete Pilze dazu zunächst einweichen. Es können auch andere Pilze verwendet werden. Je stärker das Aroma des jeweiligen Pilzes, desto intensiver die Paste.
Die Zwiebel klein schneiden. Den Tofu bröseln.

2   Alles in 2 EL Margarine leicht anbraten. Dabei großzügig mit Salz, Pfeffer, Kümmel und wahlweise etwas Worcestershiresauce würzen. Die Stärke mit 3 EL Wasser anrühren und ebenfalls einrühren. Mit der Stärke kurz weiter erhitzen. Dann von der Herdplatte nehmen. Mit dem Pürierstab pürieren.

Nach dem Abkühlen 2 TL Zitronensaft unterrühren. Der Aufstrich ist gekühlt 1-2 Wochen haltbar.

½ TL gekörnte Gemüsebrühe
1 TL Salz

½ EL Zitronensaft frisch
2 EL Margarine
Pfeffer, gemahlen

100 g Grünkern, mittelfein geschrotet
1 mittlere Zwiebel
2 EL frischen Dill

DILL-GRÜNKERN-AUFSTRICH
FÜR EIN MITTLERES GLAS*

1   Die Zwiebel schälen und klein schneiden. Den Dill hacken. Die Zwiebel in 2 EL Margarine anbraten. Den Dill zugeben und kurz mitbraten. Nun den Grünkern zugeben und ebenfalls leicht anbraten. Mit etwa 300 ml Wasser aufgießen, 1 TL Salz, etwas Pfeffer und ½ TL Gemüsebrühe zugeben und auf schwacher Hitze ziehen lassen.

Sobald das Wasser vollständig vom Grünkern aufgesogen wurde, die Pfanne vom Herd nehmen.

2   Nachdem die Masse weitgehend ausgekühlt ist, noch ½ EL Zitronensaft unterrühren. In einem gut verschlossenen Glas ist der Aufstrich länger haltbar.

1 EL Sonnenblumenöl
2 EL Paprikagewürz (süß)
Rohzucker
Pfeffer, gemahlen
Salz
½ EL Würzhefe

2 große rote Paprika
1 kleine Zwiebel
30 g Walnüsse oder Cashewkerne
20 g Paniermehl/Semmelbrösel
1-2 EL frischer Zitronensaft

PAPRIKA-AUFSTRICH
FÜR EIN MITTELGROSSES GLAS*

1 Die Paprika halbieren, die Kerne entfernen. Die Zwiebel schälen und klein schneiden. Beides in wenig Öl leicht anbraten. Mit Salz und Pfeffer würzen. Kurz bevor die Schalen der Paprika anbrennen, vom Herd nehmen und etwas abkühlen lassen.

2 In einem Mixer oder mit dem Pürierstab mit den Nüssen pürieren. Etwa 1 EL Zitrone, 1 EL Sonnenblumenöl, 2 EL Paprikagewürz, ½ EL Hefeextrakt (Paste oder Würzhefeflocken) und eine Prise Zucker zugeben. Nochmals mit Salz und Pfeffer abschmecken. Mit gerade so viel Paniermehl binden, dass es eine streichfeste Masse wird. Noch warm in ein Glas füllen und sofort fest verschließen. Im Kühlschrank etwa 5 Tage haltbar.

IDEEN FÜR BELEGTE BROTE UND SANDWICHES

Sie lieben Ihre belegten Brote und Sandwiches? Wenn Ihnen außer tierischem Brotbelag nicht so recht etwas einfallen will, können Sie sich hier ein paar Anregungen holen.

Aufstriche aller Art gibt es heute in allen Bioläden. Sie passen zu allen Brotsorten, z.B. Champignonpastete mit scharfem Senf, Apfel-Zwiebel-Schmalz mit Apfelscheiben, Paprikaaufstrich mit frischen Paprikastreifen, Saté-Erdnusspaste, Linsenpaste mit frischer Petersilie etc.

Weißbrot mit **Hummus** oder **Baba Ghanough**

Frische **Brezen mit Margarine und süßem bayerischem Senf**

Vollkornbrot mit **Margarine, Schnittlauch (Kräuter), Salz und Pfeffer**

Knoblauchbrot: Knoblauch auf geröstetem, dunklem Brot zerreiben, salzen

Räuchertofu in dünnen Scheiben mit Meerrettich

Tomatenbrot: saftiges Vollkornbrot mit Tomatenscheiben, frischem Basilikum oder Schnittlauch und einem Spritzer Balsamico, Salz.

Pumpernickel mit süßem Senf, Apfelscheiben, Meerrettich und Röstzwiebeln

Frisches Weißbrot mit Antipasti (Artischocken, eingelegte Paprika, Olivenpaste etc.)

Weizenaufschnitt mit scharfem Senf

Weißbrot mit **Dillpaste, Rucola, Salatgurke**

Salad Rolls (grüner Salat, Tomate, Zwiebel, Taboulé, Remoulade, Karotte, Seitan etc.)

Bagel/Ciabatta mit Basilikumtofu, Tomate, frischem Basilikum, Balsamico

BUFFET- UND BRUNCH-IDEEN
MEHRGÄNGIGE FESTTAGSIDEEN

AMERIKANISCHER BRUNCH:

1. Toast, dazu Erdnussbutter und Apfel-Ingwer-Gelee
2. Blaubeerpfannkuchen mit Margarine und Ahornsirup
3. Bagels mit Räuchertofuscheiben, Tomatenscheiben und Rucola

4. panierte, grüne Tomatenscheiben mit Tomaten-Chili-Relish
5. gegrillte Maiskolben mit geschmolzener Margarine, Salz
6. Grünkern-Burger mit Ofenkartoffeln oder Pommes Frites/wahlweise Barbecue-Seitan
7. dazu Salatbeilagen: amerikanischer Krautsalat/Coleslaw und
8. Kartoffelsalat mit Mayonnaise

9. als Dessert: Brownies und
10. Appel Pie

11. Getränke: Orangensaft, Pink Grapefruitsaft, Ginger Ale, Biere

ITALIENISCHER BRUNCH:

1. italienisches Weißbrot mit Antipasti: eingelegte Oliven/getrocknete Tomaten/eingelegte Knoblauchzehen, Peperoni, Artischocken, etc.
2. italienischer Nudelsalat
3. Basilikumtofu mit Tomaten und frischen Basilikumblättern, dunklem Balsamico
4. Bruscettas

5. Lasagne
6. Penne mit frischem Spinat und getrockneten Tomaten

7. als Dessert: Obstsalat und
8. Eiskaffee mit italienischem Kaffee und veganem Vanilleeis

9. Getränke: roter und weißer Wein, hochwertiges Wasser, Espresso, Grappa

DEUTSCHER BRUNCH:

1. frische, warme Semmeln (runde Weißbrotbrötchen), Vinschgauer (dunkleres Gewürzbrötchen), frisch aufgebackene Brezen, saftiges Schwarzbrot
2. dazu süßer Aufstrich: Hagebuttenmarmelade, Erdbeermarmelade, Schokoladenaufstrich (vegan)
3. dazu herzhafter Belag: Champignonpastete, Weizenfleischaufschnitt, kalte Frikadellen, Essiggurken, Salatgurken, Tomaten, gehackter Schnittlauch, Kresse, eingelegte Rote Beete, süßer bayerischer Senf, mittelscharfer Senf, Meerrettichpaste, Dillpaste
4. dazu Salat: bayerischer Kartoffelsalat, deutscher Krautsalat

5. herzhafter Linseneintopf
6. Semmelknödel, Kartoffelknödel, dazu 2 verschiedene Bratensaucen, Apfel-Blaukraut und Wildpreiselbeeren

7. als Dessert: Apfelstrudel mit warmer Vanillesauce und
8. Rhabarber-Erdbeerkompott

9. Getränke: Hollunderlimonade, Apfelsaftschorle, Schwarztee mit Zitrone, Hagebuttentee, Biersorten, Obstler

ORIENTALISCHER BRUNCH:

1. ausgewählte kalte und warme Vorspeisen: Hummus (Kichererbsenpaste), Baba Ganough (Auberginenpaste), Taboulé, Zwiebelspinat, frittierter Blumenkohl, Falafelbällchen, weißer Krautsalat mit süß-saurem Dressing, eingelegter Rettich, weiße Bohnen in Tomatensauce, Foul, eingelegte Weinblätter, Würzoliven, Sesamsauce (angerührtes Tahin), Chilipaste, Tomaten und Gurken, dazu Pitabrot

2. Gemüsecouscous und
3. Koshari (bzw. eine Mischung aus beiden Gerichten, siehe Seite 148)

4. als Dessert: Grießauflauf mit Kokos und Zimt
5. Baklawa und süße Datteln

6. Getränke: frisch gepresster Orangensaft, Hibiskustee, Schwarztee mit Zimt und Salbei

INDEX

A
Aglio Olio, Pasta S. 121
Amerikanischer Coleslaw S. 75
Apfel
Apfel-Ingwer-Gelee S. 180
Apfelkompott S. 163
Apfelringe im Teigmantel S. 172
Apfelrotkohl S. 138, 144
Apfelstrudel S. 168
Apple Pie, amerikanisch S. 169
Bratapfel S. 170
Aprikosen, Marillenknödel S. 165
Artischocken, gekocht S. 84
Auberginen
Auberginenauflauf, Melanzane S. 120
Auberginenmus S. 79
Gebackene Aubergine S. 79
Auflauf, Moussaka S. 152
Aufstrich, Dill-Grünkern S. 196
Aufstrich, Paprika S. 197
Aufstrich, Tofu-Steinpilz S. 196
Austernpilze, „Falsche Leber" S. 134

B
Backpulver S. 46
Banane, gebacken S. 170
Barbecue Sauce S. 60
Barbecue-Seitanburger S. 155
Basilikumpesto, Pasta S. 116
Béchamelsauce S. 62
Bethmännchen S. 188
Biryani, indisch S. 108
Blätterteigtaschen, Spinat-Tofu S. 141
Blaukraut S. 138, 144
Blumenkohlsuppe S. 95
Bohnen-Dip S. 59
Bohneneintopf, Foul S. 80
Bohnensalat, mexikanisch S. 68
Bohnen, gebacken, engl. breakfast S. 156
Bolognesesauce, Pasta S. 119
Borschtsch, russisch S. 99
Bouletten, kalt S. 194
Bratapfel S. 170

Bratensauce, dunkel, „Gans" S. 64
Bratensauce, „Sauerbraten" S. 63
Brot S. 43
Bauernbrot S. 190
Italienisches Ciabatta S. 192
Lockeres Weißbrot S. 193
Schwarzbrot S. 191
Brownies S. 173
Bruschetta S. 76
Burger, Seitanb. S. 155, Grünkernb. S. 158
Burritos, mexikanisch S. 127

C
Champignons, frittiert S. 80
Champignons, gefüllt S. 137
Chili sin carne S. 126
Chili-Tomate-Salsa S. 57
Chinesisches Süß-Sauer S. 104
Chutney, Minze-Apfel S. 58
Cocktailsauce S. 54
Couscous
Taboulé S. 67
Couscous, Gemüse S. 148
Crêpes S. 164
Currypaste, scharf S. 61
Curry-Sahne-Sauce S. 61
Curry, Ananas-Tofu S. 161
Curry, indisch, Kichererbsen S. 110
Curry, Kürbis-Kartoffel S. 111
Curry, thailändisch S. 102
Curry, vietnamesisch S. 107
Curry, Wirsing S. 145

E
Ei-Ersatz S. 49
Erbsensuppe S. 100
Erdnuss-Sauce S. 59

F
Falafel-Teller S. 146
Fenchel in Erdnuss-Sahne S. 85
Fenchel-Kartoffel-Gemüse S. 140
Foul, Bohneneintopf S. 80
Frittieren S. 47
Fruit Crumble S. 167

G

Gemüsebrühe S. 51
Glasnudelsalat, asiatisch S. 71
Gnocchi verdure S. 113
Gulaschsuppe S. 101
Gurken-Relish S. 57
Gurkensalat S. 66
Gurkensuppe, warm S. 95
Granatsplitter S. 186
Griechischer Salat S. 69
Grießauflauf S. 167
Grießnockerlsuppe S. 86
Grünkern
  Cevapcici-Spieß S. 77
  Grünkernbratlinge S. 131
  Grünkernburger mit Wedges S. 158

H

Haferkekse S. 188
Hefezopf S. 178
Hirsepfanne, karibisch S. 128
Hülsenfrüchte S. 44
Hummus, Kichererbsenpaste S. 76

I

Indisches Birynai S. 108
Ingwer-Apfel-Gelee S. 180
Ingwer-Zitrone-Gelee S. 180

K

Kaiserschmarrn S. 163
Karamellpudding S. 183
Karottensuppe S. 92
Karottengemüse S. 131
Karottenkuchen S. 176
Kartoffeln
  Gnocchi verdure S. 113
  Kartoffel-Fenchel-Gemüse S. 140
  Kartoffelgratin S. 129
  Kartoffelknödel S. 144
  Kartoffel-Kürbis-Curry S. 111
  Kartoffelpuffer S. 137
  Kartoffelsalat, bayerisch S. 68
  Kartoffelsalat, deftig S. 69
  Kartoffelsuppe S. 96
  Wedges S. 158
Kichererbsencurry, Channa Masala S. 110
Kichererbsenpaste, Hummus S. 76
Knoblauchdip S. 54
Knoblauchbutter S. 194
Kräuterbutter S. 194
Krautsalat, amerikanisch S. 75
Krautsalat, bayerisch S. 75
Kürbissuppe S. 97

L

Lasagne S. 117
Lauchcremesuppe S. 94
Lauch-Zwiebel-Quiche S. 150
Linsen
  Curry-Linsenpaste S. 195
  Linseneintopf S. 93
  Linsen, indisch (Dal) S. 112
  Linsensalat S. 74
  Linsensuppe, arabisch S. 92

M

Mandeln, gebrannt S. 184
Margarine S. 42
Marillenknödel S. 165
Maronen, gebrannt S. 78
Maronensuppe S. 97
Mayonnaise S. 54
Meerrettichdressing S. 56
Melanzane, Auberginenauflauf S. 120
Milchreisauflauf S. 166
Milch, pflanzlich S. 40
Minze-Apfel-Chutney S. 58
Moussaka, griechischer Auflauf S. 152

N

Nudelsalat, deftig S. 70
Nudelsalat, italienisch S. 70
Nudelsuppe, asiatisch S. 90

O

Obstsalat mit Sojaghurt S. 183

P

Panade S. 49
Paprika, gefüllt S. 154
Paprika-Kurkumagemüse S. 103
Pesto, getrocknete Tomaten S. 195
Pfannkuchen S. 164
Pfannkuchensuppe S. 86
Pflaumenkuchen S. 177
Pilzrahmsauce, Pasta S. 118
Pilzrahmsauce, Semmelknödel S. 132
Pizza S. 122
Polenta-Ecken S. 85

Q

Quiche, Lauch-Zwiebel S. 150

R

Raita, indische Joghurtsauce S. 55
Ratatouille S. 149
Reissalat S. 74
Remoulade S. 54
Rhabarberkompott S. 184
Risotto S. 124
Rote Beete-Suppe S. 96

S

Sandkuchen, Shortbread S. 189
Sauerbratensauce S. 63
Schokoladenmousse S. 181
Schokoladencreme S. 181
Schwarzwurzeln, paniert S. 142
Seitan S. 51, 52
    Satéspieße S. 103
    Seitanburger, Barbecue S. 155
    Seitangyros S. 151
    Seitanschnitzel S. 130
    Seitansteak S. 143
Semmelknödel S. 132
Senfsauce, süß S. 56

Serviettenkloß S. 138
Sesamsauce S. 62
Shortbread, Sandkuchen S. 189
Sojabohne S. 41
Sojaghurt S. 50, 55, 183
Sommerrollen, vietnamesisch S. 82
Spargel, gebraten S. 81
Spargel, gekocht S. 135
Spinat
    Spinat, getr. Tomaten, Pasta S. 121
    Spinat, mit Knoblauch S. 84
    Spinatrahmsauce, Pasta S. 115
    Spinat-Tofu-Blätterteigtaschen S. 141
Süße Sahne S. 50
Süßkartoffeln S. 142

T

Taboulé, Couscous Salat S. 67
Tomate
    Chili-Tomate-Salsa S. 57
    Tomate-Chili-Relish, süß S. 58
    Tomaten, grün, frittiert S. 78
    Tomatensalat S. 66
    Tomatensugo, Pasta S. 116
    Tomatensuppe S. 91
Tzatziki S. 55

V

Vanillekipferl S. 187
Vanillepudding S. 182
Vanillesauce S. 182
Vietnamesische Sauce S. 60

W

Wirsingcurry S. 145

Z

Zimtschnecken S. 175
Zucker S. 42
Zuckerschoten in Tomatensauce S. 157
Zwetschgendatschi S. 177
Zwiebelsuppe S. 87

Ein Dankeschön an

Dieter Matzku, nicht nur für zahlreiche Rezeptideen. Sabera Machat, die mir eine außergewöhnliche Zeit in der Wüste auf dem Sinai ermöglichte, aus der die Idee zu diesem Buch entsprang. Florian Baer für den zufriedenen Ausdruck auf seinem Gesicht beim Vorkosten unzähliger Gerichte. Sieglinde Baer für die Annäherung an Fenchel. Meine Englischlehrerin, die uns im zarten Alter von 14 Jahren mit einer Dokumentation über Fleischproduktion für Mc Donalds im Regenwald konfrontierte und somit mein Nachdenken über die Folgen meines Handelns auslöste. Meinen Bruder Fofi, weil er ein denkender und fühlender Kerl ist, mit dem man sich über alles unterhalten kann, und weil er mich immer in dem bestärkt hat, was ich tun oder denken wollte. Nihat Karayel (Yoyo und Yellow Sunshine Berlin) für Rezept-Tipps. Chi Chu, vietnamesisches Restaurant am Lausitzer Platz in Berlin. Grit Leihbecher für die motivierenden Gespräche. Ali Cosmovici, weil sie auch anders denkend und ein Ansporn für mich ist. Moritz Langer für das unermüdliche Auffinden meiner Fehler und schließlich Tobi Obry für seine Unterstützung beim Erstellen der Druckvorstufe.

Tanja Matzku, Jahrgang 1975, lebt seit ihrem 14. Lebensjahr vegetarisch und etwa seit 2004 fast ausschließlich ohne tierische Lebensmittel. Seit 2002 genießt sie die kulinarische Vielfalt ihrer Wahlheimat Berlin.

QUELLEN

Appleby, P.N. & Thorogood, M. & Mann, J.& Key, T. (1999): *The Oxford Vegetarian Study: an overview.* American Society for Nutrition (ASN), 9650 Rockville Pike, Bethesda, MD 20814, USA

American Dietetic Association ADA, 120 South Riverside Plaza, Suite 2000, Chicago, Illinois 60606-6995), USA

AMA American Medical Association, 515 N. State Street Chicago, IL 60610, USA

Bundesamt für Umwelt der Schweiz (BAFU), 3003 Bern, Schweiz

Bundesministerium für Ernährung, Landwirtschaft und Verbraucherschutz (BMELV), 11055 Berlin, Deutschland

Brot für die Welt, Hilfsaktion der evangelischen Landes- und Freikirchen in Deutschland, Stafflenbergstraße 76, 70184 Stuttgart, Deutschland

Deutsche Gesellschaft für Ernährung (DGE) e. V., Godesberger Allee 18, 53175 Bonn, Deutschland

Deutsches Grünes Kreuz e.V., Im Kilian, Schuhmarkt 4, 35037 Marburg, Deutschland

Die Zeit Wissen, 02/2006, „Böse Milch? Gute Milch?"

Feskanich, D. & Willett, W.C. & Stampfer, M.J. & Colditz, G.A. (1997): *Milk, dietary calcium, and bone fractures in women: a 12-year prospective study.* American Public Health Association, (APHA), 800 I Street, NW Washington, DC, USA

Greenpeace e.V., Große Elbstraße 39, 22767 Hamburg, Deutschland

Institute of Food Research, Norwich Research Park, Colney, Norwich NR4 7UA, United Kingdom

Kanis, J.A. & Johansson, H. & Oden, A.: *A meta-analysis of milk intake and fracture risk: low utility for case finding.* Osteoporosis International Journal, Springer London, Springer-Verlag GmbH, Zweigniederlassung Heidelberg, Tiergartenstrasse 17, 69121 Heidelberg, Deutschland

KATALYSE, Institut für angewandte Umweltforschung e.V., Volksgartenstr. 34, 50677 Köln, Deutschland

Langley, J. (1999): *Vegane Ernährung (Original: vegan nutrition).* Echo Verlag, Göttingen, Deutschland

Leitzmann & Hahn (2000): *Die Deutsche Vegan Studie.* Universität Gießen, Deutschland

Österreichische Gesellschaft für Ernährung (ÖGE), Zimmermanngasse 3, 1090 Wien, Österreich

Reichholf, J.H. (2006): *Der Tanz um das goldene Kalb, Der Ökokolonialismus Europas.* Klaus Wagenbach, Berlin, Deutschland

Rifkin, J. (1994): *Das Imperium der Rinder.* Campus, Frankfurt, Deutschland

Schweizerische Diabetes-Gesellschaft, Rütistrasse 3 A, 5400 Baden, Schweiz

Schweizerische Gesellschaft für Ernährung (SGE), Effingerstr. 2, 3001 Bern, Schweiz

Schweizerische Vereinigung für Vegetarismus (SVV), Bahnhofstr. 52, 9315 Neukirch-Egnach, Schweiz

Vegetarierbund Deutschland (VEBU), Blumenstraße 3, 30159 Hannover, Deutschland

Verband für unabhängige Gesundheitsberatung e.V. (UGB), Sandusweg 3, 35435 Wettenberg/Gießen, Deutschland

Wagenhöfer, E. & M. Annas (2006): *We feed the world.* Orange-press, Freiburg, Deutschland

Welternährungsorganisation (FAO), Viale delle Terme di Caracalla 00100 Rom, Italien

Weltkrebsforschungsfonds Deutschland, Friedrichstraße 47, 60323 Frankfurt, Deutschland

Worldwatch Institute, 1776 Massachusetts Ave., N.W. Washington, D.C. 20036-1904, USA